方维规 著

什么是概念史

Simplified Chinese Copyright © 2020 by SDX Joint Publishing Company.
All Rights Reserved.
本作品简体中文版权由生活·读书·新知三联书店所有。
未经许可，不得翻印。

图书在版编目（CIP）数据

什么是概念史/方维规著.—北京：生活·读书·新知三联书店，2020.7（2021.9重印）
（乐道文库）
ISBN 978-7-108-06839-2

Ⅰ.①什… Ⅱ.①方… Ⅲ.①社会科学－科学史－研究 Ⅳ.①C09

中国版本图书馆CIP数据核字（2020）第065678号

责任编辑　王婧娅
特约编辑　周　颖
封面设计　黄　越
责任印制　黄雪明
出版发行　生活·讀書·新知 三联书店
　　　　　（北京市东城区美术馆东街22号）
邮　　编　100010
印　　刷　江苏苏中印刷有限公司
排　　版　南京前锦排版服务有限公司
版　　次　2020年7月第1版
　　　　　2021年9月第2次印刷
开　　本　889毫米×1092毫米　1/32　印张　11.125
字　　数　224千字
定　　价　54.00元

目 录

序 · 001

导论 · 001

一、狄德罗之思：语言意识与概念的历史性 · 001

二、"概念史"词源与原初理念 · 006

三、概念史的发端和早期人物 · 009

四、德、英、法各行其是 · 012

五、历史语义学与概念史 · 018

六、德国概念史理论与实践 · 023

七、历史沉淀于特定概念 · 031

八、"语言论转向"的不同取向 · 039

九、继往开来：概念史的世界之旅 · 044

第一编

第一章　**哲学概念史** · 049

一、哲学概念史的先驱：从弗雷格、倭铿到三部
哲学辞书 · 049

二、罗特哈克尔的文化哲学及其概念史主张 · 057

三、尼采和海德格尔的概念说：从当前解释历史 · 060

四、伽达默尔——作为概念史的哲学 · 064

五、言语行为、语用及意义，或维特根斯坦的
影响 · 071

第二章 史学概念史与社会学视野 · 082

一、传统观念史的式微 · 082

二、韦伯——概念史研究的前史？ · 087

三、曼海姆知识社会学的"历史意义分析" · 091

四、设置概念的施米特，或"法学概念社会学" · 096

五、年鉴学派的心态史研究 · 101

六、心态史与《法国政治/社会基本概念工具书
（1680—1820）》 · 112

七、克布纳的"现代性历史语义学" · 120

八、布鲁纳-康策-科塞雷克与《历史基本概念》的
缘起和发展 · 127

第三章 科塞雷克的概念史理论和实践 · 136

一、"概念史"招牌：通过语言生成意义 · 136

二、"鞍型期"与概念史 · 141

三、概念史与社会史 · 149

四、"复合单数""不同时的同时性"与现代概念的

"四化" · 159

　　五、经验和期待的联动，表征和因素的并行 · 172

　　六、词语与概念之辨，语用和语境中的含义 · 180

第二编

第四章 福柯的知识考古：话语之外无他物 · 189

　　一、书写问题化的历史，或话语考古与观念史的对垒 · 189

　　二、福柯的谱系说与起源分析 · 197

　　三、话语分析与文化研究领域的概念史 · 203

　　四、话语与话语的分歧，概念与话语的隔阂 · 211

第五章 英美观念史与剑桥学派的政治思想研究 · 217

　　一、洛夫乔伊的观念史及"观念单元" · 219

　　二、波考克对政治思想的语言考察 · 223

　　三、斯金纳的"意识形态"研究：言语行为、语境及修辞 · 232

　　四、斯金纳批判以及他对概念史的抵触 · 243

第六章 **作为社会理论的威廉斯"关键词"研究** · 251

一、"文化与社会"研究模式与"关键词" · 253

二、《关键词》的立意与实绩之间的距离 · 260

三、斯金纳的批评：概念、语境与意义 · 267

四、过时的《关键词》，时髦的"关键词" · 274

第三编

第七章 **概念史的新近发展与国际影响** · 281

一、"隐喻学"难题，或概念史的再出发 · 281

二、对20世纪基本概念的思考方案 · 287

三、概念史的国际化：发展与现状 · 291

四、概念史在东亚：中国成就简览 · 301

第八章 **世界，东亚，中国：问题与展望** · 307

一、汉语概念现代化与东亚"比较概念史" · 307

二、问题与未来 · 318

主要参考文献 · 330

人名索引 · 333

序

我从20世纪末开始关注概念史,撰写第一篇概念史文章,至今已有二十多年时光;其间做过案例研究,也写过理论文章。可是还有其他专业分心,不是一直在从事概念史研究。近承志田、汎森二兄抬举,让我为"乐道文库"撰著《什么是概念史》。感激在心,然惶恐更甚。我知道,虽是一本小书,但不好写。关于概念史的基本理论及其来龙去脉,我曾写过若干论文,而要成就一本书,实非易事。

不好写的另一个原因是,这套书的写作要求中,有"深入浅出,意思当严谨,文字不妨活泼"等字样。我对此的理解是,不要太学究气;而对平时写论文常常满篇注释的我来说,这还意味着不要太多注释。要让读者知道有些出典及连带问题,就得用另一种写法。概念史涉及不少历史哲学、语言哲学或现代性等问题,论述这些时常很抽象的问题,文字往往活泼不起来。另外,大凡有创见的大思想家,喜于制造概念,概念史领域也不例外,这就给解释增添了不少麻烦。不过,我还是做了一些努力,尽量把理论问题说得通顺点。至于是否如愿,尚待读者评判。

近年来，概念史研究取径在东亚和中国学界越来越受到相关学者的关注，而不少人对概念史的基本追求及其存在的问题似乎还未得要领，例如混淆概念史和观念史者还大有人在，或分不清词语与概念的区别。读了这本书，就能看透了吗？那也未必。我自己时而就有越研究问题越多的感觉。有些问题不想追问，因为那或许永远没有答案；有些东西没讲清楚，或许也没法讲清楚。还有一些看似不是问题的问题，或许比我们想象的要复杂得多，连篇累牍的资料极费查考。因此，写作此书是一次冒险，还有那么多没有解决的问题。好在这也是允许的。按照罗蒂（1931—2007）的说法，美国哲学家通常只提出自己确信能够解决的问题。与他说的现象相反，一个典型的德国哲学家似乎更愿意追问那些永无答案的问题，否则他/她会觉得无聊。

本书中引用的一篇出自哲学家之手的德语文章，标题为《概念史：尚无概念之史》，德语原文颇有点文字游戏的味道：Begriffsgeschichte — Eine noch nicht begriffene Geschichte，意思是说还未弄明白的概念史，或对概念史还没有概念。关于概念史理论问题，国际学界争议不少。对于同样的方法论问题，不同视角会有不同的解释。比如对历史语义学，语言学家的理解与历史学家的理解大不相同。关键是看问题的角度，此书当然是从概念史的角度看问题，且以德国概念史的历史、理论和方法为主轴。

什么是概念史？读者有理由怀着这一期待来读这本书，

可能还想带着定义合上这本书。但我在研究生课堂上常对学生说，不要迷信定义，那是应试用的。有一种极端的说法，认为定义没有真实含量，那只是缩写，也就是化约，没有认识论意义，只是省事的办法。莫非这本书中没有概念史定义或界说吗？那也不是，或者说"比比皆是"，不同上下文中有不同的定义。我想在此借用康德早就说过的观点：不像数学那样从定义开始，定义在哲学中是在最后。哲学知识的形成见诸范畴区分，来自对知识的区分。即便是断言，也是区分的结果：是或不是。故此，与其强调定义亦即断言，不如注重区分之理由。一个清晰的概念，正在于它与其他概念的区别。

就来源而论，概念史首先是一种"德国"方法，国际学界的概念史研究，常会直接采用德语词 Begriffsgeschichte（概念史）。换句话说，概念史率先在德国登上学术宝座并获得国际声誉，也是当代较多受到国际学界推崇和借鉴的少数德国人文科学方法之一。本书"导论"着力将概念史放在其产生和发展的具体语境中进行考察，系统勾勒其历史渊源、理论设想、具体实践和发展变化；在介绍概念史主要特色的同时，亦关注一些理论难点。第一编是此书主干，重点叙写德国概念史，兼及法国和英美等西方相近理论或概念史的相似追求，篇幅超过后两编的总和。

此书中的部分内容或说法，已见之于我以前的文章（见"主要参考文献"）；更确切地说，它们是我早先文字的删减版、扩展版和修订版。对于这部分自引内容，不再专门作注；旧作中的不少知识性注释，本书也不再赘引。中国做概念史理论或发展史者，少而又少。本书写作中的一个重要思考是，多讲一些国内似乎还不甚了解的东西，或还不知道的历史，从中阐发"原理"，这也是总体思路：以史明理，史论互证，并围绕相关代表人物钩稽故实。当然还会涉及不少问题的辨析，例如：何为概念（史）？何为观念（史）？业内明眼人或许还能看到一些纠错意图。

概念史牵涉很广，而这个书系有篇幅限制，所以不能完全铺开。即便是哲学概念史和史学概念史这两大板块，也不可能面面俱到。我只能挑重点讲，挑我以为能够说明问题的节点讲。重中之重，自是概念史的标志性人物科塞雷克（1923—2006），因而单列一章。另外还会一再论及科氏主持的《历史基本概念》及其概念史方案，这套经典之作影响深远，迄今还在引发各种建设性思考。我的追求是，尽力把有些问题说清楚。

前文谈定义的时候说过区分，正是为了区分，第二编在历史语义学的框架中，设置专题讨论了与概念史相近的、同为反对传统观念史/思想史的研究取径。不管是论述福柯的话语分析，还是剑桥学派的政治语言研究，或威廉斯"关键词"研究，不仅在于领略各种语义研究模式的旨要，更是为了在比较中见出概念史的有效性，同时辨析包括概念史在内的各种研究方法的得失。这当然还不是历史语义学的全部，例如语文学和媒介理论中的诸多问题，或者科学史中的语义问题，此书都无暇顾及。第三编讨论概念史在世界范围的新近发展，自然也会涉及东亚和中国的相关研究，以及问题与展望。书后的"主要参考文献"，仅为本书写作中参照颇多的著作；写作过程中还披阅了不少概念史研究的重要著述，散见于正文中的注释。另外，书中时有与上下文有关，但主要偏向于背景性/知识性的介绍文字，因其多为大段甚至几段文字，故采用"文中注"的形式，段前加 * 号，字体为楷体，与正文区别。

不敢妄言自己对概念史驾轻就熟，为完成这次命题作文，翻阅了不少资料，也是一次进修机会。虽又多了一些心得，尚未深解之处在所难免，还求同道和读者多多赐教。当然，我也很喜欢切磋、商榷，这恐怕也是学术进步的重要途径。这套丛书的其他撰写者，均为各行高手。我自知学力有限，但也不想滥竽充数，所以努力了，尽力了。这本小书若能对在中国方兴未艾的概念史研究做出些微贡献，我也就心满意足了。

导论

一、狄德罗之思：语言意识与概念的历史性

历史批评方法问世以来，分析语言材料是实证研究的基本前提之一，或曰基础研究。这种研究方法的确立，在于人们体认到无处不在的语言处于无定状态，世间有着不同的思维方式和不同的语言，如同存在不同的哲学体系、学科、流派、时代、国家、文化等。所有融入时代文化，从而也是历史化的概念，都随着人们的观点以及与之相关的心理和伦理的改变而改变，每个时代都有其精神天地。塞万提斯（1547—1616）名著中的主人公堂吉诃德，妄图复兴和恪守骑士精神的行为规范，但他不能也不愿看到，那些构成骑士精神的概念，如"荣誉""骑士制度""宫廷之爱""历险"等，都早已过时，没有任何现实意义。在他生活的时代，人们用以思想和行动的语汇已经完全变样，骑士话语显得荒诞不经，他的古旧思想、言论和行动令人

费解，使他成为一个滑稽人物：把客店当城堡，与风车厮杀。堂吉诃德之后还有许多脱离现实、与时代相悖的故事，每代人都会感受到理想和现实之间的矛盾，还有今昔的语言变化。

《百科全书，或科学、艺术和工艺详解词典》（通称《百科全书》，1751/1780）可谓法国启蒙运动最重要的著作，狄德罗（1713—1784）是其主编之一。该著第六卷问世以后，狄氏在亲自撰写的条目《百科全书》（1756）中，几乎怀疑这套巨著已经取得的成就：他认为语言知识当为百科全书作者最需深究的问题，可惜他和同人太晚才意识到之前的疏忽，导致前六卷的欠缺；有关语言的论述很弱，而这本该是每一条目的主要内容。在狄德罗看来，语言和词语永远同经验、意涵和联想相关联，并以此塑造人的思想。毫无疑问，语言能够展现传统，否则便不可能领会历史。语言展示一个语言共同体的共同经验，同时又是集体知识的基础和工具。语言还能生成意义，是描述新经验的手段，并将之纳入已有知识库。

狄氏反思，或曰他的结论，涉及语言在编纂《百科全书》那个时代的快速变化，以及时人对语言意涵的新认识：各种观察和实验物理，一再呈现新的事物和现象，通过哲学比较和关联，不停地扩展或限定已有知识，改变词语的意义，使得已有的各种界定变得模糊、不全甚至错误，迫使时人采用新的词语取而代之。为了表达（尤其是科学领域的）新事物和新概念，百科全书派创制了不少术语。启蒙思想家深信，词语再现事物，并逐渐形成与之相关的现代术语。狄德罗对语言快速发展以及日渐增多的抽象化语言的诊断，首先是在描述当时不同科学的发展过程，也就是后来科塞雷克（1923—2006）用"鞍型期"之喻加以刻画的时代；当然，法兰西的"鞍型期"与德意志的有所不同，且带着浓重的政治色彩。

启蒙运动具有很强的语言意识，18世纪在法国被称为探讨语言的世纪，彼时法语也被看作词汇最丰富的欧洲语言。其他欧洲语言中常见法语借词，或仿其词形另造新词。根据启蒙思想对语言的理解，语言和想象力是不可分的，解释新的想象也就意味着创造新词（新造词）。若将目光转向彼时德意志疆域，可以发现那里的启蒙运动也带来一种特殊现象：不像有些语言直接从拉丁语借用语汇那样，德语则借道或参考英语和法语，吸收拉丁语的专门词汇，这就出现了词汇的明显异变。由此，1750年前后的德意志土地上出现了两种骤变：一为科塞雷克所说"鞍型期"的语义变革，一为（尤其见之于哲学思维和历史思维的）翻译导致的变易，而且二者几乎纠结在一起。

启蒙运动时期也出现了各种关于语言和含义变化的理论，以及对历史语义的探讨。卡西尔（1874—1945）在《启蒙哲学》（1932）中准确地勾勒出当时对于概念之历史的矛盾兴趣："启蒙运动并不意外地发现了概念的历史性。若说这一发现首先体现出针对现存术语的批判意向，那么，它后来为了确保自己已经获得的统治地位，又希望封存启蒙后的词语含义，旨在对抗革命者的新型概念。启蒙运动的历史是争夺主导概念的斗争史。"① 其实，概念史的大部分情形都是如此：概念史也是语言政治，语言政治则利用概念史。

概念史主要围绕概念-词语-事物讨论问题。在日常口语中，"概念"和"词语"一般没有严格区分，甚至在不少术语中也是如此。然而，这两种说法在口语中并不完全对应："词语"的含义重心在语言和符号层面，"概念"则更在于精神因素，强调"理解"，即对事物有无概念的问题。柏拉图（前 427—前 347）对"概念为精神"和"词语为语言"的明确划分，一直延续至近代早期。不过，亚里士多德（前 384—前 322）对能够成为概念的词语与（无法上升为概念的）简单词语的区分已经为消除这一对立埋下伏笔。康德（1724—1804）看到了精神的综合功能，把概念定义为物本性的抽象概括，亚里士多德视概念为（具有抽象潜力的）高级词语的观点因而得以确立，并还在主导今人的通常想法。科塞雷克注重的"历史基本概念"，其实也把概念看作（亚里士多德意义上的）高级词语，也就是历史经验及其理论和实践的浓缩形式亦即概念词语，如他在《宪法史纂中的概念史问题》（1981）一文中所说：

> 概念史特别反对抽象的观念史，[……]它更多地

---

① Ernst Cassirer, *Philosophie der Aufklärung*, Tübingen: Mohr, 1932, S. 270 - 271.

聚焦于社会、政治或法制生活中具体的语言运用。这就需要稽考具体经验和期待,看其如何体现于特定时期的法制、社会或政治的语言层面,从而总是指向多少具有较高抽象度的理论性强的中心概念。概念史有如连接文本/语言原始资料与政治/社会现实的关节。①

语言、政治和历史,三者密切相关。史学中的概念史不只是辅助手段,它对反思"现代性"有着极为重要的方法论意义。概念史在史学研究中的目的是,借助概念理解历史。概念史试图回答一系列直接关乎史学科学性的问题:为何有必要一再重写历史?如何将已被阐释、流传下来的历史想象引入今人的意识视野?概念史查考不同文化中的重要概念及其发展变化,并揭示特定词语的不同语境和联想。不仅概念可成为历史的索引,概念史自身也有其历史索引,即对概念本身的历史研究。借此,历史断裂、过渡或范式转换才是可以想象的。西方概念史重点考察的术语史,其时间跨度为欧洲政治青春期,起始于中世纪晚期的少不更事,终结于一些共和国民主的诞生;而对语言根源的推究,常会追溯到古代理论家,其中首推亚里士多德。

---

① Reinhart Koselleck, "Begriffsgeschichtliche Probleme der Verfassungsgeschichts-schreibung", in: Helmut Quaritsch (Red.), *Gegenstand und Begriffe der Verfassungsgeschichtsschreibung*, Berlin: Duncker & Humblot, 1983, S. (7 - 46)45.

二、"概念史"词源与原初理念

若带着概念史意识,稍微浏览黑格尔(1770—1831)的著述,或许就可得到一种印象:在他的哲学或"概念"思考中,已经隐约可见概念史研究的关键设置。他的方法就是概念阐释,而且系统阐释有其发展过程。黑格尔有历史三说,即"原本的历史"(die ursprüngliche Geschichte)、"反思过的历史"(die reflektierte Geschichte)和"哲学的历史"(die philosophische Geschichte)。"原本的历史"仅指历史实情,"反思过的历史"则是斟酌过的、较为抽象的历史,经过反思并进一步用普遍视角来看历史,便能过渡至哲学层面的世界史。

人们通常认为,"概念史"(Begriffsgeschichte)这个术语首次出现在黑格尔的著述中,见于《世界历史哲学讲座》的"导论"。黑格尔在其"讲座"中,发展了描述历史的三种方法——思想(Gedanke),概念(Begriff),观念(Idee);其中第二种方法,黑格尔称之为"概念史",说的是专门史,如艺术史、法学史、宗教史等。他认为,艺术、法律、宗教等概念史在他所生活的时代逐渐成形并受到关注。显然,他所理解的概念史,不是我们今天所说的单个概念,而是门类概念的描述。迈埃尔在《哲学历史辞典》第一卷的《概念史》一文中认为,黑格尔的"概念史"一词很特别。①

严格说来,"概念史"这一表述最早出现在黑格尔那里的说法是不准确的。他的世界史导论分别是在1822年和1828年讲授的,而讲稿是他死后,也就是1837年才以"朋友版"形式面世,编辑者是他的学生、法哲学家甘斯(1797—1839)。故此,迈埃尔认为完全有理由说,"概念史"说法出自黑格尔之口还是他的学派,是一个说不清的问题,也许永远无法确定。另有人提出假设,倾向于"概念史"是整理黑格尔讲座手稿时采用的称谓;甘斯虽然对这个概念没有起到决定性作用,但很可能是第一个将之落实于文字的人。②

* 就概念史理念而言,从另外一个角度来看"概念史"这个词的"版权"归属,容或更确凿一点。黑格尔之前,瓦尔希(1693—1775)编二卷本德语《哲学辞典》(1726)的序言中就有"概念的历史之维"(historischer Aspekt der Begriffe)之说。嗣后,几乎为同义词(构词上稍有不同),且有术语性质的"概念的历史"(Geschichte des Begriffs,亦可译为"概念史"),早于当代德语"概念史"(Begriffsgeschichte)字样,已

---

① Helmut Günter Meier, (Art.) "Begriffsgeschichte", in: *Historisches Wörterbuch der Philosophie*, Bd. 1, hrsg. von Joachim Ritter, Basel/Stuttgart: Schwabe, 1971, Sp. (788 – 807)788.
② Ernst Müller/Falko Schmieder, *Begriffsgeschichte und historische Semantik. Ein kritisches Kompendium*, Frankfurt: Suhrkamp, 2016, S. 44 – 45.

见于普拉特纳(1744—1818)的论著《哲学箴言及哲学史若干导论》(1776)。莱比锡古典语文学家贝克(1757—1832)于1806年首次用连字符创造了"概念-史"(Begriffs-Geschichte)一词。①

无论如何,在黑格尔《世界历史哲学讲座》中,"概念史"说的是一种史学类型,也就是艺术、法学和宗教之历史,并被纳入哲学史范畴。对"概念史"的这一理解,只能算是单独现象,而且没能得到后人的认可。可是,今天的概念史研究至少在一个方面暗合于黑格尔的设想,即概念的跨学科研究。黑格尔的"概念史"之跨学科性质,首先缘于19世纪以降的概念发展所受到的实际影响:不断增长的科学化倾向和学科分类,导致哲学统摄所有科学之地位的式微。

作为20世纪人文科学的一种研究方法,概念史的跨学科性质已见于这一研究取径的重要代表人物:哲学家里特尔(1903—1974),史学家科塞雷克和哲学家、社会学家罗特哈克尔(1888—1965)。尽管许多受理论主导的学科之间存在很大差别,"同一个"概念在不同学科和不同文化中很可能相去甚远,但概念在各学科中都至关紧要。

---

① Ernst Müller/Falko Schmieder, *Begriffsgeschichte und historische Semantik. Ein kritisches Kompendium*, S. 44.

三、 概念史的发端和早期人物

赋予历史概念非同一般的意义,发轫于19世纪末的哲学史研究。"思想能够创造历史"的看法,在形而上学和唯心主义哲学,尤其在黑格尔之后的德国哲学中获得了中心位置。这一观点也极为深刻地主导了德国历史主义及其长期影响,直至进入1920年代,见之于迈内克(1862—1954)著《新近历史中的国家利益至上观念》(1924)那样的重要著作。在现代学科分类之前,许多"学科"都在哲学的统辖之下,哲学对史学的浸润也在情理之中。哲学中所谓超越时代的观念,肯定会削弱考析不同时代概念变化的兴趣。因此,概念史的出现,实际上是概念分析的延伸。

人们常喜于把概念史研究的肇端设定于二战以后。米勒和施米德尔合著《概念史与历史语义学》(2016),将发端时间推至1933年之前的十年,应该说是很有见地的。的确,概念史研究和方法在20世纪二三十年代日渐增多,并被看作考察历史的更为精确的工具。科塞雷克在其主编的《历史语义学与概念史》(1978)的"导论"中,开篇即谈论那个处于历史过渡期或剧变期的德国不同学科的概念史家:哲学史领域的罗特哈克尔,古典语文学界的耶格尔(1888—1961),专攻精神史的屈恩(1887—1973),法学史和宗教史研究中的施米特(1888—1985),语言学界的特里尔(1894—1970)。中世纪文史学者施勒辛格尔(1908—1984)的地域史和宪法史考察,尤其是史学家布鲁纳

(1898—1982)的著述,后来被科氏及其弟子视为社会史与概念史相结合的起始。在法国史学界,年鉴学派创始人费夫尔(1878—1956)自1930年起,在《经济社会史年鉴》的"词汇专栏"中介绍新式关键词和事物含义史,以及德国文化史和语言史刊物《词与物》(*Wörter und Sachen*, 1909—1944)中的相关论说。

1933年纳粹上台,富有批判精神的学者和犹太知识人被驱逐,使得历史语义学出现断裂和倒退。其中,史学界流亡以色列的克布纳(1885—1958),社会学界的曼海姆(1893—1947),文化研究中的本雅明(1892—1940)和克拉考尔(1889—1966),科学史中的弗勒克(1896—1961)和温德(1900—1971),以及法国认识论学者巴什拉(1884—1962)和冈吉雷姆(1904—1995),都可谓概念史研究的先行者。

战后联邦德国的概念史研究,无论是伽达默尔(1900—2002),还是罗特哈克尔或里特尔,都在很大程度上直接继承了战前德国人文科学的传统,这些传统并未在纳粹时期失去影响。在哲学领域,三驾马车罗特哈克尔(《概念史文库》,1955—)、伽达默尔(《真理与方法》,1960)、里特尔(《哲学历史辞典》,筹备于1950年代末),都曾与纳粹体制有着不同程度的瓜葛,后来也在研究体制上发挥了很大作用。相似的情形亦见于政治/社会概念史领域,如施米特、布鲁纳、康策(1910—1986),甚至还有音乐概念史领域的埃格布雷希特(1919—1999),也都与纳粹意识形态有牵连。

二战后不久,美国哲学家迈克基恩(1900—1995)发起一个大型国际项目,研究不同国家和语言传统中关键政治概念的使用,其背景是战争带来的种族杀戮和灾难经验,以及联合国教科文组织倡议的人权大讨论。迈氏是桑塔格(1933—2004)和罗蒂(1931—2007)的老师,他的倡导得到卡西尔的学生克利班斯基(1905—2005)的支持,后者曾是罗特哈克尔的助手,因为是犹太人而在1933年被纳粹政府解除大学教职,后来任教于蒙特利尔麦吉尔大学。克利班斯基当时正在筹划编纂一部《哲学和政治思想基本术语国际辞典》(*International Dictionary of Fundamental Terms of Philosophy and Political Thought*),计划收录150个条目,以促进国际和文化间的理解。他发现了国际政治语言中的许多典型误解,并认为制造纠纷的政治哲学而外,还有一个原因是不同语言中似乎相同的术语,其实有着极为不同的含义。

迈克基恩为了他的宏大计划,请求伽达默尔召集一次德国知名哲学家参加的研讨会,该会于1954年夏末在德国尤根海姆(Jugenheim)召开,但以失败告终,原因是德方不愿用多语种进行讨论,更不愿顺从迈氏的想法。这次对话充分显示出战后德国的政治/社会语言与哲学语言之间的隔膜。德国哲学自视为非政治的专业,与现实的社会政治和法学概念保持距离,因而远离国际上现实话题的讨论。伽达默尔是坐落于海德堡的德国科学基金会(DFG)概念史评议会(即"海德堡学派")主席,他于 1958 年春再次把尤根海姆选为该评议会第一次会议的会址,使这个地处自然公园的小镇增添了一种象征意义:它是某种意义上(拒绝国际合作、回避新近历史)的"德国概念史"的诞生地。①

四、德、英、法各行其是

西方传统的思想史或观念史研究,主要集中于考察大思想家的经典文本,即学术传统中的"正典"(canon):从柏拉图、亚里士多德到奥古斯丁(354—430)、阿奎那(1225—1274),到马西利乌斯(约 1275—约 1342)、马基雅维利(1469—1527),再到霍布斯(1588—1679)、洛克(1632—1704)、休谟(1711—1776)、伯克(1729—1797),直至黑格尔、马克思(1818—1883)等近现代思想家。这种论述格局遭到晚近学者的非难,他们诟病往昔的研究没有证实那些大思想家的社会代表性,对常用的政治和社会用语缺乏钩稽。对语言的本体论理解,即如海德格尔(1889—1976)那样把语言看作"存在之家"(Haus des Seins),曾导致思想史研究中认识论和方法论的诸多争论。新的思考对付传统思想史,也在借力于强势的"语言论转

---

① Ernst Müller/Falko Schmieder, *Begriffsgeschichte und historische Semantik. Ein kritisches Kompendium*, S. 132 – 138.

向"(linguistic turn),责备其忽略了历史中的非连续性、社会场景以及语言构造力。概念史便是对这一方法论问题的回应之一。

这里先要对两个概念做一说明:"观念史"和"思想史",都是相应西方概念的汉语译词,常会让人不知所以,不知二者区别何在。剑桥学派的波考克和斯金纳时常混用"观念史"(history of ideas)和"思想史"(intellectual history),英语学界大多数学者也都如此。波考克在《当代史学》(*History Today*)总第35期(1985年10月)的《什么是思想史》"七人谈"中说,不管是"思想史"还是"观念史",似乎都是一回事。其实,"intellectual history"只是标新立异之举,欲将"history of ideas"转换成"intellectual history",我们亦可称剑桥学派为新式"思想史",① 当然还在观念史的框架之内。德语概念"Ideengeschichte",汉译"思想史"者有之,"观念史"者有之,在很大程度上从德国传统中的"精神史"(Geistesgeschichte)发展而来。换言之,"精神史"在德国常被看作"观念史"的同义词,德国的精神史或观念史相当于英美的观念史和思想史。就汉语感觉而言,"观念史"和"思想史"总是有点区别的,其实大同小异,随语境而

---

① Donald R. Kelley, "Horizons of Intellectual History: Retrospect, Circumspect, Prospect," in: *Journal of the History of Ideas* 48(1987), pp. 143 – 169; Donald R. Kelley, "What is Happening to the History of Ideas?" in: *Journal of the History of Ideas* 51(1990), pp. 3 – 25; Eckhart Hellmuth/Christoph von Ehrenstein, "Intellectual History Made in Britain: Die Cambridge School und ihre Kritiker", in: *Geschichte und Gesellschaft* 27(2001), S. 149 – 172.

变。在本书中，论及传统思想史/观念史，基本上以"观念史"表之，亦有思想史之意，可以对换。这么做还出于另一考虑，即德国经典概念史，常被看作反传统的思想史研究，剑桥学派或福柯（1926—1984）也都如此。

约在 1960 年前后，西方史学界分析词汇和词组的蕴涵及其认识功能的意识日趋明显。当时，社会史研究蒸蒸日上，不少学者认为传统观念史越来越显得不合时宜。它在理论和方法上的不足，导致德国、英美和法国史学界对语言和话语分析的浓厚兴趣。语言不仅被看作最重要的交流手段，而且也是领悟经验、建构或重构历史"实在"的关键工具。

于是，德国、英美和法国的学术文化中出现了三种不同旨趣的研究方法：德国史学界以"概念史"著称；剑桥学派倡导的政治思想史（观念史），是一种不以概念为指归的话语史研究，在政治事件的整体语境中查考"话语"的交流语境和语言习惯，要言之为"历史语境主义"（historical contextualism）；法国史学界以"话语分析"（analyse du discours）见长，将话语背后的语言形态或社会背景纳入研究范围，它一方面承袭了年鉴学派的跨学科史学传统，另一方面受到 1950 年代和 1960 年代初期的结构主义（语言学）的影响，尤其是福柯以话语为中心所从事的学科史研究，把话语看作具有普遍社会意义的事物之表征，表征与话语最终见于"认识型"（épistémè）这一福柯理论的核心概念。这三种研究模式明显区别于传统观念史，从内容到方法都焕然一新。无论是德国概念史,还是剑桥政治思想史,或者法国的话语史研究,它们的共同之处是显而易见的,即强调语言的重要性,认定语言是事物的标记(表征)。三个学术流派的最根本差异,是探索语言与历史之间关系时的不同着眼点与分析范畴。"概念"与"话语"研究模式之间的分歧,长期呈现自有其解、各行其是的状况;毕竟,话语史有别于概念史。话语史研究能否与概念史有效结合呢?抑或剑桥学派的政治话语分析能否与德国概念史相得益彰呢?学界对此还有争议。

曾经长期受到思想史和术语史支配的德国概念史,赓续狄尔泰(1833—1911)的学生罗特哈克尔、伽达默尔的思想,很难摆脱其思想史源流;或者说,德国的概念史研究,曾长期受到精神科学与自然科学二元论传统的束缚,这就必然对跨学科概念的历史语义研究形成制约。另外,尽管一再强调概念史的跨学科性,可是里特尔发起的哲学概念史课题与注重社会维度的史学概念史这两个最重要的研究取向,几乎没有真正相互观照。

* 概念史偶尔会被看作哲学或整个人文科学的一个分支,渗透于不同的学科;可是,不同学科的有些极为相近的研究,仿佛互不了解。例如,史学概念史很难或很少在语言学的历史语义研究中派上用场;而科塞雷克颇为独特的方法论思考,几乎没有得到哲学概念史的接受,尽管二者时常处理同样的材料、探讨同样的关键词。这种区隔也体现于不同学科对于研究对象的选择,例如(德国)语言学注重考察日常语言在长久历史中的变化,德国史学概念史和剑桥学派则主要关注近代早期之政治/社会语言运用,而哲学概念史探讨概念演变,一般深究至古希腊。

法国的科学史研究,较早关注话语或概念在历史中的断裂和矛盾,而不是概念的连续性。从巴什拉、冈吉雷姆到福柯的法式科学史方法和认识论史学,依托于"概念谱系"亦即"起源"。然而,福柯重视的不是概念的根源和延续本身,而是描述概念得以生成、延续或断裂的认识型。语言在他眼里不仅是知识载体,且决定知识本身,"知识考古"即为话语分析。他查考的有些概念,并非科塞雷克所说的基本概念,却同样具有催化认识的功能,比如"传染""信息""前景""反映"等。探讨共时话语结构,亦即概念被言说的共时社会条件,往往会忽略概念发展的历时特征。

特色各异的话语概念和话语分析,时常遭遇非议,说其花哨迷目、难以界定,导致极不相同的具体研究;更有人认为话语概念需要不时证明自己的正当性。这类质疑不能说完全没有道理,但也可以轻易用来针对其他一些概念,比如(语言学见重的)概念、词语、句子、文本,甚至可以指向思想、意念等概念。所有这些用词都没有简单的、毫无争议的定义,它们包罗甚广,这主要缘于其在日常语言中也很重要,"话语"至少在法语区和英语区就是如此。

常有人提出，为了学术上的严谨性和理论上的明确性，最好废除"话语"这个充满歧义的概念。这种想法自然是不可取的。以此为标准的话，上面提及的概念和其他许多学术和哲学概念也都难以幸免。

就含义史而言，历史语义学不仅适用于词语、概念、语言和话语研究，它也可以在广义层面上用来探讨形象、礼俗、习惯、表情和姿势等其他文化表达的含义嬗变。以语义为重点的历史分析，着重探测某个时代或时期之交往过程中"可表达"和"可说的"东西，① 这与"话语史"有叠合之处。话语分析方式尤其侧重于辨析一个时代的"可说"规范；然而，作为一种非阐释学的知识史，话语史对于语言的理解有所不同。例如福柯的"话语"概念，不同于索绪尔（1857—1913）的语言和言语，而是一种实践。他的话语构型，涵盖文化生活的所有形式和范畴，描述和分析特定时代的"知识"和"观念"，通过挖掘话语实践的规则来呈现特定话语或陈述系统，探讨现代社会中权力与话语之间的关系。

福柯的话语分析方法，见重"可说"规范：什么是一个时代可感知、可说、可做的，什么是无法感知、言说和行为的。这与维特根斯坦（1889—1951）之"可说"一致又不一致，维氏在其《逻辑哲学论》（1922）中有句名言："凡是能够说的事情，都能够说清楚；凡是不能说的事情，

---

① Willibald Steinmetz, *Das Sagbare und das Machbare. Zum Wandel politischer Handlungsspielräume: England 1780 - 1867*, Stuttgart: Klett-Cotta, 1993.

就应该沉默。"[1] 换句话说,凡是能用语言和逻辑来表达或分析的东西,均为可说的,否则就是不可说之物。而概念史根究的语词和概念,正是某个时代或时期中可表达和"可说的"东西。除此以外,概念史还注重"如何说"的问题:就像一个人净化其语言就是净化思想一样,一个时代寻找和提炼概念的过程,也是在提炼认识和思想。

五、 历史语义学与概念史

"历史语义学"(德:Historische Semantik;英:Historical Semantics;法:Sémantique historique)探索文化表述尤其是语言表述的内涵及其变化的历史性。作为一种史学方法,它查考特定时期之词义生成和表达的文化、社会与政治前提,重构过去某个时代之思维、心态和交往形式的历史背景,以及时人的时代认知和解释视域。在方法论上,它是一个上位概念,囊括如问题史、思想史或概念史中对历时语言变化的研究,多半是跨学科的认识方法。一般而论,概念史、观念史或关键词研究,都可用"历史语义学"来称谓。然而,各种研究模式对历史语义的追求程度是不同的。

---

[1] Ludwig Wittgenstein, *Tractatus logico-philosophicus*, London: Kegan Paul, (1922)2010, S.162.

历史语义学的源流可以追溯到 18 世纪的欧洲，从古典主义到浪漫主义的时代过渡，使崇尚仿古的古典派逐渐被追求个性和活力的浪漫派所取代，后者力图摆脱成规，用新的方法探讨已知现象。关于语言起源的问题也被提上议事日程。何为语言？语言从何而来？语言如何发展至当时那个情状？最后一个问题关涉语言的演化。法国语文学家布雷尔（1832—1915）是最早从事历史比较语言学的学者之一，他的论著《语义学》（*Essai de Sémantique*，1897）赋予"语义学"概念以我们今天所理解的含义。布氏的一些研究，可视为对 19 世纪占统治地位的历史语音学的回应，并让语义学获得了应有的地位。

"语义学"（semantics）是语言学的一个分支，它研究语言、语言符号和符号顺序的含义，亦即词汇、语句和文章的含义。这个概念的词源为希腊语的 σεμαντικός（标明的，表示的，描述的），亦即 σεμαίνειν（标明，表示，描述）；"sem"对应于希腊语 σῆμα（标记，特征）。正是希腊词源决定了 semantics 绝非语言学的专利。例如逻辑学中的 semantics，是指逻辑句式和推理求真的学理。而整个哲学学科则将历史语义学看作探讨含义问题的哲学史研究，它不直接与事物本身，也不仅与概念相关，而是审视和赋予探讨对象以特定含义的方法。换句话说，哲学中的历史语义学是对文化意涵的形态、转型和变形的哲学探讨。

史学领域的历史语义学探讨，约起始于 20 世纪早期，与历史性意识、对现代性的体认以及世界大战后的危机意识密切相关,注重对特定词语之具体历史的分析,并视之为分析整个社会和文化的出发点。就其发端时期而言,历史语义学似乎主要在德语区受到青睐,史家试图通过这种方法追溯"日耳曼根源",并以此克服历史主义的危机。作为一种方法,历史语义学历时长久,直至1980年代的法国话语分析方法与之形成抗衡之势。总体而言,历史语义学在德国主要披着概念史的外衣。

"Historical Semantics"之汉译"历史语义学",已经体现出其最重要的特征,只是未必能够覆盖这个概念的全部含义。汉语"语义学"概念,似乎仅限于语言学范畴,至少是能引起大多数人对语言学的联想。而正因为"sem"的希腊词源为"标记"和"特征",西人看到 Historical Semantics 的时候,常会将它理解为"历史特征",这里可以见出其包容度与跨学科性:它依托于不同学科的知识进行研究,又以自己的特长来丰富不同学科。我们可以从广义与狭义两个层面来理解历史语义学。尽管源于希腊语的 semantics 是关于符号含义的学问,但它毕竟主要关乎语词和语句。这种狭义理解当然也是历史语义学的主要方面。同时,历史语义不排斥历史特征,二者之间不存在根本性冲突。不仅如此,它们常常还融为一体。另外,音乐、图画和肢体语言等非语言载体也有自己的语义。

历史语义学既可查考历史截面,亦可探究历时变化。概念史中的历史语义学,着眼于各种思考和变化的衔接点,关乎社会亦即文化语义的重大变化,目的在于发现并阐明概念在过去与现在之间的差别及其起源和成因。当我们意识到思维与不同话语之间的事实差异,历史语义学便是考证的有效方法。在当今世界,人们学会了对差别的重视。例如在文学研究中,人们不再不假思索地讨论"经典"和"经典的",而是首先确认这个概念说的是什么,研究者用它指什么。

一般说来,长期使用的政治或社会概念,在没有出现新的补充概念或对立概念时,很少会发生变化。对一个事物的指称在很长时期内比较稳定,而被指称者却在变化,它涉及物质生活,但更多涉及政治、文化、宗教、思想等领域,例如自由、民主、家庭、爱情等。一个较为典型的例子是"婚姻"概念,它的神学依据在19世纪初的欧洲被人类学认识所替代,并逐渐成为淡化法律拘囿、注重爱情和道德的行为。几百年来,"婚姻"概念的语言外壳并未变化,但它的语义结构和与之相关的语言实践发生了变化。

关于历史语义学的界定和方法等问题,牵涉到其学术定位,既要在语言层面上寻找,也要在思想史和哲学认识论上进行探索。然而,涉及史学研究对象的时候,对于"历史语义学"和"概念史"的清晰区分实际上是不可能的。不管是在史学领域,还是在新近的文化研究中,历史语义学和概念史可以相互指称。尤其是德国学者,较为喜用"历史语义学"之说,并时常与"概念史"并用,而且由来已久。科塞雷克主编的《历史语义学与概念史》(1979),是这个领域的一部著名文集;米勒和施米德尔也合作出版专著《概念史与历史语义学》(2016)。可是,这并不意味着二者的界线可以明确划分。鉴于二者时常所指相同,本书中的"概念史"用法,借鉴德国习惯,在许多情况下可看作"历史语义学"的同义表述。

当今,不少从事概念史研究的学者认为,关键不在于提炼纯正的概念史方法,而是要在方法交响中显示概念史的丰富成效。概念史研究不可能脱离特定的历史前提和特定目的;若想寻找概念史的通则,便会失却其关键的历史之维。概念史只是历史语义学多种可能性中的一种,而这种历史语义学又是不存在的。因为学科和派别的区别,立场和观点自然有别,哲学概念史因而才能区别于史学概念史或音乐概念史。以德国的《哲学历史辞典》《历史基本概念》或者《音乐术语辞典》为例,各书"前言"对概念史或历史语义学的理解相去甚远。由于各学科出于不同的研究目的和重点,对历史语义学的界定似乎可以是多样的,但它主要是语言的,又是历史的;只有用历史的眼光(历史的横向比较和纵向追溯),才能把握哲学、社会、政治等人文社会学科的关键概念。

施泰因梅茨在《概念史研究四十年:这一学问的状况》[①]中指出,历史语义学越来越多地查考大的语义场、句式、话语,同时关注变化着的运用形式和运用情形,概念

---

① Willibald Steinmetz, "Vierzig Jahre Begriffsgeschichte — The State of the Art", in: *Sprache — Kognition — Kultur. Sprache zwischen mentaler Struktur und kultureller Prägung*, hrsg. von Heidrun Kämper und Ludwig M. Eichinger, Berlin/New York: de Gruyter, 2008, S. 174 - 197.

史当为这种历史语义学的从属门类,概念史方法大有扩张地盘的趋势。其实早在1970年代,已经有人看到发展概念史理论的必要性,以揭示概念史与问题史、思想史、事物史、隐喻学、惯用语研究、思维形态学的错综关系[1]。同属宽泛历史语义学,却很难明确甄别和分割的有:词语史、意义史、概念史、意识史、观念史、题材史、接受史、思想史、社会史、文化史、传媒史、话语史、心态史等;另有历史认识论研究、政治语言分析、文化记忆史和回忆录研究等。

六、 德国概念史理论与实践

谈论概念史,向来首推德国。作为历史语义研究的一个范式,概念史率先在德国登上学术宝座并获得国际声誉。它在德国的确立、成就和深入研究,领先于其他国家,对当今世界的相关研究具有借鉴意义。本书介绍和探讨的概念史理论设想、具体实践和发展变化,基本上依托于德国经验。

概念史研究的机制化和真正突破,发生在20世纪下半叶的德国,其标志是罗特哈克尔于1955年创办的著名年刊

---

[1] Helmut Günter Meier, (Art.) "Begriffsgeschichte", in: *Historisches Wörterbuch der Philosophie*, Bd. 1, hrsg. von Joachim Ritter, Basel/Stuttgart: Schwabe, 1971, Sp. (788–807)789.

《概念史文库》(*Archiv für Begriffsgeschichte*),以及首先体现于政治、社会、哲学等学科的大型辞书,最著名者为三大巨著:十三卷《哲学历史辞典》(1971—2007)①,八卷《历史基本概念——德国政治/社会语言历史辞典》(1972—1997)②,已出二十一册的《法国政治/社会基本概念工具书(1680—1820)》(1985—)③。《概念史文库》旨在为一部工具书筹备(如该刊的副标题所示)"哲学历史辞典的基石"。罗特哈克尔在创刊号的"序言"中写道,《文库》是持续反思概念史研究对象和方法的试验田和平台。但在罗氏担任主编的头十年里,《文库》办得并不尽如人意。他去世以后,也就是从第十一卷起,《文库》修改了办刊方针,而且去掉了为哲学历史辞典服务的副标题,不但越来越多地刊登将要收入《哲学历史辞典》的论文,而且发表概念史的理论和方法论文章。

> * 里特尔等人在《概念史文库》基础上主编的《哲学历史辞典》已经出版,而且一系列其他概念史辞书也都问世,已有六十多年历史的《概念史文库》早已成为整个概念史研究的跨学科机关刊物。年刊(包括

---

① *Historisches Wörterbuch der Philosophie*, 13 Bde, hrsg. von Joachim Ritter, Karlfried Gründer, Gottfried Gabriel, Basel/Stuttgart: Schwabe, 1971–2007.
② *Geschichtliche Grundbegriffe. Historisches Lexikon zur politisch-sozialen Sprache in Deutschland*, 8 Bde, hrsg. von Otto Brunner, Werner Conze, Reinhart Koselleck, Stuttgart: Klett-Cotta, 1972–1997.
③ *Handbuch politisch-sozialer Grundbegriffe in Frankreich 1680–1820*, 21 Bde, hrsg. von Rolf Reichardt, Eberhardt Schmitt et al., München: de Gruyter Oldenbourg, 1985– .

特刊）中的研究论文涉及哲学史和其他学科史中的各种概念，而且不再局限于欧洲亦即西方科学史中的概念。年刊中的著述还探讨神话和宗教概念，一个时代或某种文化一般用语中的典型概念，非同一般的比喻、概念的翻译问题，以及概念史方法论和批评等。罗特哈克尔去世以后，伽达默尔曾是《概念史文库》的三大主编之一（1967—2001）。

德国概念史既可借鉴20世纪二三十年代德国不同学科的概念研究，亦可承接哲学和史学方向的早期辞书，例如倭铿（1846—1926）编写的第一部德语《哲学术语史》（1879）[1]。此前，倭铿著有《当代基本概念的历史与评论》（1878）[2]，第二版更名为《当代基本概念——历史与评论（修订本）》（1893）[3]。《哲学历史辞典》的前身是艾斯勒（1873—1926）编《哲学概念与表达辞典》（1899）[4]，该著三卷本更名为《哲学概念辞典——历史考证（修订本）》（1910）[5]，1927年第四版遭到严厉批评后没有再版。《哲学历史辞典》第一卷于1971年问世；2007年春，十三卷巨制

---

[1] Rudolf Eucken, *Geschichte der philosophischen Terminologie*, Leipzig: Veit & Comp, 1879.
[2] Rudolf Eucken, *Geschichte und Kritik der Grundbegriffe der Gegenwart*, Leipzig: Veit & Comp, 1878.
[3] Rudolf Eucken, *Die Grundbegriffe der Gegenwart. Historisch und kritisch entwickelt*, Leipzig: Veit & Comp, 1893.
[4] Rudolf Eisler, *Wörterbuch der philosophischen Begriffe und Ausdrücke*, Berlin: Mittler und Sohn, 1899.
[5] Rudolf Eisler, *Wörterbuch der philosophischen Begriffe. Historisch quellenmäßig bearbeitet*, 3 Bde., Berlin: Mittler und Sohn, 1910.

全部出齐。

这部主要由哲学家参与撰写、堪称人文学科辞书典范的《哲学历史辞典》，虽在其学科内无出其右，但它所发展的研究方向，是概念史的一个较为传统的形式，即罗特哈克尔、伽达默尔和特里尔所代表的概念史理念。与《历史基本概念》不同，这部辞典全然排除了概念嬗变的社会史视角，主要关注见诸各种经典哲学理论的概念，所以时常受到来自不同史学领域的质疑。不过，我们不能不顾该著的性质做出判断，不少哲学概念史的研究者似乎也不在乎外来批评，他们坚信许多哲学概念或理论的形成，并不受到理论之外因素的左右，亦无须诉诸社会史和心态史等史学方法。对他们而言，哲学概念史研究的旨趣，并不在于重构过去的哲学家进行理论思考时的历史和社会背景，而是如何借助概念，在过去和现在的哲思之间建立联系，在一个概念的当代定义与历史起源之间考察思想的发展。

里特尔在《哲学历史辞典》第一卷"前言"中的一种说法，在很大程度上为那些并非笃信概念史的同人提供了一个依据。他说，把这套辞书看作概念史辞典，实为误解；叙写概念史，既不是这套辞书的任务，也不是它能胜任的。他们更愿把哲学概念史视为学科史或问题史。在有关这部辞典的诸多论争中，甚至有人主张放弃使用"概念史"称谓，正是这个标签使得《哲学历史辞典》一再蒙受不必要的批评。批评也缘于该著之驳杂的方法。然而，《哲学历史辞典》之无可争辩的成就，或许正在于编者从实际写作出发，在很大程度上放弃了统一的理论和方法。正因为此，这一颇受青睐的工具书不像《历史基本概念》对史学所产生的影响那样，没有在系统哲学上显示出创新意义，在德语国家之外几乎未产生任何影响。

德国大型概念史项目的研究成果名曰"辞典"，其实是专业"百科全书"，收录的"条目"是论文，甚至有数百页的论文。概念史方法不仅在辞典编纂学上显示出实力，也为语言史、社会史、心态史等理论建构做出了贡献。概念史研究的价值，淋漓尽致地体现于主要由科塞雷克领衔编纂的《历史基本概念》，并以此宣称史学中的一个特殊方法的特殊地位。科氏不但是《历史基本概念》的主要撰稿者之一，而且是该辞书编纂方案的重要制定者和理论设计师。这一巨著贯彻了科氏的现代性理论亦即对语言之特定现代反思的认识旨趣，并成为概念史的一个范式，被视为世界上最负盛誉的跨学科概念史代表作，人称经典概念史。

《历史基本概念》的主导思想是，通过查考概念的变迁来解析旧世界的解体和新世界的诞生，不仅呈现历史上的概念界定，而且竭力重构与之相关的经验场域。所谓"基本概念"，说的主要是历史运动的主导概念，能够揭示社会结构和重大事件的关联。研究重点是概念在"近代"，也就是科氏所言"鞍型期"亦即历史过渡期的发展。德国学派的研究表明，概念史和社会史能够呈现经验：经验只有在历史中才是可能的、可被描述的，亦能对社会现实产生影响。在《历史基本概念》中，不同专业的上百位学者根究了政治/社会领域的中心概念：从法国大革命前已经存在的"社会""国家"等传统术语，到"共产主义""法西斯主义""反犹太主义"等新术语，以及在西方现代并得力于现代社会才得以生成的诸如"阶级""需求""进步""历史"等概念。科氏提出了衡量历史基本概念的四个重要范畴，即所谓"四化"："民主化""时代化""可意识形态化"和"政治化"。

概念史的着眼点，是具有关键意义的、浓缩的词语，并以此为依托去解读其在特定语境中的概念化过程，研究特定词语之历时意义嬗变的连接点。科氏经典概念史，关注新颖之说，即一个概念在历史上的显著性。它偏重概念的矛盾和争议程度，在功能上辨析政治和社会交往场景中的设想、概念或论述，区别看待不同的言说者和政治环境，以及特定时代或时期的社会和历史条件。[1] 鉴于历史永远是呈现于语言、沉淀于概念的历史，概念史试图通过分析语言表述的意义变化，让人领悟过去时代的实际经验与社会形态及其变化的关系。在科氏眼里，"议会""法律""基本权利"等法学概念，"政党""财产""工厂"等政治、经济和社会机制概念，"职员""工人""农民""中产阶层"等重要职业团体和社会阶层概念，"工作""等级制度""公共

---

[1] Melvin Richter, "Conceptualizing the Contestable: 'Begriffsgeschichte' and Political Concepts", in: *Die Interdisziplinarität der Begriffsgeschichte* (*Archiv für Begriffsgeschichte*, Sonderheft), hrsg. von Gunter Scholtz, Hamburg: Meiner, 2000, S. 135 - 143.

领域"等高度理论化的概念,不仅是社会和历史发展的"表征",而且是能够直接影响历史变化的"因素"。

《历史基本概念》遴选了119个术语,考察它们在法国大革命与工业革命进程中,如何嬗变为政治/社会中心概念并渗透于我们今天的历史意识。没有这些政治、经济、社会和文化的中心概念,便没有现代意义上的历史观。该著的主要认识论前提是:历史沉淀于特定概念并凭借概念成为历史。不仅如此,概念史研究本身也在1960年代呈现出认识上的期待视野:谁懂得解读概念,谁就能够窥见现代社会之秘密的运动规律,并从语言视角把握现代世界。后来又有人提出,没有或不只是沉淀于概念的社会知识,则可以通过对语义关系网络、各种论证形式乃至惯常表达的话语史分析来呈现。①

同许多重大课题一样,有人称道,亦有商榷甚至诟病,《历史基本概念》也遭到不少批评,比如理论设想未能完全兑现,又如诸多条目的写作理念和形式很不一致,不少作者只是采用了各自擅长的写法。另外,该著主要依托于辞书类文献、政治理论文本以及其他一些参考资料,将重点集中于词语之历时语义变迁中的连接点,而缺乏对交往状况和行为过程的观照。科塞雷克曾在多处申辩,解释自己

---

① Martin Wengeler, "Tiefensemantik — Argumentationsmuster — soziales Wissen: Erweiterung oder Abkehr von begriffsgeschichtlicher Forschung?", in: *Begriffsgeschichte im Umbruch?* (*Archiv für Begriffsgeschichte*, Sonderheft), hrsg. von Ernst Müller, Hamburg: Meiner, 2005, S. (131 – 146) 131; Dietrich Busse, *Historische Semantik. Analyse eines Programms*, Stuttgart: Klett-Cotta, 1987.

的概念史思考是在变化中发展的。他在2002年说：

> 我的概念史研究与《历史基本概念——德国政治/社会语言历史辞典》这一庞大研究课题紧密相关。这部辞典三十年前（1972）开始出版，而其理论和方法论思考是我四十年前就已阐释的，这至少对我来说成了理论上的束缚。一方面，为了推动《历史基本概念》这一共同课题，严格遵守理论设定是必须的；另一方面，我自己的概念史理论却在不断变化。①

所谓"四十年前"，当指科塞雷克写作于1963年、1967年才发表于《概念史文库》的《近代政治/社会概念辞典准则》②，这是"历史基本概念"项目的第一篇纲领性文章。然而，它不仅与同样由科氏撰写的《历史基本概念（第一卷）》（1972）"导论"中的理论假设有出入，更同他后来的概念史理论之间有着不小的差异。无论如何，科塞雷克及其同人的早期研究计划及其发展，总体说来在《历史基本概念》等概念史项目竣工之时已经实现，而科氏本人或许是最后看到这一点的人。的确，辞典工程越是漫长，他越对自己的理论设想的实施感到不满。他完全明白辞书表

---

① Reinhart Koselleck, "Hinweise auf die temporalen Strukturen begriffsgeschichtlichen Wandels", in: *Begriffsgeschichte, Diskursgeschichte, Metapherngeschichte*, hrsg. von Hans Erich Bödeker, Göttingen: Wallstein, 2002, S. (29 - 47)31.
② Reinhart Koselleck, "Richtlinien für das Lexikon politisch-sozialer Begriffe der Neuzeit", in: *Archiv für Begriffsgeschichte* 11(1967), S.81 - 99.

现形式的固有缺陷，可是早先的理论设定以及该著的连贯性，令人只能顺从"理论上的束缚"，而他自己的理论却没有停止脚步。

概念史这一跨学科研究方向，可被运用于人文科学的不同领域：史学概念史、哲学概念史而外，知识史、科学史、传媒研究、文学理论研究、文化研究等诸多领域，均有概念史研究的广阔天地。与科塞雷克的名字连在一起的史学概念史是1945年之后德国史学中最引人注目的工程之一；并且，它在德国和国际上启发了一些在方法上既因且革的后继课题。

下面是本书各章的揭要，与其说是各章内容的简要介绍，毋宁说是先对相关基本问题做出提纲挈领的解释。

七、 历史沉淀于特定概念

为了阐释概念史的来龙去脉、发展变化和总体特色，第一章和第二章以德国为中心，兼及西方相关方法论的整体语境，分别论述具有代表性的哲学概念史和史学概念史的起源和沿革，并围绕概念史发展中重要人物的著述、活动、贡献和意义展开讨论。第一章"哲学概念史"从弗雷格（1848—1925）和倭铿说起，然后转向尼采（1844—1900）对概念的认识，以及海德格尔晚年对概念史的青睐；接着论述罗特哈克尔和伽达默尔对德国概念史发展的举足轻重的意义,最后讨论维特根斯坦及其影响,亦即言语行为理论和语用学。在具体论述中,还涉及更多人物。

鉴于概念史在很大程度上是对正统或传统观念史的拒绝,第二章"史学概念史与社会学视野"先从德国史学(政治)观念史入手,分析常被看作观念史开创者的迈内克在20世纪上半叶的影响。而后阐述德国社会学泰斗马克斯·韦伯(1864—1920)的著述,人称史学概念史研究的序曲——他对现代性的文化记忆颇多创见,无疑为重构历史概念增添了新的视角;并且,他的"基本概念"("Grundbegriff")之说,对后世产生了重大影响。另一位社会学家曼海姆,自然也在论述之列。他的知识社会学注重词语和概念,并使之真正成为社会学的研究对象;他的"历史意义分析",在理论和实践上都同后来的概念史颇有相近之处。他不但深入考察过"意识形态"和"乌托邦"概念,还对"抽象""具体"或"竞争""自由"等概念做过历史研究。著名法学家和政治思想家施米特出现在概念史著作中,或许出人意料;但他也是概念史的先驱之一,并对概念史在战后联邦德国的形成产生过重大影响。

第二章还用较大篇幅探讨法国年鉴学派及其心态史研究与历史语义学的关联。表面上看,以社会科学的历史观著称的年鉴学派,重点关注的是具体社会的物质和文化实践,仿佛与历史语义学取径判然不同;其实,语言、概念、语义也是年鉴学派关心的问题,比如布洛赫(1886—1944)对史学概念的探索,费弗尔(1878—1956)将语义研究视为史学课题，对"限度""工作""感受""文明"等社会、经济关键概念做过历史考证。费弗尔颇为赞赏德国的"词与物"学派①，倡导史学与语言学携手从事经济/社会关键词的含义史研究。（早期年鉴派史学对于"可思""可言"的思考，无疑为后来福柯的话语概念做了准备。）年鉴学派第二代代表人物布罗代尔（1902—1985）的心态史研究的关键方案是"长时段"（longue durée），他对"文明""文化"概念的考察不同凡响。

心态史研究对概念史的重大影响，直接体现于德国的史学概念史项目《法国政治/社会基本概念工具书（1680—1820）》，不少法国学者为《工具书》撰文，其中有年鉴学派第四代重要学者、社会史家夏蒂埃。《工具书》的首席理论家和设计师、前十册的主编赖夏特是科塞雷克的弟子并曾任其助手。该著的原始方案是沟通《历史基本概念》与心态史，用政治语言和概念来书写法国的心态社会史，即把概念史纳入一般社会史和心态史研究。第二章详细介绍了《工具书》强调社会史和大众心态的方法论指导思想、编写方案和主要特色。《工具书》深受年鉴学派的启发，继承的却是德国概念史方法，实为概念史领域的一段佳话。

第二章亦对新近重又发现的克布纳（1885—1958）对

---

① "词与物"亦有"词与物运动"之称，是20世纪早期兴起于德国和奥地利的研究方向，试图将语言学融入文化史研究，考察词与物之间的相互关系和作用，早期成果发表于海德堡的同名刊物《词与物》。

历史语义学的贡献做了简要述评。他是史学界最先倡导历史语义学的学者,他的"语义学方法"是史学领域各种语义研究的重要连接点。他同科塞雷克在不少方面"不谋而合";并且,科氏概念史理论中的"鞍型期"之说以及历史基本概念的"表征"和"因素"功能等,也都早在克布纳那里初见端倪。与无名先驱克布纳不同,布鲁纳、康策的名字不算陌生,《历史基本概念》的(已故)主编中能见到二者的名字;不过,他们很容易被忽略,在相关文章中常常只被一两笔带过,给人"闻其声不见其人"之感。然而,作为科塞雷克的师长和比他年长的《历史基本概念》主编,不仅"布鲁纳-康策-科塞雷克"三人组合在同时代人那里很流行,他们的名字也比科氏更常见、影响更大,正是他们将社会史纳入概念史研究。第二章末尾评述了布、康二者的学术思想和活动,一并介绍了《历史基本概念》的缘起和理论假设,最初方案和运作形式,以及编写过程中的诸多远离原初规划的发展变化。

第三章在前文具体介绍德国概念史的历史发展、主要特色和卓越成就的基础上,集中论述其标志性人物科塞雷克的理论和实践。他是 20 世纪最重要的史学家之一,伽达默尔多次称他为"有思想的史学家"[1]。这一章主要围绕科氏概念史理论的一些核心概念展开讨论。在过去若干年中,

---

[1] Zit. nach Christian Meier, "In den Schichten der Zeit: Geschichte als Leib gewordene Erfahrung: Zum Tode des Bielefelder Historikers Reinhart Koselleck", in: *DIE ZEIT* (9. Februar 2006), Nr. 7.

对科氏事业的理论开发越来越多；其中提出的一些问题和视角，很难形成共识。此外，新近的一些研究，更多的将他的思想与其他现代性理论家联系在一起，如马克斯·韦伯、洛维特（1897—1973）、阿伦特（1906—1975）、利科（1913—2005）等思想家。① 科氏事业的核心是概念史，他苦心孤诣的范式，成为《历史基本概念》的基石。

分析科塞雷克与概念史的关系，首先要厘清两个问题：其一，科氏事业与《历史基本概念》的编纂历程紧密相连。尽管这套大辞典的最初设想不是他一个人制定的，但如前所述，他一开始就是编写方案的重要制定者，更是该著的理论设计师。《近代政治/社会概念辞典准则》（1963，1967）是他专门为这部大辞典而写的编写指南，整个编纂工作就是科氏理论的实践。因此，不能因为109位撰稿者中有人（包括科氏自己）"偏离航向"或有些设想没有兑现而将理论和实践分而论之。实际情况是：离开科氏理论，无法讨论这部大辞典。史学概念史乃至德国概念史主要同科氏名字连在一起，不是没有缘由的。其二，科塞雷克把自己的思想看作一个过程，并不断追求理论突破。正是在他那里，我们可以看到德国概念史在其鼎盛时期的发展变化。

主要由科塞雷克主持编撰达三十多年之久的《历史基本概念》，着力考察社会、政治和法律生活中的语言运用，

---

① Ernst Müller/Falko Schmieder, *Begriffsgeschichte und historische Semantik. Ein kritisches Kompendium*, S. 278.

考察概念的延续、变化、新意这三重维度，堪称概念考古的丰碑。布塞指出，科氏概念史的追求是，展示作为历史进程之重要动力的概念系列和类型，即把概念当作历史进程中的实体和推动力量来剖解。从这个意义上说，概念对科氏来说具有认识论意义。概念需要借助关键词来称呼和识别，时常通过其渲染性和鼓动性标记而获得推动历史的功能，且不拘囿于单个词语及词义。①

概念史的追求是，要么弄清某个词语的不同意义层面，要么查明某个概念的不同称谓。当然还有另一种情况：人们已经有所体认，对某物已有概念，只是还没有一个表达概念的恰当词语。比如弥尔顿（1608—1674）肯定知道并推崇"原创性"，否则不会直言不讳地声称"要写出前无古人的散文和韵文"，但他无法用一个词语来表达这个概念，因为"originality"亦即"原创性"这个词是在他离世一个世纪之后才进入英语的。斯金纳在批驳威廉斯（1921—1988）《关键词》的时候举了这个例子。这个例子也很能说明概念如何通过语词外壳来具形亦即命名的问题，语言学家尤为关注这类问题（词汇史），这当然也是概念史的应有之题。

史学概念史能够成为引人注目的方法，在于它与思想语境的高度结合，并只能在同社会学和政治学的紧密关联

---

① Dietrich Busse, "Rezension zu Reinhart Kosellecks *Begriffsgeschichten. Studien zur Semantik und Pragmatik der politischen und sozialen Sprache*", in: *Zeitschrift für Rezensionen zur germanistischen Sprachwissenschaft*（ZRS）, Band 2, Heft 1(2010), S. (79 - 85)80.

中得以实现。科塞雷克认为:"考证概念及其语言史迹,是认识历史的最起码的条件;厘定概念与人类社会有关。"①他的许多概念,无论是"鞍型期",还是"经验空间""期待视野",几乎成为当今历史学家和相关参考书中不可或缺的语汇。第三章的论述重点是科塞雷克的理论,以及一些与之相关的学说。

科塞雷克模式的发展,来自与其他同类研究的碰撞,甚至来自对概念史研究之可行性的怀疑。当初,语言学家指责概念史缺乏牢靠的科学方法做根基。他们提出词汇史与概念史的区分问题;在语言学家看来,概念很难定义。或者说,如果像科氏那样把"多义性"和"多层次性"视为确认概念的标准,那么,"概念"就不再是一个语言范畴。② 赖夏特等人主编的《法国政治/社会基本概念工具书(1680—1820)》,试图在这个问题上寻求平衡。可是,要完全消除语言学家的疑虑,并不是一件容易的事。

从词语入手考析概念,并从历史沉淀于特定概念、储存其中的历史经验之可描述性的理论预设出发,专注于经过历史考验而传流下来的概念,显露出两个系统上的盲点:它既排除了那些不以特定概念(或对立概念)为依托的知识,又舍弃了其他语言表述所传达的知识。这在理论上导

---

① Reinhart Koselleck, *Begriffsgeschichten. Studien zur Semantik und Pragmatik der politischen und sozialen Sprache*, mit zwei Beiträgen von Ulrike Spee und Willibald Steinmetz sowie einem Nachwort zu Einleitungsfragmenten Reinhart Kosellecks von Carsten Dutt, Frankfurt: Suhrkamp, 2006, S.9.
② Dietrich Busse, *Historische Semantik. Analyse eines Programms*, Stuttgart: Klett-Cotta, 1987, S.50 - 52, 80 - 82.

致对概念史的原则性批评。① 有人批评指出，概念史对语言理论关注不够，把存留于概念的含义看作历史变迁的表征，这是对概念作用的过高评价。② 这些主要是德国语言学家对概念史的非难。

其实，对科塞雷克式的概念史的问难，绝不只缘于语言学思考，而是更多来自概念史身处思想史与词汇史之间的那种特有的游移状况。诸多批评在很大程度上受到福柯"知识考古"的启发，这位法国哲学家把"话语"看作社会"认识型"的推动力量。依他之见，话语是介于思想和言说的特定作用环节，不会倒向一方或另一方，既不能化约为思想活动（思想史），也不能在传统的词汇史和词源学意义上来简单理解语言。另外，我们也能看到德国概念史之理论、志向与研究实践之间的距离。《历史基本概念》的重要方法论前提是思想史与社会史的结合，但最后还是时常被人诟病社会史的缺失，并未真正融入"社会知识"。继之而出的《法国政治/社会基本概念工具书（1680—1820）》，竭力克服前者的缺陷，将概念史纳入一般社会史和心态史研究，虽有颇多突破，但这个还在持续的研究项目也常给人举步维艰之感。

---

① Clemens Knobloch, "Überlegungen zur Theorie der Begriffsgeschichte aus sprach- und kommunikationswissenschaftlicher Sicht", in: *Archiv für Begriffsgeschichte* 35(1992), S. 7–24.
② Dietrich Busse, "Begriffsgeschichte oder Diskursgeschichte? Zu theoretischen Grundlagen und Methodenfragen einer historisch-semantischen Epistemologie", in: *Herausforderungen der Begriffsgeschichte*, hrsg. von Carsten Dutt, Heidelberg: Winter, 2003, S.(17–38)22.

八、"语言论转向"的不同取向

常有人把概念史方法与一些相近方法做比较,例如与剑桥学派的政治语言研究的比较。在科塞雷克从事概念史研究的同时,英美学术界,尤其是波考克和斯金纳为代表的剑桥学派,亦日益重视语言与历史的关系;另外还有主要受福柯影响的法国模式。在对话语史研究方法的探讨中,可以见出斯金纳和福柯的根本区别,即他们以不同的方式回应了维特根斯坦和奥斯丁(1911—1960)之语言哲学的实用语言转向。维特根斯坦依托于语言分析,提出了他的反本质主义理念,即哲学的本质就是语言,只能在语言中寻找。他以此解构了传统哲学对唯一本质的根究,将哲学问题转化为语言学问题。斯金纳主要借鉴了奥斯丁言语行为理论中的意图范畴,福柯则在单个言语行为中考察庞杂的言说关涉。注重过去的语言状况,着眼于历史语境中的文化知识及其阐释,概念史在这些方面与上述研究模式有着诸多关联。它们共同为20世纪最后三十年(与"语言论转向"密切相关的)语言哲学和语言史的兴盛做出了贡献。

从第四章起,本书用三章文字分别论述"福柯的知识考古:话语之外无他物""英美观念史与剑桥学派的政治思想研究"和"作为社会理论的威廉斯'关键词'研究"。在历史语义学框架中所做的这些专题讨论,主要目的不仅在于让人看到各种研究模式的学术旨趣和不同凡响之处，更是为了提供比较的可能性。换言之，辨析福柯的历史研究或者以波考克和斯金纳为代表的研究方法，不但能在颉颃争衡中见出概念史的有效性，亦有助于更好地认识概念史的得失。在探讨概念史语境中审视同为反对传统观念史的英法流派是有意义的，能够更好地呈现"概念"和"话语"的不同取向。并且，比较不只发生在各章之间，同样见于单个章节之中。

《历史基本概念》在一些国家的接受，不见得是其"鞍型期"理论，而是更多地视之为学究治史的一个特殊类型。间或有人认为科塞雷克的"语言转向"首先根植于特定的德国传统，尤其是精神史传统。第四章论福柯，主要鉴于有人指责科氏概念史并未真正进入"社会知识"，而福柯的知识考古、对词与物的考察以及他的谱系学，从多方面极大地冲击了传统观念史。他的考古方法，尤其是他所开创的话语分析方法，不但是对观念史的批判和摒弃，其实也对概念史形成挑战。

福柯的研究主题和原则当属另类，他撰写的也是另类历史，可是他的话语分析使语言论转向的各种认识赢得广泛意义。他的反本质主义方法，不但关心人们究竟说过些什么，更在于分析那些操控意义之生成的前提，查考什么是可感知、可说、可做的，或者相反。他的卓见亦体现于他对语言和非语言成分之交融的剖解。福柯与概念史的直接联系，主要得益于法国认识论传统所推崇的概念谱系亦即谱系视域中的概念史。无疑,在对18世纪至19世纪转折期的认识以及现代性等问题上,福柯与科塞雷克和卢曼(1927—1998)有着不少相通之处。本书论述福柯的一个重要原因,是从他的话语分析方法来看德国概念史可能的局限性,亦可在对比中观察福柯方法的优势和缺陷。

20世纪七八十年代对概念史方法的接受,很快导致历史语义学中的一个新取向,即对话语史和话语分析的青睐。德国学者在1980年代之后重估概念史的方法论时,福柯话语分析方法成为讨论的中心议题之一。讨论概念史与话语史之间关系的一个重要诉求,就是如何用话语史来丰富概念史。《历史基本概念》的不少撰稿者在写作的同时或事后,发展了自己的概念史设想。伯德克在《对作为方法的概念史的一些思考》[①]一文中说,史学概念史运作于二者之间:一为概念所涉及的事物域,一为表达概念的语言。

转向话语史研究的语言学家布塞,主张与关键概念研究保持距离;或者说,他是《历史基本概念》的坚定反对者。他认为该著中的大部分文章,只是部分实现了科氏动机。[②] 布塞的话语史倡导,与福柯的理论最为接近。他和一些语言学家所理解的历史语义学,狭义指称词语史和词汇

---

① Hans Erich Bödeker, "Reflexionen über Begriffsgeschichte als Methode", in: *Begriffsgeschichte, Diskursgeschichte, Metapherngeschichte*, hrsg. von H. E. Bödeker, Göttingen: Wallstein, 2002, S. 73 - 121.
② Dietrich Busse, "Rezension zu Reinhart Kosellecks *Begriffsgeschichten. Studien zur Semantik und Pragmatik der politischen und sozialen Sprache*", in: *Zeitschrift für Rezensionen zur germanistischen Sprachwissenschaft* (ZRS), Band 2, Heft 1(2010), S. (79 - 85)80.

历史语义研究,广义则包括概念史、思想史、心态史、政治语言分析、话语史等历史语义考析的不同形式。① 科塞雷克一直对概念史研究中的话语史取向耿耿于怀,否则他也不会在其最后一部文集(《概念史:政治/社会用语的语义和语用研究》,2006)的"导论"中反驳这一研究方向。

第五章先围绕在英美具有深远影响的洛夫乔伊(1873—1962)观念史展开讨论,以呈现英美长期推崇的"政治思想"和"观念史"的源头,旨在更好地彰显波考克、斯金纳为代表的剑桥学派对传统的批判,以实现观念史研究的范式转换。尤其受到维特根斯坦晚期的语言哲学研究以及奥斯丁和瑟尔的"言语行为""以言行事"理论的影响,"政治思想"在他们眼里是历史中的政治言说行为,政治思想传统乃是特殊的行为传统。与福柯的话语理论不同,"话语"对波、斯二氏来说是言说者与听说者之间那种普遍的交流关系,应置于特定场景中来考察。并且,二者完全与法国话语分析家之或多或少的反阐释学方法背道而驰,坚持对文本的分析性诠释。

总的说来,"概念史"在英美世界不怎么被人看重,也没有得到普及。② 波考克的《马基雅维利时刻》(1975)和斯金纳的《近代政治思想的基础》(1978)这两部"剑桥学

---

① Dietrich Busse, "Begriffsgeschichte oder Diskursgeschichte? Zu theoretischen Grundlagen und Methodenfragen einer historisch-semantischen Epistemologie", in: *Herausforderungen der Begriffsgeschichte*, hrsg. von Carsten Dutt, Heidelberg: Winter, 2003, S. (17 - 38)20.
② Janet Coleman, "The Practical Use of Begriffsgeschichte", in: *Finnish Yearbook of Political Thought*, vol.3(1999), p. (28 - 40)33.

派"的扛鼎之作堪称经典，可是它们属于"观念史"著作。① 在斯金纳的政治思想研究中，亦有对过去重要年代的概念梳理，其出发点与德国史学概念史一样，是对传统观念史所号称的观念独立性和延续性的批判。他在1990年代的不少著述中，对政治语言的修辞做了深入研究，此时能够见出他与科塞雷克的差异。科氏"鞍型期"理论，更多地规定了概念变迁的历时宏观考察，斯氏则更喜于探讨较短时段中的概念含义变化。他的坚定信念是，不可能存在概念史，只有概念不同用法的历史。科氏和斯氏从未有过直接交锋，将二者放在一起做对照的是第三方（里希特和帕洛嫩）。第五章在叙写剑桥学派政治思想研究的同时，亦论述了波考克和斯金纳眼中的德国概念史。

第六章讨论英国马克思主义文化理论家雷蒙·威廉斯的《关键词：文化与社会的词汇》（1976）。早在英国文化研究起始之时，威廉斯就把历史语义学看作文化/社会研究的方法。他在《文化与社会（1780—1950）》（1958）中提出的词汇含义在历史关键时期发生重大变化的基本立论，与科塞雷克所见略同。在《关键词》"导言"中，威氏着重论述了意义和意义变化等问题，明确用历史语义学来归纳。他的理论和方法论思考，让人看到《关键词》与《历史基本概念》有着不少相通之处。孕育于文化研究母体的《关键词》

---

① Melvin Richter, "Begriffsgeschichte Today — An Overview," in: *Finnish Yearbook of Political Thought*, vol.3(1999), p.(11-27)25.

出版之际,正值德国概念史的繁盛期。英国文化研究与德国社会史取径的概念史曾平行发展,二者之间存在颇多共同之处,但却给人漠不相关之感,这也体现出英、德不同的学术传统和在历史语义学领域的不同文化。威氏关键词研究,仿佛是我行我素之举,但它无疑是一个研究方法脱颖而出的标识,而且一纸风行,带动了不少人的"关键词转向"。

本章在辨析威廉斯如何尽力挖掘文化的历史语义时,常会借助《历史基本概念》进行考察,为了在比较中见出二者的异同,往往也是《关键词》的明显不足之处,或曰威氏关键词钩沉的粗糙处理。《关键词》曾遭到不少非难,尤其是斯金纳的檄文《文化辞典之观念》(1979年第一版和2002年修订本)对《关键词》的批判,几乎是全方位的。除了《关键词》这一左派理论文献常被诟病为门户之见外,斯金纳更是指责《关键词》缺乏明晰的方法论,甚至数落威氏分不清词语和概念的区别。斯金纳对《关键词》的严厉批判,也意味着对德国概念史方法的质疑,但他对威廉斯的非难,远比他后来指摘德国概念史时用力、具体,而且他对科塞雷克的诘难,只是重复或改写了《文化辞典之观念》中的核心观点。

九、继往开来:概念史的世界之旅

第七章论述"概念史的新近发展与国际影响"。约从

1990年代起，也就是标志性的德国大型概念史辞书工程已经或即将完竣之时，人们在评估的同时，又在开拓新的研究思路。经典概念史的鞍型期时间框架，使得研究范围至多截止于1900年前后。戈伊伦倡议接续《历史基本概念》模式，将研究扩展至整个20世纪；并且，与科塞雷克提出的衡量历史基本概念的四大重要范畴相对应，他提出了20世纪历史基本概念的新"四化"："科学化""大众化""聚合化"和"混合化"。进入21世纪以来，也就是德国概念史研究"大功告成"之后，关于这一研究取径的历史回顾和方法论著述不断问世，其数量超过以往任何时期。

1990年代是德国概念史开始走向世界之时，尤其是以科塞雷克为代表的史学概念史播撒四方。《历史基本概念》研究模式能否在德国之外经受检验并得到运用，是经典概念史国际化的一个重要参数。实际发展是，对科塞雷克的国际接受极大地推动了概念史的国际化；概念史研究在诸多国际平台和国别项目的强劲势头，基本上都以科氏研究方法为坐标。就大体情势而言，东亚亦即中国的相关研究，几乎与国际上很多地方的概念史研究同时起步，中、韩、日跟上了概念史的国际化浪潮，并取得了可喜成就。本章的东亚部分主要评介概念史研究在中国的发展。

第八章"世界，东亚，中国：问题与展望"，着重论述全球视野中的东亚（中、日、朝）现代转型期及概念现代化问题。近代科学革命诞生于欧洲，西方是现代发展的起点；对于非西方国家来说，现代化的一个重要特征是西化。

在东亚"现代性"转型期,西方影响和东亚"接轨"的一个明显特征是概念的传输和接受。就中国而言,容受西方概念大约经历了选择性吸收、学习借鉴和创造性重构三个阶段。东亚国家对(西方)关键概念的阐释模式和现代含义的理解,能够见出历史过渡期的危机经验和社会结构的变化。因此,我们可以看到从事东亚汉字文化圈"比较概念史"的诸多理由。方兴未艾的近现代西学东渐之汉语历史语义学,已显示出强劲的学术潜力和独特魅力。

本书最后讨论了概念史理论中依然存在的问题以及未来前景:随着概念史的国际化,方法争论中的许多疑难问题也越来越显示出其迫切性。尽管已有各种论说,一些概念史理论问题还有待进一步阐释。全球化时代的概念史研究,亦受到文化研究转向的影响,这在增强概念史跨学科意义的同时,也多少给经典概念史带来一些不确定性。无论如何,虽然面对从来就有的概念之翻译难题,或跨文化翻译的困难,东亚亦即汉字文化圈的历史语义学前景是毋庸置疑的。

第一编

第一章　哲学概念史

一、哲学概念史的先驱：从弗雷格、倭铿到三部哲学辞书

1870年代，德国耶拿大学两位哲学家的研究具有转折性意义，对20世纪的理论发展产生了重大影响：一位是数理逻辑和分析哲学的奠基人弗雷格（1848—1925），另一位是唯心主义哲学家倭铿（1846—1926）。同在1879年，弗雷格发表了标志逻辑学史转向的《概念文字：一种模仿算术语言构造的纯思维的形式语言》，倭铿发表《哲学术语史》。两种不同的方法论取向，展示出（哲学领域）对概念问题的总体思考。倭铿强调界线，反对自然科学概念对哲学和日常语言的渗透；相反，弗雷格则试图借助概念的形式化，排除概念的历史性和日常起源，倡导理想语言或人工语言。弗雷格和倭铿的语言哲学探讨，并非竞争关系；二者具有互补性，并对概念研究产生了深远影响。

弗雷格从德国哲学家和语文学家特伦德伦伯格（1802—1872）那里接过"概念文字"（Begriffsschrift）这一术语，将之变成"理性语"（莱布尼茨：*lingua rationalis*）的纲领。《概念文字》是一本不足 80 页的小书，却是一部划时代的不朽之作，通常被看作亚里士多德《工具论》之后逻辑学领域最重要的著作，终结了亚氏逻辑两千多年的统治地位，开启了逻辑史的新时代。弗氏赓续莱布尼茨（1646—1716），在《概念文字》中创造了一种——如该书副标题所示——纯思维的形式语言，或曰形式化的、合乎逻辑的理想语言，旨在用精准表达概念的语言来取代含混的日常语言。他像对待数学那样对一切做出逻辑分析，考察语义时同样如此。他认为日常语言妨碍严谨思想的表达，而且事物或关系越复杂，表达越困难。此为哲学混乱之根源，因而需要概念文字。

> * 弗雷格在《概念文字》的"导言"中说："我相信，对显微镜和眼睛进行比较，最能显示我的概念文字与日常语言的关系。眼睛的应用范围以及适应极为不同状况的灵活性，其优势远远超过显微镜。[……]可是，一旦科学目的要求更精确的分辨，眼睛就不够用了，显微镜才最适用于这类目的。"[1]

---

[1] Gottlob Frege, *Begriffsschrift. Eine der arithmetischen nachgebildete Formelsprache des reinen Denkens*, Halle: Louis Nebert, 1879, S. Ⅳ.

弗雷格的第二部代表作《算术基础》（1885），常被誉为"最完美的哲学著作"。他强调概念与其对象之间的区别；并且，二者之间的关系是相对的。他主张用意义的"语境原则"取代意义的指称理论。在他之前的语言理论中，人们惯于把词看作语言运用的基本单位。而他发现，不能孤立地寻问词的意义，而要在句子的关联中理解意义，否则不可能把握词义。因此，语言运用的基本单位不再是词而是句子。这种语境观在后来的历史语义学中尤为重要。弗氏对语言哲学的最大贡献，是1890年代初期的三篇论文：《函项与概念》（1891），《论涵义和指称》（1892），《论概念和对象》（1892）。《论涵义和指称》被很多人看作弗氏最著名、或许也是最具效应的著述，或曰现代语义学的原始版本。为了解析"涵义"和"指称"这对概念，弗雷格常用"昏星"和"晨星"来说明：二者指称相同，均指"金星"，但涵义不一，一为日落以后出现在西方的金星，一为日出之前出现在东方的金星，所要表达的情形是不一样的。

弗雷格生前在德国并未产生多大影响；相反，批评者不乏其人，不少人嫌其思路生涩，陌生的符号系统让人望而生畏。较早看到《概念文字》或《论涵义和指称》等著述的重要性，并深信弗雷格注定会产生重大影响的人屈指可数，然而都是一时俊杰：英国哲学家和数学家罗素（1872—1970），奥地利哲学家、现象学之父胡塞尔（1859—1938），弗雷格的学生、德裔美国分析哲学家卡尔纳普（1891—1970），奥地利-英国哲学家、语言哲学的奠基人维特根斯坦(1889—1951)。这些哲人都深受弗雷格的影响。在1891—1907年间,弗雷格与胡塞尔有过频繁的书信来往。维特根斯坦在其《逻辑哲学论》(1922)"前言"中说:"我只想在此提及的是,对我思想的大部分启迪,来自弗雷格的伟大著作和我的朋友伯特兰·罗素先生的研究。"

弗雷格去世以后,人们才真正体认到他是分析哲学最重要的先驱,人称"分析哲学的祖父";他的语言哲学思考对于语义学的重要意义也得到认可。他所强调的"纯思维的形式语言",以及罗素对弗氏理论的发展和英国数学家、哲学家怀特海(1861—1947)的名著《数学原理》,尽管都志在探索数学哲学,但无疑都同维特根斯坦的《逻辑哲学论》一起,构成20世纪早期"语言论转向"这一重大突破之最重要的推力,要以分析哲学来解析所有理论。的确,20世纪以降,语言问题在西方逐渐成为哲学的核心问题;语言哲学在某种意义上甚至成了"第一哲学",夸张一点说,所有哲学都成为语言哲学的一种形式。换言之,"语言论转向"不只是主要见于分析哲学,而且体现于大部分20世纪哲学,甚至与分析哲学截然相反的哲学。

在哲学领域,特伦德伦伯格和泰希穆勒(1832—1888)是概念史初创时的关键人物。

* 特伦德伦伯格被人称作19世纪哲学界"伟大的无名者",他的思想曾对19世纪下半叶不同流派的哲学家产生过不小的影响,从克尔凯郭尔(1813—1855)到新康德主义者,从狄尔泰(1833—1911)到实证主义者。正是他开风气之先,尤为注重语言的历史性与哲学史的语文学考察,将概念分析拓展为概念史。特氏的学生泰希穆勒曾是狄尔泰在巴塞尔大学教席的继任,近期他被重新发现,被誉为(哲学)概念史的开创者。他认为哲学进步的首要条件是概念史考察,并发表了近两千页研究概念史的论文。而他对概念史的理论设想,则主要见于他的两部代表作:《现实世界与虚幻世界》(1882)和《宗教哲学》(1886)。泰氏观点与特氏观点有所不同,他只关注概念的起源和出典,认为作为概念史的哲学史能够揭示古典起源亦即不会改变、无法动摇的哲学基石,后来的历史在他眼里无外乎衰退和扭曲。他否认概念会有真正的发展,认为概念史仅能破除发展之幻象。

特伦德伦伯格和泰希穆勒的概念史探索具有创发意义,但其著述彼时只在很小的专业圈子里为人所知。他俩的学生、1908年诺贝尔文学奖得主倭铿的声誉远远超过老师。1872至1880年间,倭铿在不少著述中论及哲学术语的历史性。《哲学术语史》出版前一年,他发表论著《当代基本概念的历史与批判》(1878),视基本概念为"时代之镜",人们可以通过概念来考察"时代精神生活之整体"。早在1872年,他就发表论文《呼吁编纂哲学术语辞典》。他认为,关键是在历史运动中发现连续性，以呈现问题意识如何被接续，主导思想如何被承袭和转化。倭铿关于编纂辞典的设想，来自特伦德伦伯格的预设：哲学若要重获辉煌，就必须把握问题的历史延续性，叙写哲学史的有机关联是哲学史家的主要任务之一。倭铿认为，首先要在不同思想家的特定术语中见出关联。可是，编纂辞书不是单个学者能够胜任的。他在呼吁和努力失败以后，于1896年在美国《一元论者》（Monist）杂志上发表文章，提议建设"术语档案"（Archive for Terminology），希望哪个美国学术机构能接受他的辞书计划。比后来洛夫乔伊（1873—1962）的研究早了整整二十年，倭铿试图向美国输出德国概念史设想，只是没有产生任何影响。不过，法国哲学史家拉郎德（1867—1963）终究获得倭铿的支持，为他主编的《哲学术语与批评辞典》撰写条目。

倭铿自己规划的辞典，绝不只局限于词义或哲学专业兴趣，他要查考在整个人类生活中有着重要意义的哲学概念。在他看来，概念具有时代征兆；哲学术语的历史考察，可以诊断时代和文化。时代批判有助于对整个思想生活的批判，有助于拯救断裂的传统，保持哲学的完整性。他不愿探讨专业哲学或者单一学科的关键概念，他注重的是那些出自哲学和普通科学，但在人类生活中能量不凡的概念，比如他在《哲学术语史》中论述的"发展"这一19世纪的中心概念，内容涉及黑格尔、达尔文、马克思和德国著名生物学家海克尔（1834—1919）。

* 1900年前后,三种欧洲主要语言几乎同时出版了三部哲学辞书:艾斯勒(1873—1926)主编的德语《哲学概念辞典》(*Wörterbuch der philosophischen Begriffe*, 1899—1900),鲍德温(1861—1934)主编的二卷本英语《哲学与心理学辞典》(*Dictionary of Philosophy and Psychology*, 1901/1902),拉郎德主编的法语《哲学术语与批评辞典》(《拉朗德哲学辞典》/*Vocabulaire technique et critique de la philosophie*, Paris, 1902 - 1923)。三部辞书对最新自然科学和各种国际发展都持开放态度,记载了不同民族语言中对各种概念的不同阐释。正是这些辞书的差异性,能够让后人辨别这个领域的国别差异。

鲍德温辞典与艾斯勒辞典相似,深受现代心理学奠基人冯特(1832—1920)心理主义的浸润。这部辞典由六十多位学者集体编纂而成,主要特色是从历史角度考察问题。鲍德温的追求是真正重视史学精神,亦即尊重历史,他在"编者按"中强调该书的概念史之维:"准确地说,我们研究的是概念的历史,而不是词汇的历史。与此相应,辞典编纂学和语言学的规范,完全不是我们所要考虑的。我们接受挑战的基本对象,是含义及其历史发展,包括表达其义并发生变化的词汇。"

德国概念史巨著《哲学历史辞典》之前,艾斯勒辞典是历史语料最为丰富的哲学辞书，初版于1899年（单卷），第四版为全新修订版，分三卷出版（1927/1930）。该项目由康德协会资助，艾斯勒独立编纂。作为冯特的学生，他推崇心理学、自然科学和语言法则。他的"概念史"还不能归入人文科学框架，但他强调时序和历史发展，即哲学及其表述的历史。该辞书的重点虽为哲学概念，但也涉及与之相关的学科，例如心理学、生物学、社会学等。

拉朗德辞典至今在法国仍有其权威性，这是艾斯勒辞典在德国的命运无法相比的。拉郎德和莱昂（1868—1935）于1901年创建法国哲学协会，拉朗德辞典的条目基本上都是他提出并在协会会议上供人讨论，目的在于让哲学语汇跟上快速变化的实证科学的步伐。拉朗德主张将历史之维纳入概念的界定；并且，他认为世界（包括概念）正在趋同，这种整体发展亦当体现于辞书编纂，应以规范化抵御异质化。然而，这种规范哲学语义的工作，即便在法国也是有争议的。柏格森（1859—1941）便认为，思想尚未沉淀，甚至还须新造概念之时就把概念确定下来，这么做的意义是令人生疑的。对此，拉朗德的回答是，他的辞书不是面向富有创造精神的哲学家，而是面向一般读者。[1]

---

[1] Stefan Lorenz, "André Lalande, Henri Bergson und die 'Fixation du langage philosophique'. Zur Vorgeschichte des 'Vocabulaire technique et critique de la philosophie'", in: *Archiv für Begriffsgeschichte* 38(1995), S.(223 - 235)230.

拉朗德辞典注重"标准"亦即已经确定的明晰概念，这当然与德国概念史的出发点较然不同。

二、罗特哈克尔的文化哲学及其概念史主张

倭铿编纂历史哲学辞书的计划落空之后，哲学和心理学双料教授罗特哈克尔又在1920年代末重拾旧梦。他的规划曾有不同说法，但始终强调文化维度，突破了狭义的哲学范畴。不仅如此，该计划所联合的两次大战之间时期的不同人物和思想倾向，亦成为二战后联邦德国相关项目的连接点。这个项目的不同寻常之处还在于，不仅是罗氏个人经历，还有他的名著《历史哲学》（1934）和《文化人类学》（1942），都与纳粹统治难脱干系。战后联邦德国的三位最有影响力的哲学家和概念史领军人物（罗特哈克尔、伽达默尔、里特尔），为何都以不同的形式与纳粹牵染，是偶然还是必然，属于另一个话题。

1927年，罗特哈克尔得到一个并不很大的项目，编纂《文化哲学基本概念手册》。他试图将哲学、社会学、心理学、艺术学、史学、人类学、生物学等学科的研究旨趣融入这部文化哲学辞书。为了达到这一目的，罗氏尽力同卡西尔及其最有天赋的两个学生里特尔（1903—1974）和克利班斯基（1905—2005）合作。也是在1927年，他在一篇文章中尖锐地批评艾斯勒《哲学概念辞典》（第四版修订

本)。在他眼里,艾氏辞典是1870年之后德国哲学之实证心理思潮的佐证,只见历史资料的堆积和不断叠加,不见清晰的时代划分和界线,不见重要的,尤其是文化哲学条目;此外,艾斯勒没能看到哲学概念的社会、思想、文化、宗教等连带含义。

要理解罗氏批评艾斯勒时所粗略勾勒的概念史方案,就须了解1920年代德国人文科学中的一些重要讨论。在他看来,对概念谱系的研究,也是在探索"创造性生活模式本身",这正是他的《精神科学的逻辑与系统——哲学手册》(1926)或曰"人之科学"的基调。不难见出这一命题是在追随狄尔泰的生命哲学、历史哲学和世界观学说,也是对狄氏精神科学基本原理的新发展。罗特哈克尔还数落艾氏辞典的编纂方法,即一个人单干,很难胜任一部学术辞书的编写工作。理想的是集体编纂的《拉朗德哲学辞典》和1909年起渐次问世的德语系列辞典《宗教今昔》(*Religion in Geschichte und Gegenwart*)。

罗特哈克尔主张二分做法,而且是双重区分,一是哲学体系之间的区分,二是哲学与摆脱哲学后的其他学科的区分。(哲学的主宰地位一直延续至19世纪中期。嗣后,在逐渐强化的学科分化过程中,哲学的一统天下逐渐被瓦解。)罗氏认为,倘若哲学概念不能与其他学科的基本概念形成联动,那么,对基本概念的所有哲学阐释都将收效甚微。他试图从概念史和问题史的角度,全方位地深入考察所有关乎人类、文化、历史的核心概念。也就是说,他主张的是人文科学围墙内的跨学科方法，至少要显示出"概念史-文化哲学-学科间性"这三重维度的相互观照。不过，他顾及其他学科的首要目的，旨在证明那些独立学科的弱点，从而凸显哲学及其概念的优势。他的批判锋芒尤其指向当红的"社会学主义"。他和曼海姆（1893—1947）是朋友，虽把矛头指向马克斯·韦伯，但指桑骂槐是很明显的，即对曼海姆势头日盛的知识社会学的批判。

然而，以1933年为界，一切都发生了变化。罗特哈克尔要在第三帝国开始他的政治生涯，以其"德意志文化人类学"研究为纳粹服务，并在戈贝尔（1897—1945）担任部长的纳粹宣传部任高官。也在这个时期，不少概念史同人流亡国外。直到二战结束，在一种完全不同的政治和学术政治环境中，罗氏带着往昔考察"人类之世界意识的谱系"的夙愿，重拾其辞书旧梦。然在新的格局中，偏重哲学史的概念史更像是在为有政治前科的人文科学找一条生路。他是战后联邦德国最有影响的哲学家之一，几乎参与了1945年以后联邦德国开启概念史研究的所有机构行为和项目，其中包括德国科学基金会（DFG）概念史评议会的工作。他于1955年创办《概念史文库》年刊并担任该刊主编十年之久，后又参与《哲学历史辞典》的启动工作，他以前的助手里特尔成为这部辞典的主编之一。

如前所述，卡西尔曾让罗特哈克尔"借用"他的学生里特尔和克利班斯基参与罗氏概念史项目，那是在1920年代末，这对里特尔来说正中下怀，因为他把罗氏计划看作哲学史研究的真正意义所在。里特尔当时的著述中,已可见出后来《哲学历史辞典》的基本思路:优先借助历史而非定义来界定概念。他在《致罗特哈克尔》(1929年1月7日)一信中认为,现今已经不可能用纯粹定义来解释思想史的基本概念,而要通过分析其来历,呈现概念运用的丰富含义;历史学派尤其是狄尔泰的研究成果,才是依托所在。直到《哲学历史辞典》,里特尔一直坚守的研究取径,可以说是其师长卡西尔的遗产。

罗特哈克尔在战后德国逐渐被人淡忘,主要原因并非他在纳粹时期的政治立场,而是他曾倡导的历史主义很不合时宜,那是战后德国哲学领域渴望"重建"的时期,同人尽可能躲着他,包括他的博士生哈贝马斯和阿佩尔(1922—2017)。罗特哈克尔的文化哲学辞典计划未能兑现,他的一些概念史先期研究,他自己认为还不够成熟,最后以遗著的形式发表。

三、尼采和海德格尔的概念说:从当前解释历史

厄克斯勒(1939—2016)在德国《哲学年鉴》(2009)中刊文讨论概念史,文章标题为《概念史:尚无概念之史》[1],亦即不知就里的概念史。作者认为概念史在其兴起

---

[1] Otto Oexler, "'*Begriffsgeschichte*' — Eine noch nicht begriffene Geschichte", in: *Philosophisches Jahrbuch* 116(2009), S. 381-400.

之时，体现出尼采主义者与康德主义者之间的"范式斗争"，二者都关乎现代性问题。在厄氏眼中，20世纪前三十年中的新康德主义者，除了卡西尔，另有韦伯和曼海姆；而20世纪二三十年代的尼采追随者，从施米特（1888—1985）、海德格尔（1889—1976）到布鲁纳（1898—1982），强调认识的过程性，试图以此取代康德那种因果关系之认识模式。尼采反对永恒概念、永恒价值、永恒形式、永恒灵魂，这在许多人看来具有指导意义。

应该说，尼采主义者为许多概念史设想提供了更多理论背景。有一种历史哲学方法，便是踏着尼采足迹的谱系学，它不太重视"客观"理解历史，更多地从现今视角进行阐释，也就是根据当代权力关系来新解历史。立足当代的谱系学，是概念史的一个不拘泥于历史的变体，其后盾即为尼采观点，即历史知识不是客观的、非评价性的。尼采和持这一观点的人，强调的是"视角"。青年尼采《论历史对于生活的利弊》（1874）中的一句后来成为流行语的句子，完全从权力意志出发，但也谓之历史主义："唯有出于当前的超级强力，你们才能解释过去。"[1] 尼采以此对抗"古董癖"。

尼采《论道德谱系》（1887）中有一句最常被引用的关于概念史的警句："［……］所有概念都如数聚拢全部过程，

---

[1] Friedrich Nietzsche, "Vom Nutzen und Nachteil der Historie für das Leben" (1874), in: ders., *Werke in drei Bänden*, hrsg. von Karl Schlechta, Bd. 1, München: Hanser, 1974, S. (209–285)229.

因而无法定义;能定义者,唯有无历史之物。"① 换言之,若说一个概念有其历史,包含整个发展过程,那就不可能有准确的定义,或得到一致认可的定义。概念随着历史的演变而来,而且依然混杂在历史之中。科塞雷克对尼采此言的理解是:"[……]夸张一点说,概念没有历史,它们蕴含历史,但没有历史。"接着又说:"如果说概念没有历史而只会过时,这不排除作为概念载体的词语能够获得新义。概念过时,但用同样的词语表达新的事物,词义会改变或转移。"②

我们知道,福柯(1926—1984)深受尼采影响。他认为近现代医学更接近历史而非哲学,"惩罚"概念不能通过定义来解释,只有借助历史描述来说明。福柯之见近似尼采的观点,但尼采走得很远,对他而言,一旦认识到某一观念的起源,也就意味着这一观念不再可信。尼采的谱系学永远是对观念谱系的批判。

海德格尔晚年也颇为青睐概念史,他在追寻词源和词义方面做了不少探测工作,伽达默尔曾把他形容为拿着测矿叉寻找地下水源的人("Wünschelrutengänger"),说他在这方面是一个天才,行走于各种各样的语言坑道;并且,

---

① Friedrich Nietzsche, *Zur Genealogie der Moral*, in: ders., *Werke in drei Bänden*, hrsg. von Karl Schlechta, Bd. 2, München: Hanser, 1966, S. 820.
② Reinhart Koselleck, "Begriffsgeschichtliche Probleme der Verfassungsgeschichtsschreibung", in: ders., *Begriffsgeschichten. Studien zur Semantik und Pragmatik der politischen und sozialen Sprache*, mit zwei Beiträgen von Ulrike Spee und Willibald Steinmetz sowie einem Nachwort zu Einleitungsfragmenten Reinhart Kosellecks von Carsten Dutt, Frankfurt: Suhrkamp, 2006, S. (365 - 401)374.

他把语词、概念看作整体的世界。① 即便这位哲人不能直接归入概念史研究者的行列，但他不愧为"词目启发者"：其一，对于历史问题的存在论/本体论阐释；其二，根究词源以追寻本质性根源；其三，对含义和意义的彻底的阐释学理解。海德格尔赓续尼采，早就诟病史学客观主义的目的，即纯粹为了丰富知识。他所发展的"理解"概念，要求从自我目前的状况和生活关系出发，让被解读的历史文本发出新的声音。在他眼里，"历史性"（Geschichtlichkeit）并不基于"存在有其历史"；正相反，所有历史基于存在的时间性和历史性。易言之：不能从历史来理解人的存在，而要从存在来理解历史。这种历史的主观化，也是如下理论的前提，即优先透过来自经验的语言来把握历史。伽达默尔的哲学概念史和科塞雷克的史学概念史，都建筑于海德格尔的理论。②

历史性在于，人的行为缘于生存情状，在某种程度上与历史状况直接有关；反过来，历史概念也有可能解构当今概念。从海德格尔到伽达默尔，这种形式的概念阐释被看作批判性的。海德格尔在对"存在"与"时间"的解释中（《存在与时间》第三节"存在问题在存在论中的优先位置"），强调了基本概念的意义：

---

① Hans-Georg Gadamer, "Die Geschichte der Philosophie" (1981), in: ders., *Gesammelte Werke* III, Tübingen: Mohr, 1987, S. (297 – 307)307.
② Ernst Müller/Falko Schmieder, *Begriffsgeschichte und historische Semantik. Ein kritisches Kompendium*, S.123 – 126.

基本概念是定规，使一门科学中所有研究所依托的科目拥有先行理解，以此引领一切实证研究。这样看来，唯有先对科目本身的周密查考，这些概念才能获得真正的证明和"理由"。①

在这个上下文中还须提及曼海姆对基本概念的认识。他的《保守思想：关于德国政治历史思想之形成的社会学研究》(1927)，几乎和《存在与时间》同时出版。同海德格尔一样，曼海姆在该著中也要求"修正基本概念"，只是他不像海德格尔那样论及诸多科学，而是侧重于社会学和政治思想。他从知识社会学、从一切政治认识的视域特点及其独特性出发，提倡修正人们用以阐释历史生活的所有基本概念和范畴。1933 年之前，历史性问题与修正基本概念之说，首先是一个学术问题；之后，几乎所有政治、文化基本概念的语义重建和转化，都成为政治实践问题。

四、伽达默尔——作为概念史的哲学

1960 年前后，围绕哲学概念史的讨论达到高潮。伽达默尔《真理与方法》和布卢门贝格（1920—1996）《论隐喻学的几个范式》这两部方法论的指导性著作于 1960 年问

---

① Martin Heidegger, *Sein und Zeit*, Tübingen: Max Niemeyer, 1979, S.10.

世。若说概念史在1960年前后成为联邦德国人文社会科学中的跨界范式，很大程度上也缘于那些本来与概念史传统关系不大的研究成果。例如阿伦特（1906—1975）在其《人的境况》（英：1958。德：1960，作者自译）中，探讨了行动、制造、工作等范畴自古至近代的巨变，既有观念史也有概念史。阿多诺（1903—1969）于1962年在法兰克福大学的"哲学术语"讲座中指出，哲学问题说到底是语言问题，概念是"问题的纪念碑"[1]，再现过去的问题，显示社会论争及其特定结构，我们要在交替的概念含义中提炼历史认识。哈贝马斯运用词语史和概念史材料，查考"公共领域"这一具有历史时代之特性的范畴，分析特定的社会结构；尤其在《公共领域的结构转型》（1962）的第一章中，他大量援引了以往的概念史资料。

1964年，《哲学历史辞典》和《历史基本概念》的编纂方针最终定案，伽达默尔同时参与这两个大型项目。战后德国的概念史项目，伽氏给人的印象是无所不在；他是几个专业委员会的领衔者，组织过不少概念史学术活动。《概念史文库》年刊的创刊主编罗特哈克尔去世以后，伽氏成为该刊的三大主编之一（1967—2001）。科塞雷克而外，还有一些后来作为概念史家崭露头角的学者如姚斯（1921—1997）、伊瑟尔（1926—2007）、普莱森丹茨（1920—2007）、亨里希，都曾在海德堡大学师从伽达默尔。

---

[1] Theodor W. Adorno, *Philosophische Terminologie*, Bd. 1, Frankfurt: Suhrkamp, 1974, S.13.

《真理与方法》是西方现代诠释学的经典之作,而概念史分析正是该著最具特色的方法之一,伽达默尔成功地在概念史框架中展开其哲学诠释学运思。这部伽氏最重要的著作的丰富内容和要旨,在很大程度上是借助一系列概念查考来展开的。在他看来,既然哲学与概念的系统运用有关,哲学研究便离不开概念史研究;哲学只有走上语言之路,概念史研究才会有新的天地。《真理与方法》极大地推进了概念史的发展。在这之前,概念史的方法论思考并不充分;伽氏著作的问世,为这一研究方向奠定了异乎寻常的理论基石。尤其是该著第三部分"以语言为主线的诠释学本体论转向",呈现出伽氏所促进的"语言论转向"与概念史范式的关系,倡导哲学须从概念梳理和语义分析入手。

在伽达默尔把概念史纳入普通诠释学亦即理解理论之前,从未有人赋予其如此宽广的哲学意义。在他看来,概念史不只应当在哲学层面为人文科学提供必要的根基,而且还要从诠释学传统中汲纳养分。如此,概念史便不再扮演辅助研究的角色,而是如同伽氏论文《作为哲学的概念史》[①]所指出的那样,成为哲学的践履形式;它不应被看作哲学史研究的新方法,而是哲学思想运动本身的有机成分;在一个由科学理论、逻辑和语言分析主导哲学的时代,哲学当有自己明确的研究对象,那就是概念本身,也就是将

[①] Hans-Georg Gadamer, "Begriffsgeschichte als Philosophie" (1970), in: ders., *Gesammelte Werke* II, Tübingen: Mohr, 1986, S. 77—91. 另见伽达默尔:《作为哲学的概念史》,《诠释学 II:真理与方法》,洪汉鼎译,北京:商务印书馆,2007年,第91—108页。

概念史上升为哲学本身，或曰哲学的本质。这是哲学这门学科本身的要求所致，并且，哲学概念史研究本身就是诠释学实践。《哲学历史辞典》在很大程度上就是受到这种诠释学浸润的概念史研究，从诠释学立场出发解析概念，观照概念的历史多样性。

在《真理与方法》的"导言"中，伽达默尔就已强调概念史的核心地位，从厘清概念的源流切入哲学研究，并将概念分析与论题研究结合起来。他认为当代哲学与他所要接续的古典哲学之间的历史距离，"首先在其变化了的概念关系中表现出来"①。而要消除哲学中的语言困惑，寻求合理而有根据的理解，就"必须面对整个一堆词语史和概念史的问题"（I，19）。而要真正把握概念，必须对早先发展、前见和前理解具有敏感性，这是哲学训练的重中之重，伽达默尔说他自己"在概念史上所下的苦功就是这样一种训练"（II，603）。鉴于"我们借以表述思想的概念好像一堵黑暗的墙"（II，617），哲学的任务就是概念史研究，或曰哲学即概念考察，追问思想的真实表述和意图。

* 被融入《真理与方法》的概念史，正是其论证的组成部分，是诠释学实践和诠释学经验本身的操作方式。此书第一部分的概念探讨，包括教化、共通感、判断力、趣味、天才、风格、体验、譬喻、象征、游

---

① 伽达默尔：《诠释学 I：真理与方法》，洪汉鼎译，北京，商务印书馆，2007年，第7页。

戏、节日、悲剧、怜悯、恐惧、形象、表现、绘画、文学等；第二部分查考的概念有理解、前见、效果历史、经验、问题、辩证法、视域等；第三部分中对"'语言'概念在西方思想史上的发展"的细密分析，包含"语言和逻各斯""语言和话语""语言和概念构成"等论述。此外，伽达默尔在该书中对艺术、历史、创造性、世界观等概念的精到分析，很容易见出这些概念同他的弟子科塞雷克后来在其概念史理论中所说的"复合单数"的相通之处。

伽达默尔把概念史研究看作负责任的批判性哲学活动的前提。他重视语言的历史清理和概念史分析，直接受到狄尔泰、胡塞尔和海德格尔的影响。在这三位哲人中，虽然注重概念的海德格尔对他的影响更大、更直接，但伽氏却比海德格尔更彻底地转向语言，且更注重历时分析。在他那里，论题与概念史的结合，不仅被看作重要的哲学方法，而且不是外在的，人们能在哲学概念的历史变迁中把握其内在精神。他认为"传承物的本质就在于通过语言的媒介而存在"（Ⅰ，525）。语言、特别是概念，成为哲学的媒介。那是"一种经常的概念构成过程，语言的意义生命就通过这种过程而使自身继续发展"（Ⅰ，579）。"能被理解的存在就是语言。"（Ⅰ，639）受到海德格尔的影响，伽达默尔认为语言绝不像工具那样，要用就可捡起，不用就可弃置一旁。"我们通过学着讲话而长大成人、认识世界、认识人类并最终认识我们自己。学着说话并不是指学着使用一种早已存在的工具去表明我们已熟悉和认识的世界，而只是指赢得对世界的熟悉和了解，[……]"(II，178)

伽达默尔总是自觉地走在从词语到概念的路上，通过与诠释学的融合，在更宽阔的方法联系中推动概念史的发展。当然，他也相信，"通过文字固定下来的东西已经同它的起源和原作者的关联相脱离，并向新的关系积极地开放"(I，534)。哲学概念总在不断适应新的时代，流传使之具有丰富的历史内涵。伽氏一贯重视语言经验，强调理解本身在于应用，亦即概念的运用；人们并不总是一仍旧贯地使用概念，理解过程也包含概念的不断塑造。"哲学概念词乃产生于发生在语言中的人解释世界的交往活动"(II，136)，因此，伽氏的概念史研究亦善于追问语言的习惯意义和流行意义，旨在破除对概念的固定化理解，这在他眼里尤其不适合精神科学。伽达默尔认为，概念史说到底是一种语言批判。他在《概念史与哲学语言》中指出："哲学概念的确定含义并非来自任意的表述选择，而是见诸历史源流和概念本身的含义生成，哲学思想展开于其中，并总是在语言形态中兑现的。"概念史研究不仅在于对概念的整体把握，还要揭示被遮蔽或曲解的含义。哲学概念史的正当性，正在于考察含义的历史生成，以批判的目光去审视概念的含义。①

---

① Hans-Georg Gadamer, "Die Begriffsgeschichte und die Sprache der Philosophie" (1971), in: ders., *Gesammelte Werke* IV, Tübingen: Mohr, 1987, S. (78 – 94)79, 83.

尽管伽达默尔认为概念史研究乃思想的现实运动，但他极力克服在他看来理解历史的不当做法：要么不假思索地用往昔未有的概念来理解某个历史时期，要么用那个时期的特有概念进行思考。他认为："所谓历史地思维实际上就是说，如果我们试图用过去的概念进行思维，我们就必须进行那种在过去的概念身上所发生过的转化。历史地思维总是已经包含着过去的概念和我们自己的思想之间的一种中介。企图在解释时避免运用自己的概念，这不仅是不可能的，而且显然也是一种妄想。"（Ⅰ，535）此处正体现出伽氏的一个中心思想，即古今视域融合："在理解中所发生的视域交融乃是语言的真正成就。"（Ⅰ，512）同样在此时，我们可以看到他和海德格尔对于历史性的不同理解：海德格尔（如同尼采）所理解的历史性是超验的，实际上是立足当今的思维；伽氏则在见重古今统一的同时，强调历史的优先地位。在此思想的指导下，哲学概念史注重哲思的运动轨迹，查考哲学概念的历史多样性，拒绝非历史的分析性定义，这也使伽氏思想更具历史感。换言之，关注概念的历史演变，是批判意识与历史意识的结合。

德国哲学概念史的倡导者和领军人物，不管是倭铿还是伽达默尔或里特尔，他们对概念史的认识视角或处理方式不尽相同，但都对其重要性坚信不疑，且不认为它是哲学的辅助方法，而当进入哲学研究的核心领域。这一理念影响深远，迄今还激荡着不少学者的思绪。而此时的一个时有争议的问题是哲学概念史与其他研究方法的关系。它同诠释学的密切牵连，自然有其后果，有容受也有排斥，比如言语行为理论中的言语生成视角便被排除在外，它与隐喻学的关系也是一个棘手的话题。《哲学历史辞典》竣工之后，相关讨论还在继续，例如它同话语史、隐喻学等其他研究取径的对话和融合问题，即超越自己的方法和视野，借鉴他人的长处（后将论及）。

无论如何，《哲学历史辞典》成为德国辞书类概念史工程的蓝本之一。之后，九卷本《修辞学历史辞典》（*Historisches Wörterbuch der Rhetorik*，1992—2009），七卷本《美学基本概念》（*Ästhetische Grundbegriffe*，1999—2005），三卷本《德国文学研究全书》（*Reallexikon der deutschen Literaturwissenschaft*，1997—2003），《马克思主义历史批评辞典》（*Historisch-kritisches Wörterbuch des Marxismus*，计划十五卷，已出九卷，1994— ），都在各自领域取得了突出成就。

五、言语行为、语用及意义，或维特根斯坦的影响

1960年代，一些语言理论开始崭露头角，不再从实际再现或内在（结构）的角度解释"意义"，而是注重交往和言语行为的作用。诸多理论朝着这一方向发展，语用学是其统摄概念。当（历史）语义学也开始注重具体话语情境和词语意义的语用过程，而不只是单纯的词义分析，那它

同语用学之间的界线就不那么明晰了。界线不很明晰的还有社会语言学、语言心理学以及交往理论中的语用学范畴。

* 语用学可追溯至美国哲学家皮尔斯(1839—1914)的实用主义哲学思考,他的符号模式不但对符号学产生了很大影响,也经卡尔纳普而作用于许多语言学家。根据莫里斯(1901—1979)为符号理论所发展的语言符号三分法,"句法学"研究符号之间的关系,"语义学"研究符号与意义的关系,"语用学"研究符号与运用的关系。同语义学一样,语用学也与意义有关。

比勒(1879—1963)在其《语言理论:语言的描写功能》(1934)中,已经论及言语行为和言语场景。几乎也在那个时候,维特根斯坦在其晚期哲学中,以及稍后的奥斯丁和瑟尔,都研究了言语行为。奥斯丁首先是在1955年哈佛大学的系列讲座"如何以言行事"(How to Do Things with Words)中发展了他的言语行为理论,他的日常语言哲学完全不同于理想语言哲学(弗雷格、罗素、卡尔纳普、早期维特根斯坦)的逻辑-语义学传统,他关注的是言说者的语言行为成功与否,或曰是否兑现。

奥斯丁的学生瑟尔在《言语行为》(1969)中接续了老师的理论,并参照维特根斯坦的"常规概念"(Regelbegriff)之说,把以言行事的动词分成五类:断言,指使,承诺,表达,宣告。他在《言语行为》中论及"意义的使用理论"时指出,哲学家们并没有为其概念考察提供完整的语言理论,只是提出了一些口号,其中最著名者是"意义即用法"("Meaning as use","Meaning is use")。瑟尔质疑中的维特根斯坦指向是显而易见的。

其实,维特根斯坦并没有,甚至明确否认自己提出过任何意义理论;"意义的使用理论"(use theory of meaning)来自后来理解维氏理论的英语说法。另一方面,维氏确实借助命令、请求或感谢等"语言游戏",分析过典型的言语行为。在这些理论中,哲学传统中的"为真"问题已经无关大局,如为真条件、程度、定义、概念、理论(Wahrheitsbedingung, -wert, -definition, -begriff, -theorie)等;换句话说,分析语言哲学讨论"为真"的范畴和视域已经大不一样。如此,传统语义学从事历史研究的理论根据也随之消失。

语言哲学理论首先感兴趣的不是意义或表达的历史性,尤其在青年维特根斯坦和维也纳小组关于实证主义的理想语言的讨论中可以见出这一点。那个时代的知识氛围,一方面是自然科学的快速发展,一方面是分析哲学的认识论工具来势凶猛。然而,维特根斯坦从《逻辑哲学论》(1922)经《蓝皮书》(1933/1934)到《哲学研究》(1953),完成了从前期逻辑实证的理想语言模式,到后期注重日常语言和生活世界的重大转变,把词语从形而上带回到丰富多彩的日常运用,在具体用法中考察语词的意义。他在《哲学研究》中提出,语词同它所指对象的对应关系,并非语言的本质所在；语词的意义是由"用法"决定的，即所谓"意义即用法"。维氏把过去的许多哲学问题归咎于哲学家对语言的错误理解和使用，最后变成迂阔的形而上学，当代哲学亟须治疗这种病症。当然，这在很大程度上也是对他自己早期思想的批判。《哲学研究》所呈现的意义理论，既对分析哲学也对语言理论产生了深远影响，维氏因此而常被看作言语行为理论的哲学先驱。

在早先的讨论中，"使用"理论多半被理解为概念分析中的一种语言分析形式，没有多少语言理论追求，只是带着哲学研究和语言批评的意味，并时常援引维特根斯坦的格言："不要问意义，要问使用。"也就是说，语言仅在使用中才能获得意义，"意义即用法"获得了纲领性意义。即便意义的使用理论不只局限于维氏观点，或者说他的著述还不能构成严格意义上的理论，但他对于使用理论的中心意义是毋庸置疑的。他首次较为明晰地表达了这种观察方法的基本思想，他的著作也是许多哲学家和语言学家论述相关问题的基准，因而可以粗略地用一个公式来表示：意义的使用理论＝维特根斯坦＋维氏效应史。

在《哲学研究》中，维特根斯坦把生活形态以及语言共同体的实践看作"意义"的根据；他所理解的语言游戏，根植于生活和交往活动，在生活中理解意义。维氏晚期语言理论的核心思想之一，就是语言表达的意义在于它在一个语言共同体中的常规运用。《哲学研究》起首部分论及这一观察方法，然后在第 43 节中较为完整地表达了这一

思想:

> 在大多数(即便不是所有)使用"意义"这个词的情况中,我们可以如此解释意义:一个词的意义就是它在语言中的用法。人们有时通过实指来解释名称的意义。

维氏对通常用法的考察,直接对抗语词意义的本质主义指称论。就意义而言,成真条件是关键,也就是如何断定一个词语或一句句子是真是假。概念分析的一个重要准则是,实际使用才是某一说法成真的标准:"一个词语有何功能,不能仅凭猜测;必须观察其使用,从中看出究竟。"(第340节)

同在比勒那里一样,维特根斯坦也把语言看作"工具"(Werkzeug 或 Instrument)。语言表述可用"工具"来比较,通常有着特定目的,或为达到不同的目的服务。工具之喻凸显出维氏语言理论的两个基本维度,即语言表述的目的指向与表述方式的不同功用;理解一个表达形式,就是理解它在各种场景中有何作用:"想一下一个工具箱里的工具吧:里面有锤子、钳子、锯子、螺丝刀、尺子、胶料、钉子和螺丝。——这些东西的功能很不一样,词语的功能也是如此。"(第11节)更能说明问题的是维氏以"模糊"和"清晰"为例所提出的颇具挑战性的问题:

> 人们可以说,"游戏"概念是一个界线模糊的概念。"模糊的概念还算概念吗?"一张模糊的相片还算人像吗?人们真的总能合适地用清晰的图像替换模糊的吗?模糊的,不正是我们常常所要的吗?(第71节)

维氏实用言语理论看似同语言的历史维度关系不大,然而,当语言哲学转向日常语言,它就必然会对历史语义学理论产生影响。维特根斯坦的一些见解,例如"家族相似性"(Familienähnlichkeit/family resemblance),不但是其语言批判方法中的重要视域,也已成为许多历史语言理论和概念理论的方法论工具之一。

* 在《哲学研究》中,维特根斯坦通过对德语"Spiel"(游戏、赌博、比赛等)概念的考察,提出了其著名的"家族相似性"理论。这是一个描述性概念,可以用来审视语言现象。这些在日常语言中被归为"游戏"的不同活动,可能有着一些相同或相似之处,却无法用共同的语义特征或共同属性来归纳所有"游戏",这个概念的边界是模糊的。由此,维氏提出这些"游戏"是否具有共同本质的问题,他的回答是否定的。这些活动之间只有着复杂的相似和亲缘关系,亦即"家族相似性",却不存在"共相"。维氏之前,叔本华(1788—1860)、洪堡(1767—1835)和尼采也都曾就语言问题使用过家族相似概念，但将之扩展到概念考察，则是维氏创举。他在《哲学研究》第77节中论及"意义家族"，认为借助不同的例子、语境和练习，能够逐渐学会各种使用概念的方式："疑难时，你要问自己：我们是如何弄懂这个词（比如'好'）的意义的呢？用什么例子？在什么语言游戏中？（你会很轻易地看到，一个词必定有其意义家族。）"

在维氏语言活动观（语言游戏观）中，"家族相似性"观点主要是否定性、批判性的，他试图让人看到传统哲学中的误区和本质主义的缺陷，家族成员之间不存在普遍、固定的本质，甚至在根本上是不相似的。比如西方古典时代谈论"共和国"和"自由"，我们今天也说"共和国"和"自由"，但这之间存在很大差别，它们之间只有"家族相似性"。我们所要做的，是确认古今"共和国"或"自由"是否是同样的概念。相同的语言符号亦即表达，并非相同的概念。在维氏眼中，行为和意义超越单个词语，符号（句子）的意义来自符号系统，来自其所属语言；理解句子意味着理解语言。不同"游戏"形成一个家族，纺绳或线由拧在一起的纤维组成（《哲学研究》，第67节），为什么一张模糊的照片就不是照片呢？意义主要透过约定俗成的语言游戏呈现出来。

语言的历史性在维氏那里不是显性的，但内在于其隐喻的时间之维，比如他的"城市"之喻，把语言看作一座历史古城，语言整体有其历史维度：有交错的小巷和广场，新旧房屋，不同时代的扩建建筑，城外是新的郊区，散落着单调的街区。（第18节）维氏古城之喻，类似科塞雷克说的"时间层"，可省略诸多形而上的理论探讨。不管是游戏、照片，还是纺绳（线）或者古城，比喻的目的就是把抽象事物说得具体和生动一点。

若以维氏语言活动观为依据，概念便是一种特定形式的语言游戏或话语；要体认概念，必须考察其表现，考察其在言说实践（语言游戏）中如何被使用。关键不是已成型的概念，而是语境化和概念的形成过程。因此，只有当人试图解释、呈现和描述一个概念在具体运用中的本质所在，概念才出现；并且，语言活动和交往过程是多样的。完全与科塞雷克的观点一致，一个词语、一种表达或陈述，唯有当它成为问题时，概念才会出现。不是定义，而是澄清、解释、定义的需求造就概念。也就是说，"概念"本身成为交往过程中的议题，从而超越一般语言和词语。一个词语成为概念，在于其意义或语义被思考和阐释。某个词语出现在一个句子中，本身并不超越词语层面，而当它在特定场景中引起争议，或者出现何谓房屋、何谓生活的发问，也就成为概念。与此相对应，我们在日常生活中会说某人对某事没有概念或毫无概念，也就是不懂或不理解某物某事，其前提就是词语与概念、词语与事物的差异。

我们也可以从另一个角度来论述这个问题：人们很可能已经拥有某个"概念"，但却找不到一个恰当的词语来表达。譬如我们今天理解的"权利"(rights)概念,远远早于"权利"一词;或者说,同一个词在不同的时代可以表示不同的概念,词语没有发生变化,变化的是概念和意义。并且,具体的"权利"可以成为一般权利,成为"人权"(human rights)。还有"state"(国家)这个词,至少是"stato"这个词,在马基雅维利(1469—1527)那里的意思绝不会等同于今天的意思。同样在马基雅维利那个时代,"革命"的含义是一种循环,是向原初未腐化状态的"回归"。

在政治语言分析中,言语行为理论常被援用,剑桥学派(波考克、斯金纳)明确借鉴了这一理论。科塞雷克将概念理解为政治/社会语言的因素,他的最后一部文集《概念史:政治/社会用语的语义和语用研究》(2006)很能表明他对语用的重视。1980年代以来,哲学家们又越来越多地批判经典分析哲学的语言观和方法论思考,指摘其忘记了语言和思想的历史性和文化特性。后分析理论和新文化史,又赋予语言更多的文化语境和历史维度。

概念史在很大程度上是始于20世纪早期西方哲学中的语言论转向的产物;不过,罗蒂的第一本书,即他主编的文集《语言论转向》(*Linguistic Turn*,1967),才使这个语出贝格曼(1906—1987)的概念大行其道,并逐渐渗透人文和社会科学的不同领域。1980年代以降,概念史的方法论基础研究受到文化研究转向的挑战。新的研究方案的共同特征,是把象征/符号系统看作传递事实感受的手段。新近的文化研究将"语言论转向"的认识旨趣推向极端,强调所有"表征"(representation)媒介的认识论意义。

* "文化转向"在不同国家的发展各有特色。方法和内容上的不同取向,既受到各自传统的影响,又来自新文化史等新潮方法,重要的启迪来自法国的倡导(结构主义、话语分析、解构、后结构主义)。福柯的《词与物》,拉康(1901—1981)的《文集》,罗兰·巴特(1915—1980)的论文《叙事的结构分析导论》,均发表于1966年;翌年,德里达(1930—2004)的《论文字学》和文集《书写与差异》出版;1969年,福柯发表其话语理论的方法论著作《知识考古》。文化研究转向在法国是一个长时段过程,这些著述亦即新的理论和方法,只是在绕道国际被广泛接受之后,才产生了深刻的影响。尤其是年鉴学派的日常生活史研究,摆脱了观念史(思想史)与社会史的二元论,这对文化研究来说意义重大。对于原始资料和传承形式的新的挖掘,不再局限于高雅文化的文本。

总的说来,新文化史家更见重大众心态、传播、接受和通俗史料,这些自然也是概念史本当顾及的历史之维。然而,不同的研究或研究取向,有其特定的问题意识、学术旨趣和追求。年鉴学派热衷于日常生活史,书写社会史及文化史更是年鉴学派第三代史家的希求,这就必然有其重点关注的史料。面面俱到是许多人的追求，却是概念史迄今未能解决的问题。原因很多，其中之一便是史料不可悉数，即便一个研究团队也可能望洋兴叹，只能有的放矢。尽管史料永远是史学之本，且多多益善，但大包大揽还不是当下能够做到的，或许也很难驾驭，能够或应当做到的是对能够说明问题的史料的合理使用和精当解读。

第二章　史学概念史与社会学视野

一、传统观念史的式微

"哲学观念史"致力于重构那些隐藏于精神史的一以贯之的元素,即作为"常数"的观念在不同时期和事物中的表现。它在德国传统深厚,见之于赫尔德(1744—1803),更在黑格尔那里发扬光大。"史学观念史"的兴起和发展,从兰克(1795—1886)经狄尔泰(1833—1911)、文德尔班(1848—1915),到迈内克(1862—1954)和特勒尔奇(1865—1923),使德语概念"Ideengeschichte"(观念史/思想史)传入法、英、俄、美,并于1910年代催生出各具特色的观念史研究,其中最著名者,当数洛夫乔伊(1873—1962)在美国开创的"观念史"。对洛氏而言,观念在较长时期内相对稳定,但会不断合成新的模式,展现新的样式,具有时代特征,从而影响历史结构。观念史家的任务是,确认和描述特定思想和概念的形成和消失及其循环往复,解释其中的各种可能关联。"史学观念史"首先认为,历史受到观念力量的驱使,观念可用来重构一个(重要)人物、一个时期或一个时代的精神世界。

观念史在法国和英美拥有机制性的稳固地位,原因在于市民社会之强势的自由主义,赋予观念史足够的正当理由,重构和叙写市民社会政治文化的起源和发展。而在后起的、不断受到冲击的德国民主制度中,观念史研究虽然起步很早,但没能一直走下去。所以,德国概念史也只是政治和学术研究各种范式中的一个选项,其根源和研究动机来自德国这个不稳定社会的集体经验。概念史研究的是术语含义的历史变化,(传统)观念史则要弄清人们如何用变化的术语来把握所谓恒久的意义整体。

特赖奇克(1834—1896)和狄尔泰等名家的学生、20世纪上半叶德国史学的领军人物迈内克,以其三大观念史专著——《世界主义与民族国家:论德意志民族国家的起源》(1908)、《新近历史中的国家利益至上观念》(1924)、《历史主义的起源》(1936)——而成为(政治)观念史的主要代表,也时常被看作观念史的真正开创者。观念史一方面研究时代心态和气质的源流、发展和影响,另一方面在总体意义上探讨科学史中的各种思想。迈内克考察了国家利益至上的原则亦即"国家必要性",其出发点是漫长历史中不变的思想,即"思想之压倒所有概念的强大力量"[①]。

[①] Friedrich Meinecke, "Zur Geschichte des älteren deutschen Parteiwesens", in: *Historische Zeitschrift* 118(1918), S.(46-62)62.

政治观念史研究自古以来的政治思想,属于政治学史;在其他学术领域,也有各自的观念史研究。迈内克所倡导的观念史是从传统的"精神史"发展而来的史学研究。

  * 常被看作观念史之同义词的"精神史"(Geistesgeschichte),是指人文科学中的一种方法论视野,研究各种思潮或时代之精神形态(思想)的起源、形成、流传和影响,及其在文化结构中的具体表现。宗教史、哲学史、文学史、艺术史、科学史等,均属精神史范畴;许多精神史问题的提出,同时涉及这些学术领域,它在很大程度上是跨学科的。精神史源远流长,但今人理解的精神史方法,是文化史的一种形式,主要来自狄尔泰及其学生的思想,且在很大程度上依托于生命哲学。狄尔泰试图为文学和文化研究提供他的理论和方法论依据,反对 19 世纪独尊经验、规律的自然科学视野。他提出了精神史之中心概念"世界观"(Weltanschauung)的重要类型。对于精神史同样重要的是"时代精神"(Zeitgeist),即一个特定时期或整个时代的精神状况,也就是知识、文化"氛围"。"时代精神"概念最早出现于赫尔德(1744—1803)的一篇书评(1769)[1],后被德国浪漫派继承,最著名的

---

[1] Johann Gottfried Herder, *Kritische Wälder oder Betrachtungen, die Wissenschaft und Kunst des Schönen betreffend, nach Maßgabe neuerer Schriften. Erstes Wäldchen*, 1769, Riga: Hartknoch, S. 158.

论述见于黑格尔的历史哲学。

历史主义查考个体行为的各种缘由,其出发点是历史事件的一次性和不可重复性。观念史则是把行为的诸多动机与伟大思想相连接的历史主义。迈内克反对只以国家行为、重大政治行动为中心的史学研究,他的观念史考证不以超个人的线索展开,而是个性化的铺陈。他把观念的各种关联回溯至伟大人物的作用,如歌德那样的"民族的精神领袖",他们的思想深入民心。创造性人物所构筑和担当的思想,成为民族文化的组成部分。沿着这一论述理路,个性化视域逐渐向民族和国家形态延伸。因此,历史主义在迈内克眼里是一场特殊的德意志运动。

1933年之后,迈内克的许多学生因为纳粹种族法而流亡,尤其是亡命美国。在他们的巨大影响下,观念社会史(Social History of Ideas)在二战以后的美国得到发展,并且带着很强的理论动力。随着社会史的走红,具有迈内克色彩的历史主义在1960年代的美国史学界偃旗息鼓。就欧洲政治思想研究而言,人们更推崇萨拜因(1880—1961)的《政治学说史》(1937)和麦克弗森(1911—1987)的《占有性个人主义的政治理论》(1962)。

传统观念史不像历史语义学那样借助语言来分析意义。"语言论转向"之后,所谓观念的独立和自律,以及不从语言把握精神的做法,逐渐受到根本性批判,诟病其忽视历史中的非连续性、社会场景和语言构成。新的方法论视野,要求把连接事物和思想的手段、观念制造者的具体意图和兴趣,以迄更宽广的语境都纳入分析范畴。在这一视域中,观念不再是历史的推动力量,重要的是语言的运用,也就是言语行为理论所说的理论和政治交锋中的实用工具或武器。

在这一批判过程中,与传统观念史对立的思想史(如剑桥学派)得以确立;而思想史对具体语言运用的兴趣,同概念史有着许多相交之处。也就是说,作为对传统方法论的回应,除了观念社会史,还有概念史的时兴。其实,史学概念史与剑桥学派,在很大程度上都是思想史的新招数。时行的"物质转向"(material turn),使得视域又一次得到拓展,不仅词语、概念或文本,承载着文化语义的器物和媒介也进入视线,它们在思想发展中的重要意义是不能忽视的。

被剑桥学派改头换面的观念史,亦可用来促进新的理论发展,比如特伦斯·鲍尔主张,在"批判性概念史"[1] 名下,将剑桥学派的观念史引入当代政治理论研究。2000年前后,"新观念史"招牌颇为耀眼,旨在摆脱传统德国观念史和洛夫乔伊观念史。新观念史是对不同国家知识文化中不同发展的回应:德国的社会史和社会研究,法国的心态史和结构主义,英美的语言哲学和言语行为理论。显而易见,新观念史的方法是多元的。新的发展尤其推崇传统观

---

[1] Terence Ball, *Transforming Political Discourse: Political Theory and Critical Conceptual History*, Oxford/New York: Blackwell, 1988.

念史的批判者：福柯，哈金，科塞雷克，卢曼（1927—1998）。于是，一本新的《观念史杂志》（*Zeitschrift für Ideengeschichte*）于2007年在德国创刊。

二、 韦伯——概念史研究的前史？

概念史的起源一直是人们感兴趣的问题。厄克斯勒在其论著《历史主义影响下的历史研究》① 中，深入研究了概念史在马克斯·韦伯（1864—1920）和迈内克那里的源头。帕洛嫩在《概念的祛魅——斯金纳和科塞雷克对政治概念的改写》② 一书中，翔实探讨了概念史与观念史之间的界线，并把韦伯的著述看作概念史的先声，考察了韦伯如何对待概念、新造概念和运用概念。

韦伯在《社会科学认识和社会政治认识的"客观性"》（1904）这一方法论奠基性论文中，以其关于概念之历史性的思考，对历史主义和观念史做出回应。他在该文中的一个说法，后来常被人援引："人们总是不断试图确认历史概念的'原本'和'真正'意义，可是从未如愿。"③ 韦伯认

---

① Otto Oexle, *Geschichtswissenschaft im Zeichen des Historismus. Studien zu Problemgeschichten der Moderne*, Göttingen: Vandenhoeck & Ruprecht, 1996.
② Kari Palonen, *Die Entzauberung der Begriffe: Das Umschreiben der politischen Begriffe bei Quentin Skinner und Reinhart Koselleck*, Münster: LIT, 2004.
③ Max Weber, "Die 'Objektivität' sozialwissenschaftlicher und sozialpolitischer Erkenntnis", in: ders.: *Gesammelte Aufsätze zur Wissenschaftslehre*, Tübingen: Mohr, 1973, S. (149－214)206.

为，面对方法和基本概念之争，以及视点的多变和所用概念的不断新解，那就无法回避社会科学中真理的客观性问题。他认为流传的概念无法反照历史，必须区分源头语言和科学语言。针对这个问题，他在其代表作《经济与社会：理解的社会学之概要》（文集，1922）中提出了归纳和分析社会事实的"理想型"（"Idealtypus"）概念。他所推重的社会基本概念，强调概念的清晰度，可以让人对一种现象获得基本理解，并看到其文化意义，这对社会科学产生了深远的影响。最迟自韦伯及其深入的概念思考起，社会科学也真正意识到准确表达的重要性。韦伯认为，统一的概念能够让人谈论同样的事物，并一起塑造经验。有人因此而把韦伯的概念理论看作概念史研究的前史。①

韦伯所说的理想型，是为查考语义而提出的假设；理想型是要强化概念，以便更好地把握和判断历史/经验材料。他提倡概念内涵的起源学界定，指的不是形成过程和变化，而是理论上的起源，即对历史实在的建构。历史概念会因时因地因人而异，有着不同的特点和表现，所以只能根据历史事实来组合。科塞雷克和斯金纳都得益于韦伯的唯名论转向，都不把概念的多义性、变易性和争议性视为缺陷，反而视之为理解和体认历史、政治语言运用的切入点。韦伯启用的"基本概念"（Grundbegriff）之说（《社会学基本概念》，即《经济与社会》的第一章），已是当今

---

① Ernst Müller/Falko Schmieder, *Begriffsgeschichte und historische Semantik. Ein kritisches Kompendium*, S. 194–195.

社会科学思维中的一个重要范畴。与社会史结合的德国经典概念史也采用了这个说法，并见之于多种德国概念史辞书的名称。

> * 上文所说韦伯启用"基本概念"，指其带有纲领性，而不是这个复合词的首次出现。哲学家特伦德伦伯格早在1855年论及"支配思想和意图的基本概念（Grundbegriff）之争。在最能体现于区别的概念中，能够见出不同哲学体系的基石和支点。[……] 关键区别同时也是关键问题"①。倭铿亦有论著《当代基本概念的历史与批判》（1878）。

韦伯关于建构科学概念的认识，无疑拓展了重构历史概念的视角，对后来诸多概念史研究产生过影响。理想型理论也涉及概念史同样关注的问题，但本身却同概念史无多关系，即便他所重视的"起源""遗传"等视角会让人想到历史联系。他本人对概念史实际研究的兴趣不大；在其概念类型的建构中，概念史是次要的。尽管如此，他以几个创新用词给现代性之文化记忆打上了深深的烙印，诸如"世界之祛魅"（Entzauberung der Welt）、"诸神之争"（Kampf der Götter）及其"复返"（Wiederkehr）。韦伯所说

---

① Friedrich Adolf Trendelenburg, "Ueber den letzten Unterschied der philosophishen Systeme," in: *Historische Beiträge zur Philosophie*, Bd. 2(1855), S.(1-30)1-2.

价值之争的复返（"价值多神论"），今人多半理解为宗教的回归。从《圣经》中引入社会学和政治学的"卡里斯玛"（Charisma），更是韦伯的创见。另有"价值"（Wert）和"意义问题"（Sinnfrage）这两个19世纪才崭露头角的概念的语义在世界时行，也同韦伯有着很大关系。此外，韦氏著述中也有个别重要的概念史考察。

* 韦伯于1904—1905年先在杂志上发表的经典著作《新教伦理与资本主义精神》中，考察了宗教改革运动时期的"职业"（Beruf）概念，即对16、17世纪诞生的近代"职业"概念（用今天的表述）做了历史话语分析。他从古代希腊和罗马说起，推究"工作"在欧洲漫长历史中的语义场，钩稽许多至今有效的对于劳动的认识以及工作、职业的社会语义。今人所理解的工作和职业，就其古典（包括《圣经》）意义而言，其语义场包括三个概念层面：(1) 作为消耗体力的劳作（希腊语：ponos；拉丁语：labor）；(2) 特定的，尤其是手工营生及其劳动成果（希腊语：ergon；拉丁语：opus）；(3) 包括智力的（尤其是手工）技能和特长（希腊语：techné；拉丁语：ars）。韦伯把"职业"概念的变迁归于翻译的效果；或者说，这个词语的今义来自《圣经》翻译，或曰来自译者的思想，而非原作之义。马丁·路德（1483—1546）赋予该词双重含义，即宗教的（上帝的召唤）和世俗的（工作）含义，将词义变迁与世俗化结合在一起。

需要指出的是，概念史的起源永远是见仁见智的问题，或者取何视角的问题。倘若我们记起卡西尔那句一再被人援引的《人论》（*An Essay on Man*，1944）中的名言，即"不是自然法则而是语义学准则，给历史思维提供普遍原则"①，或者想到德国艺术史家潘诺夫斯基（1892—1968）或奥地利著名文学理论家施皮策（1887—1960）不凡的概念史研究，便可发现韦伯在这一系谱中似乎并不重要，没有什么特殊地位。

三、 曼海姆知识社会学的"历史意义分析"

"知识社会学"是现象学哲学家舍勒（1874—1928）最早提出的，但在曼海姆（1893—1947）那里才真正成为一个独立的研究方向，因而更多的与他的名字联系在一起。虽然二者同被视为知识社会学的创始人，但曼氏所见更为宽泛，没有舍勒那么哲学，也不做现象学阐释。知识社会学所言"知识"，不是科学知识，而是世界观、意识形态、概念、思想等，它们具有知识元素，但不简单等同于知识。

---

① Ernst Cassirer, *Versuch über den Menschen. Einführung in eine Philosophie der Kultur*, aus dem Englisch übers. von Reinhard Kaiser, Hamburg: Meiner, 1996, 297. (Original: Ernst Cassirer, *An Essay on Man: An Introduction to a Philosophy of Human Culture*, New Haven: Yale University Press, 1944)

在曼海姆那里，语言和概念的嬗变才真正成为社会学研究的对象。在发展"知识社会学"的过程中，在与韦伯学说的比较中，韦氏理想型概念最终让位于概念的历史分析。早在曼氏《论文化/社会认识的特征》（1922）中，尤其在其教授资格论文《保守主义思想》（1927）中，或在《意识形态与乌托邦》（1929）中，曼海姆在"社会学的时代诊断"框架内所发展的方法，在方法论和实践上都与概念史相似，他时而称之为"社会学的观念史"，时而以"历史意义分析"名之。

曼氏知识社会学脱胎于思想史或观念史，同时又与之抗衡。在《意识形态与乌托邦》中，他从特殊的意识形态概念出发，经由总体的意识形态概念走向知识社会学，"现实""存在"是他构建知识社会学的基本概念。他对意识形态的概念史分析，具有重要的方法论意义；曾经是党派之思想武器的意识形态，变成社会和思想史的一般研究方法。若说不可能从马克思的学说直接走向概念史，那么，极力强调并消解马克思的意识形态概念，则为曼海姆打开了概念史视域。曼氏意识形态理论尤其遭到许多马克思主义者的批判，指责他否定意识形态这一政治斗争概念。法兰克福学派创始人霍克海默（1895—1973）于1930年发表《一个新的意识形态概念？》一文，尖锐地批驳曼氏对意识形态概念的相对化处理。在他眼里，曼海姆的所谓"现实""存在"，植根于精神和概念，因而是空洞的。知识社会学把意识形态这个党派斗争武器转变为超党派的"社会学的精神史"。

在《意识形态与乌托邦》中,曼海姆强调"社会进程对思想'视野'的本质渗透","每个时代自有其全新的看法和其特殊的观点,因此每个时代均以新的'视角'看待'同一'事物。"① 他认为每个时代都有不同的思潮,必须要用历史结构分析来弥补观念史的不足。观念史研究若要顾及社会阶层,就必须对知识进行社会学考察。与观念史不同,知识社会学并不寻根究底地挖掘思想内容的早先形式,而是揭示思想、社会、政治集体力量之间的关联。社会学的意义分析亦即意义变迁的社会史,就是发现意义层的历史-社会滋生地,因而要关注日常语言如何生成;对于同一件事情,不同的时代会有不同的解读。某人眼中的"科学"认识,对别人而言很可能是"意识形态"。历史和生活的含义,蕴含于其形成和扩散过程,并不断获得新的理解和解释。

知识社会学重视语言,尤其是词语和概念。曼海姆特别强调语言的历史条件和时代特征:"在大多数情况下,同样的词或同样的概念,当处境不同的人使用它时,就指很不相同的东西。"他在讨论"自由"概念在同一时期的保守主义者和自由主义者那里的不同含义时指出:"即使在阐述概念时,视角也仍然是受观察者的兴趣指导的。就是说,

---

① 曼海姆:《意识形态与乌托邦》,黎鸣、李书崇译,北京,商务印书馆,2007年,第 276 页。

思想是受特殊社会集团的意愿所指导的。"① 在曼氏看来，认知终究是集体的认知，思想的绝大部分建立在集体行动的基础上。没有预设的共同认知，知识也就无从说起。他不否认思想离不开个人的地位和价值观，不同的人对于同一件事情会有不同的解读，但他更加强调社会关系对于解读事物的影响。每一种观念中的每一个具体含义，都包含某一群体的经验。单个的人很少能创造出只属于他的说话和思维方式，只有少量词语及其含义因人而异。换言之：个人使用的是他所属群体的语言，按照群体思维的方法来思维，在共同命运的想象中表达自己的看法。或者说，他参与思考他人之前已经做过的思考，他的思想源于其他思想。

曼氏社会学的意义分析，尤其是他所强调的事实关联，旨在揭示过去和现在的各种知识，亦即知识与社会的关系。比科塞雷克早很久，曼海姆就提出，语言中存留着历史经验关联，如他在《保守主义思想》中所言，正如语言指的不只是刚说的某个事物，另有彼此牵动的意义和思想，那么，人们用以思考历史的问题意识、概念和范畴，只能是历史关联的一个截面，就像保守主义范式一样，总有"基本意向"（如风格原则、风格整体、思维风格等）为其基石。倘不顾及特定社会团体的存在状况，便无法理解与之相关的思想和知识。

---

① 曼海姆：《意识形态与乌托邦》，第 278、278—279 页。

深受马克思的影响,"存在决定意识"之于知识社会学,便是社会存在决定人的意识。通过对"意识形态"和"乌托邦"概念的著名考察,曼氏发展了他的历史意义分析方法。他认为这两个概念体现出那个时代的基本困惑,是很有代表性的时代问题。人对现实世界不满时,便会产生两种思想倾向,即意识形态和乌托邦这两种与事实不符的心态,或对现实视若无睹,或要隐瞒真相,或是有意欺骗。结合这两个概念所表现出的思维形态,曼氏甚至认为,它们最终完全改变了观察社会的视角,进而对所有概念产生影响;就发展倾向而言,社会"主导思想"越来越有意识形态和乌托邦属性。这里最能见出知识社会学的一个理论前提,即人的意识依赖于社会结构,尽管这里说的不是因果关系,而是具体历史情状。

曼海姆还对其他一些概念做过历史研究,例如"竞争"概念(见氏著论文《思想领域中的竞争含义》,1929),或"抽象"和"具体"概念。他在《保守主义思想》中指出,"具体"概念的含义嬗变,在某种程度上体现出19世纪和20世纪的全部社会史。[1] 在《变动时代的人和社会》(1935)一书中,他借助"自由"概念进行分析,认为19世纪的一些旧的概念界定,基于过于狭隘的想象;要用那些基本概念把握新的经验和视域,就必须对之做出修正。每个新时代都以重新界定概念开始。"国家""主权""权

---

[1] Karl Mannheim, "Das konservative Denken", in: ders., *Wissenssoziologie. Auswahl aus dem Werk*, Berlin/Neuwied: Luchterhand, 1964, S. 425.

威""财产""权利"等概念,在历史进程中一再被新解;并且,这类概念变化和扩容不只涉及狭义的政治概念。

曼氏"历史意义分析"可被理解为语言论转向,也是以社会学为根基的概念史之铺垫。知识社会学与概念史的联系,后来又以另一种方式出现在体系理论家卢曼那里。他于1980—1995年间发表四卷本《社会结构与语义学:现代社会的知识社会学研究》,对法权、国家、国家至上、个人主义、伦理、道德、文化等诸多基本概念做了深入的历史语义学考察。对于德国的相关讨论来说,1980年代中期以降,知识社会学给人的启发尤为突出。科塞雷克虽未明说,但他无疑也借鉴了曼氏概念,例如"经验空间""期待视野"等。不过,概念史在社会学领域,即便有卢曼的力作,也没能像在哲学和史学领域那样引人注目,在学界的反响也很一般。

四、设置概念的施米特,或"法学概念社会学"

谈论20世纪西方思想,尤其是政治哲学和法学,无法绕过德国著名法学家和政治思想家施米特(1888—1985);在阿伦特(1906—1975)眼中,他是德国学界在宪法和公法领域最重要的人。在论述史学概念史的框架内,政治思想史当为应有之题。然而,施米特对于概念的思考,若不被概念史研究所关注,大概不会出现在概念史著述中。尽管他对概念史在战后联邦德国的形成起过重要作用，只是在其著作中很难见出明确的概念史理论和方法。无论如何，他对年轻科塞雷克的影响肯定不小；他是科氏的老师之一，对后者的博士论文《批评与危机》（1954）有过极大影响。后来，他曾建议科塞雷克在概念史研究中关注不同时代的辞书。科氏本人以及梅林在其《概念史之于卡尔·施米特》一文中，都把施米特看作概念史的先驱之一。[1] 曼海姆和施米特显然很熟悉对方的著述，前者在论述保守主义和意识形态问题时，经常援引施米特的观点。相反，施米特在1945年前从未征引曼氏著作，这在很大程度上缘于其反犹太主义立场，犹太裔曼海姆早在1933年就流亡英国。

施米特凭借其极端的自信，不仅要翻转法学概念，而且提出或发展了许多宪法和公法重要概念，例如"制度性保障""实质法治国"及"法律与主权"等，尤其是对20世纪政治哲学和神学思想产生重大影响的"决断论"（Dezisionismus）。参与各种复杂政治活动的施米特，其政治思想总是具有强烈的现实关怀，他特别感兴趣的是锋芒毕露的概念。在他眼里，"概念"从其形式来看就不是政治中立的，概念和政治立场彼此勾连、相互制约。政治史学领域从观念史到概念史的过渡（后来以科塞雷克为代表），本

---

[1] "Begriffsgeschichte, Sozialgeschichte, begriffene Geschichte. Reinhart Koselleck im Gespräch mit Christof Dipper", in: *Neue Politische Literatur* 43(1998), S. (187–205)187; Reinhard Mehring, "Begriffsgeschichte mit Carl Schmitt", in: *Begriffene Geschichte. Beiträge zum Werk Reinhart Kosellecks*, hrsg. von Hans Joas/Peter Vogt, Berlin: Suhrkamp, 2011, S. 138–168.

身就带着政治动机。1920年代不少德语著述的标题中，常见"观念"或"本质"，施米特却喜用"概念"，如奠定其经典思想家地位的政治哲学论著《政治的概念》（1932），原先是发表于1927年的一篇论文。颇为醒目的是其出版于1940年的自编文集《对抗魏玛、日内瓦、凡尔赛的立场和概念（1923—1939）》中的"概念"。施米特尤其强调政治概念的好斗特性，认为所有政治概念都有论战性。他的著作常常具有强烈的论战色彩，并提出"政治就是划分敌友"的著名论断。

有一种观点，认为施米特是继承韦伯传统的伟大的社会哲学家。他与韦伯曾有来往并深受其影响，甚至有渊源关系。施氏论著《罗马天主教与政治形式》（1923）便是受到韦伯《新教伦理与资本主义精神》的启发而写成的。施米特在某种程度上承袭了韦伯的现代性批判论题，但基本思路很不相同。韦伯的非评价性、非政治性的理想型概念，在施氏那里成为极具政治效应的概念。他以法理学论著《政治神学：主权学说四论》（1922），脱离了旁观者角色，带着自己的观点和概念以及政治激情加入时代潮流。他认为重要的是边际概念，即表示例外而不是常态的概念，那是模棱两可的情形，不适合正常定义的范围。概念思维在施氏看来不能中性化和去政治化。

施米特的锐利概念主要源于国家法学范畴。最早在《政治神学》初稿，即发表于《社会学的主要问题——马克斯·韦伯纪念文集》第二卷的文章《主权概念的社会学与政治神学》(1922)中,施米特以"法学概念社会学"(Soziologie juristischer Begriffe)之名提出了自己的方法论设想,并以此对主权概念做社会学分析,尽力辨析以往法学没能说清楚的主权概念。(关于主权概念,施氏1921年的专著《论专政》已经涉及;该著中亦有对"专政"的概念史考察。)那是对韦伯观点的直接回应,亦可视之为对立方案,见之于他的那句针对世俗化理论家韦伯、或许也是概念史早期最著名的句子:"现代国家理论的所有精辟概念,都是世俗化了的神学概念。"① 此言当然还要从另一个视角来理解:不只是概念内涵,还有那些极端概念的简洁形式,其好战性或斗争本色,并为世俗化的标识,或曰政治的宗教升华。施米特在同一篇文章中还说,之所以要强调神学和法学概念的系统类比,在于法学概念社会学有一个彻底的、极端的意识形态为其先导。他以此将一个强有力的政治命题与概念史话语捆绑在一起;并且,这个命题后来一再出现在概念史讨论中。

施米特在慕尼黑大学聆听过韦伯的两个著名演讲:《以学术为业》(1917)和《以政治为业》(1919),他同韦伯一样推崇明晰的概念。至于概念是否就是社会现实的反映,或社会现实是否就是特定思想或行为的结果,如科塞雷克的"表征""因素"之说,施米特并不感兴趣。他不在乎概念史,他追求的是设置概念。他的概念社会学不见重概念

---

① Carl Schmitt, *Politische Theologie. Vier Kapitel zur Lehre von der Souveränität*, München/Leipzig: Duncker & Humblot, 1934, S. 49.

同社会现实的关系,而是从一个时代的社会结构出发,分析概念的完整系统。

他在《政治的概念》(1932)一书中,围绕"决断论"论述了概念的多重维系,径直可被视为他的概念史纲领,而且一定给科塞雷克留下了深刻印象:

> 思想中的所有概念,包括概念之思想,本身就是多元的,只有根据具体的政治状况才能理解。如同每个民族都有自己的民族概念,并在自身而不是他人那里找到族性的根本特征,所以每一种文化和文化时代也有自己的文化概念。人之思想中的所有最基本的观念,都是本有的,不是规范的。思想生活的中心在过去四百年中不断转移,概念和词汇也跟着不断改变,这就有必要回顾每个词语和概念的多种含义。①

同样在《政治的概念》中,施米特提出了时代的"中心域"("Zentralgebiet")理论,即不同时代有其精神天地,这决定一般概念的内容和意义。时代不同,中心域各异:16世纪的神学,17世纪的形而上学,18世纪的伦理,19世纪的经济,都在很大程度上构成各自的中心域。政治不是自成一体的范畴,所以不会成为中心域,却永远在场。正是中心域的变更,带来新的政治话题和争执。关键不是

---

① Carl Schmitt, *Der Begriff des Politischen. Text von 1932 mit einem Vorwort und drei Corollarien*, Berlin: Duncker & Humblot, 1963, S.84.

永远存在的争论,而是争论什么。也就是说,中心域是特定生活天地,造就特定时代之主导阶层的基本视域,即今人所说的主导话语,以不同方式制约着各种概念。"上帝""自由""进步"以及"自然""文化"等概念,都蕴含着具体的历史含义,受到中心域的支配,也只有在这个视域中才能被理解。这些概念在历时和共时的线索中被融入主导话语,施米特不仅视之为误解的根源,而且还能被政治所利用。

五、 年鉴学派的心态史研究

法国年鉴学派无疑是 20 世纪下半叶世界上最有影响的史学研究方向。1929 年,布洛赫(1886—1944)和费弗尔(1878—1956)创办《经济社会史年鉴》(*Annales d'histoire économique et sociale*),年鉴学派之名亦缘起于此。年鉴学派代表人物的一个共同特征是喜于跨学科,对地理学、民俗学、社会学、心理学和经济学的参酌尤为突出。鉴于年鉴学派几代学者各不相同的研究取向,人们有时不禁会问,究竟还有何"学派"可言。可是,许多卓越的学者都愿意在年鉴学派的名家那里寻找灵感。

年鉴学派第一代学者的著述,乍一看与概念史或历史语义学无多关联,他们主要关注的不是语言;而当语言和思想成为考察对象时,重点也不是思想状况,而是具体社会的物质和文化实践。就研究方法而言,"年鉴精神"(esprit des Annales)是科学的、陈述的,而不是哲学的、诠释的。然而,尽管以采取社会科学的历史观著称的年鉴学派的重点指向他处,但语言、概念、语义问题还是有案可稽,比如对史学概念的探讨(布洛赫),或把语义研究看作史学课题(费弗尔)。他们对语言和心态的考证,多半得力于这个学派所秉承的传统,其中包括迪尔凯姆(1858—1917)的社会学,或被誉为年鉴学派先驱的贝尔(1863—1954)创刊于1900年的《综合评论》(Revue de Synthèse)。

贝尔力主史学必须广泛综合。随着主要由他发起的辞书编写和跨学科研究的发展,《国际综合研究中心通报》(Bulletin du Centre Internatinal de Synthèse)出版了副刊《历史语汇》(Vocabulaire historique),它在某种程度上借鉴了《拉朗德哲学辞典》。该刊自1925年起发表跨学科系列文章,论述人种学、生物学、精神病学、文学、艺术史的相互影响,尤其是讨论重要的史学概念。每篇文章从词源和概念史开始,接着是概念解释,最后附有重要参考文献。尽管编纂一部历史基本概念辞典的计划最终没能实现,但不少重要文章相继发表,其中有布洛赫的论文《论欧洲社会的历史比较》(1928)。他借鉴了法兰西学院印欧语比较语法教授梅耶(1866—1936)的重要著作《历史语言学中的比较方法》(1925),认为历史比较语言学是他自己的比较史学的范式。

梅耶是法国语文学家布雷尔(1832—1915)和瑞士语

言学家索绪尔（1857—1913）的学生，尤为重视社会结构对语义学的意义。一个词语在某一社会阶层中的特定用法，进入另一阶层后，会发生含义变化（扩展），梅耶关注的是变化过程。以往局限于从语言到语言、从方言到方言的借用语，被他拓展至社会结构之间、职业之间的接触，呈现出全新的视域。

1900 年前后，德法两国学术论争的相互影响，例如围绕经济史或者兰普雷希特（1856—1915）文化史研究的激烈讨论，极大地推动了对语义历史化的思考，费弗尔尤其依托于法国社会学和人种学参与其中。另外，迪尔凯姆在他最后一本重要著作《宗教生活的基本形式》（1912）中，倡导社会学认知理论。对于宗教的缘由，亦即决定想象和判断的时间、地点、实质、苦难、行为、感受等概念，迪尔凯姆竭力用历史/社会阐释和综合来取代经验和先验阐释。他认为，要研究这些不是我们自己创制的概念，就须进行历史考察。迪氏这一看法，常被用来证明语义研究的正当性。伴随年鉴学派而兴起的心态史（histoire des mentalités）研究，深受迪氏影响。其实，心态史正是迪氏考察观念和"集体表征"（représentations collectives）的方法，他也是法国早期社会学中最早使用"心态"概念的学者之一。

* 法国"心态"（mentalité）概念的生涯，政治上并不清白，原先也不是纯学术的。这一概念经社会学、人类学、心理学和语言学而最终被年鉴学派史学家运用之前，是一个颇有争议的流行语和斗争口号。早在1840年代，这个法语词就被理解为"思维形态"；时至19世纪晚期，这个政治概念中掺杂了各种情绪性十足的意识形态。1871年普法战争战败之后，在德雷福斯事件（Affaire Dreyfus）中兴起的反犹太主义中，心态概念成为法国民族主义和反日耳曼主义的口号，变成一个综合概念，意在补充或取代相对明确的政治性分析概念"意识形态"和"志趣"，或者用来哗众取宠。在右翼民族主义者巴雷斯（1862—1923）眼中，德军占领是对"永恒法国""法国灵魂""法国意识"的侵犯，被占领的不仅是法国领土，更是"我们的心态"。当然，巴雷斯的反对者则看到他的扭曲心态。心态概念的学术生涯开始于1900年前后的迪尔凯姆圈子，有人把迪氏"心态"概念看作其"集体表征"的平行概念。迪氏及其追随者成功地把这个曾经在不同政治集团中广泛使用的论战概念占为己有。一战期间，迪氏发表过一本关于"德意志心态"的小册子，[1] 战后常有人在法国谈论发动战争的野蛮"德国心态"，并同法国精神相对照。年鉴学派第三代代表人物之一勒高夫（1924—2014）在其论文《心态史的歧义历史》（1974）中，称法语"心态"是德语"世界观"（Weltanschauung）的通俗说法。

---

[1] Émile Durkheim, *L'Allemagne au-dessus de tout: La mentalité allemande et la guerre*, Paris: Colin, 1915.

若将心态与意识形态做比较，较能看出二者的区别：心态是一种精神上的"态度"，意识形态则是精神"内容"；心态是精神状态，意识形态是思想和阐释；心态是"生活方向"，意识形态是"信仰内涵"。迪尔凯姆强调集体心态而非个人心态。尽管心态概念有其现实指向，但作为一种历史范式，中世纪的宗教世界是其论述原点。心态史研究近代世界如何走出中世纪的基督教世界。它不追寻基督教如何渐次摆脱古代社会及其最终胜利，而是讲述其盛极而衰，亦即向不再受宗教束缚的现代世界、现代知识、现代政治的转变。

费弗尔在其刊载于《年鉴》的《经济史中的词与物》（1930）一文中，倡导对历史法国的经济/社会关键词的含义史研究，强调史学与语言学的协作。[①] 同时，《年鉴》中开设了词汇专栏"词与物"（Les mots et les choses），借鉴了梅林格（1859—1931）主编、刊行于德国海德堡的文化史和语言史期刊《词与物》（*Wörter und Sachen*，1909—1943/1944），并援引其中的相关论说。德国的"词与物"学派，主张将语言研究融入整个文化研究，考察词与物的相互作用和关系，年鉴学派则更注重社会史维度。

费弗尔感兴趣的不是传统的词源学，他同受到迪尔凯

---

① 此处和下文中的费弗尔著述，参考文献为德译本费弗尔文集：Luxien Febvre, *Das Gewissen des Historikers*, hrsg. u. aus dem Französischen übersetzt von Ulrich Raulff, Berlin: Wagenbach, 1988。

姆创办的《社会学年鉴》影响的梅耶,尤其同"词与物"学派的观点相仿,认为研究词却无视它所称谓的物,这是荒唐的。要理解文明进程中的词语形成和词汇发展,就必须考证技术史和器物使用。梅林格的兴趣首先在于实物,费弗尔则将视线延伸至社会事物,尤其是近代以来的"经济语言"和词汇的经济化。他在《经济史中的词与物》中设问:确认"无产者""资本家""工程师"概念的具体诞生时间,难道没有用吗?探究并细致勾勒这些词语的含义发展,难道不重要吗?这难道不是真正的社会史的一部分吗?(顺便一说:福柯发表于1966年的纲领性著作《词与物》的书名,显然参酌了费弗尔文章的标题,说不定还受到德国同名刊物的启发。)

费弗尔1930年前后的许多论文,都论及历史语言对史学家的重要性。他认为史学家要同语文学家合作,双方都会从中受益。每一本论述语言的书,都同史学家有关。这一史学界的语言论转向,表现出对语言的敬意。他在《历史与心理学》(1930)一文中指出,语言是群体对个人发生作用的强有力手段。人类几百年、几千年的努力,才使语言达到今天这个程度,这是一种始终处在变化中的技艺。费弗尔注重的是语言之超越个体的集体性。这就有可能让概念和集体思想成为史学研究的独立门类。

这或许也是费弗尔为何悉心在《语言:历史的基础材料》(1943)一文中论说"语言的奥秘":语言是人的最基本特征。人会说话,而且总在说;说过以后,完全不知道话会走向何方,会沿着哪条路往下走,一走就是几年,可能是几百年。同样的言语,看似一成不变地重复着,但在今天已经完全不是原来的意思。显然,费弗尔强调语言对人的超越:话一出口,便获得独立于说话者的价值,走上自己的路,跟从自己的星宿,正所谓言语的自主化。费氏认为,难能可贵的是那些既通晓重要词语的历史,又能提供特定观念史的语义学家,如梅耶之于希腊语,布吕诺(1860—1938)之于法语,他们发现了大量新词出现的时期,或旧词如何增添了新的含义。费氏的追求是,发展一种历史心理学和心态史,但绝不用今人的眼光去看过去的人和事,那样不会看到真正的历史。一个根本的批判方法是语言考察,但绝不能用一个词的现代含义去理解当初,而要在生成它的特定场域和语境中,结合历史政治、经济和文化因素加以分析。诚如布洛赫在其遗著《为史学辩护》(Marc Bloch, *Apologie pour l'histoire ou métier d'historien*,1949;英译《史家技艺》/*The Historian's Craft*,1953)中所说:"脱离特定的时间,难以理解任何历史现象。"

费弗尔还未把心态史看作一个独立的研究门类,但他无疑是年鉴学派中最热衷于心态史的学者,他的志向是借助社会学、民俗学、语言学和地理学等学科,既对高雅文化也对民间文化进行语境化处理。他所用的许多概念,涉及史学中的语言功能:心态、集体心态、感受、历史心理学、心态装备等。他提出的"心态装备"(outillage mental),不是用以研究过去人们想过什么,而是探讨能想什么,即一个社会或集体共有的心怀。费氏试图在其名著《16世纪的无信仰问题：拉伯雷的宗教》（1942）中证明，那个时代的人还不可能区分自然和超自然现象，无神论者也就无从说起，或曰还没有真正宗教意义上的"无神论者"一词。每个时代都有其心态装备，掌控着集体意识和人们的举止言行；而在那个别无选择的时代，各色人等无疑都躲在圣母的披风之下，拉伯雷（1494？—1553）也不例外。每个时代都有其语言、情感和概念支撑，规定着人们的思维和感觉形式，规定神秘、可能、不可能等范畴。心态史首先面向一个时代中的可能现象。早期年鉴派史学对于"可思""可言"的思考，显然为后来福柯的话语概念做了准备。

费弗尔还考证了"限度""工作""感受""文明"等社会、经济关键概念，或"文艺复兴"概念的起源，"需求感"的历史等。查考的总是词语场，不仅探讨"文明"，还要根究"文化"。他在《"文明"的词语史及其观念》（1929）一文中认为，绝不只是某一科学中的进步及其思考，调节和决定社会历史浪潮的节奏，所有学科都参与其中，所有知识都在合力协作。每一个大的文明语言中都有十多个对于史学家来说最有意义的重要概念。辞书对这些概念大致界定的含义，迫于人的经验而不断变化。历史的风风雨雨，使得这些概念一再膨胀，导致诸多观念变化，并在变化的概念中留下痕迹。

早期年鉴派史学的一个核心概念是"总体历史"（histoire totale），即透过所有社会现象的结构性关联，把握特定时代的整体视域。费弗尔试图通过对史学的跨学科拓展，更有效地分析整个社会亦即"总体历史"。他在《为史学而战》（1952）中宣称，"新史学"（nouvelle histoire）必须是"科学的、综合的、比较的、全面的"。早已设想的以社会经济史为主要特色的"人类史"（histoire de l'homme）庞大研究方案，在费弗尔去世以后，也就是从1950年代末期开始，扩展为心态史研究，即查考历史上某个时期（依然是中世纪和近代早期）社会群体的想象世界和思维模式，关注意识现象和社会进程。这在很大程度上是对社会史的重新界定，囊括精神状态、社会实践亦即日常经验史。从时间上说，这正好与社会史取径的德国概念史的兴旺期同步。法国学界从心态史讲述文明史的重要人物，主要有布罗代尔（1902—1985）、勒高夫（1924—2014）、迪普龙（1905—1990）、杜比（1919—1996）、芒德鲁（1921—1984）等学者。

勒高夫在《心态史的歧义历史》（1974）一文中说，心态史注重缓慢史。这类研究之最著名者，当数年鉴学派第二代代表人物布罗代尔的《地中海与菲利普二世时代的地中海世界》（1949）。年鉴学派所发展的方法，注重中世纪和近代早期的历史研究。费弗尔曾探索宗教改革时期的精神史和心态史，例如他对马丁·路德和拉伯雷的研究。布罗代尔心态史研究的关键方案是"长时段"（longue durée），他笃信心态跨越几百年的惯性和持久性，从而动摇了惯常的政治断代史。换言之：心态往往相对稳定有恒，当在长时段中加以研究,以呈现长时段中缓慢变化的社会基本结构。此前的历史写作,通常以政治史、军事史为主,而布氏首先强调地理环境和物质基础,然后探讨社会经济形态,最后讲述政治、军事等重要事件。布氏在专文《长时段:历史和社会科学》(1958)中,精到地阐释了"长时段"研究方法。他对"文明""文化"概念的考察,迄今意义非凡。

* 布罗代尔认为,必须区分整体意义上的"文明"概念与各种形态和时代的文明之间的差别。翔实论述见于他的《文明史纲》(1963)及收录于其《论历史》(1969)的重要论文《文明史:用过去解释现在》。他认为,尽管文明概念与文化概念密切相关,但不能视之为同义概念。直至19世纪上半叶(例如黑格尔1830年在柏林大学的讲座中),"文明""文化"还被视为同义词;后来,人们终究看到了区别对待的必要性,只是在不同民族那里情形各异。依照布罗代尔之见,在德国、波兰和俄罗斯,"文化"高于"文明";而在法国以及英美的情形正好相反,"文明"高于"文化"。这里需要指出的是,埃利亚斯(1897—1990)的代表作《文明的进程:文明的社会起源和心理起源的研究》(1939)对后来的"文明"理论和概念产生了重大影响。

书写社会史及文化史的企图，在年鉴学派第三代史学家那里愈加突出，他们还借鉴弗洛伊德（1856—1939）理论，例如迪普龙倡导"集体心理史"，把心理分析引入历史研究，同时探讨集体无意识、评价、心态、象征、神话的历史。尤其是勒高夫把"心态"看作集体心理的固定结构，历史心态被看作同时代人的共有特征。社会心态发生任何变化，都会对社会组织和成员产生明显后果。如此，心态与"精神"这一历史术语已经没有多少区别。

年鉴学派第四代的重要人物、社会史家夏蒂埃，很能代表新的一代对话语理论和语言心态的思考。他认为集体心理史的主要研究对象之一，就是左右"集体心态"的主导思想和关键概念，并以此开辟新文化史的研究天地。20世纪六七十年代成长起来的年鉴派学人，特别借重系列统计材料来叙写长时段历史结构和趋势，也就是量化研究。夏蒂埃曾一度认可量化研究，但后来对量化社会史提出了严厉批评。他本人曾为德国概念史名著《法国政治/社会基本概念工具书（1680—1820）》撰写长文《礼仪》（*Civilité*），收入该著第四册第 7—50 页。这篇研究法国"礼仪"的概念史文章，仔细查考了三个多世纪的资料，但在方法上遵循自己的社会史观点，与该著的编写方案保持明显的距离。

尽管法国围绕长时段历史架构和心态概念进行了卓有成效的研究和尝试，但"心态"概念本身颇为含糊，几乎未在任何重要讨论中得到明确界定。相对一致的看法或许是,心态是指特定时期、特定群体的重要想象、评价、态度、情感和实践,有着集体的、通常的、相对稳定的,也就是惯习的表达方式。"心态"的特别之处,是其集体和匿名特征,即整个社会或阶层的共有现象。从其发端,至少从布洛赫和费弗尔开始,心态史就展现出极为宽阔的视域,从特定文化践履到交往形式和思想范畴,一切都被赋予历史先天性,此外还有集体情绪、感受和激情。由此看来,心态不只局限于想象、态度和规范等,它也是情绪导向。心态史也因此而有别于观念史(或者说,它在某种程度上兼并、容纳了观念史),它所考察的不是观念整体,而是生活世界中比观念更深、更难窥见的层级。心态史与语言学、社会学主导的结构主义之间长期存在紧张关系。

六、 心态史与《法国政治/社会基本概念工具书(1680—1820)》

法国心态史研究对概念史的重要影响,直接体现于德国概念史项目《法国政治/社会基本概念工具书(1680—1820)》。对此,里希特(1921—2020)在其《政治/社会概念史——综合述评》[①] 中用两章内容做了翔实探讨。这里需要先做一个说明:按照德国大型概念史项目的先后顺序

---

① Melvin Richter, *The History of Political and Social Concepts. A Critical Introduction*, New York: Oxford University Press, 1995.

和一般论述逻辑,理当先论标杆之作《历史基本概念》,再论《法国政治/社会基本概念工具书(1680—1820)》;唯其后者不仅与法国的心态史研究密切相关,且以法国概念为研究对象,所以才在这个上下文中先行叙写。

《工具书》的原始方案,就是将科塞雷克主导的《历史基本概念》的方法论追求与法国的两个史学类型相结合,一为年鉴学派的心态史研究,一为法国圣克劳高师的"政治词汇实验室"所发展的"词语统计学"(lexicométrie)对"18世纪与法国大革命"的政治词汇量化研究。《历史基本概念》与心态史的沟通,正是《工具书》的独特之处。不仅如此,《工具书》的规划者甚至宣称,该著的目的是为年鉴学派书写心态史提供养料;或者说,他们要用政治语言和概念来书写法国的心态社会史。饶有兴味的是,《工具书》编写工程启动没多久,"心态史"标签在法国已逐渐退场,曾长期拒绝"心态"概念的德国史学界却有人想为之"续命"。

* 《工具书》的作者,很长时间是德、法对半,条目均用德语写成或译成德语(前揭夏蒂埃《礼仪》便是译文),后来亦有英美学者参与,作者迄今五十多人。《工具书》前十册的主编是赖夏特和埃贝哈德·施米特,吕泽布林克从第十一册起成为主编之一;从第二十一册起,又有学者加入主编行列。与《历史基本概念》和《哲学历史辞典》不同,《工具书》的条目不按字母排列，而是根据完成情况单册出版，第一、二册合编出版于1985年。项目设计者从将近500个概念中甄选出150多个基本概念，并兼顾许多相近概念之间的关联。至2017年，《工具书》共出版二十一册，完成约50多个条目（核心词及其关联词）。

赖夏特在《论法国极权主义时期到复辟时期的政治——关于一个研究计划的设想》（1982）一文中，提出了他的"研究指南"。《工具书》第一、二册合编以赖氏一百多页的"导论"开篇，阐明这套专著的方法论指导思想和编写方案。这位《工具书》的首席理论家和设计师是科塞雷克的弟子并曾任其助手，受科氏影响自在情理之中。他坦承，没有《历史基本概念》的方法论设想，没有科氏关于"鞍型期"政治/社会概念之发展变化的理论假设（例如"现代性"及其语言表述的"四化"），《工具书》是无法想象的。《工具书》所要做的，是将《历史基本概念》的问题意识和研究方法运用于考察法国社会文化史，这就使《工具书》更接近《历史基本概念》而非《哲学历史辞典》。不过，与德意志鞍型期不同，《工具书》的出发点是：法国启蒙运动和大革命所引发的语义结构变化，开始时间更早，时间跨度更大。毫无疑问，该著对法国政治/社会概念之革命性变化的透彻查考是空前的。很可能因为《历史基本概念》的名声太大，遮掩了《工具书》的光芒，这从略显稀疏的书评就能见出。

《工具书》启动之际，围绕概念史的方法论争论已经相当热烈，其中对《历史基本概念》的一些负面批评，亦得到赖夏特及其同人的认可。出自社会史家、语言学家和文学批评家的一个批评是，《历史基本概念》的选材依然过于倚重精英文化与伟大思想家的著作。就此，《工具书》拿出了自己的研究方案，强调社会史和大众心态而不是重要思想家，关注第一手资料的甄选及其归类，以迄"概念域"的重构。归类的重点是原始资料的文本类型、社会等次和实际运用。与此相应，《工具书》更关注辞书、百科全书、杂志、报纸、年鉴、宗教手册等系列文本，尤其见重政治表达的大众形式，如传单、集会记录、手册、钱币、纪念章、图画、歌曲，以及节日、庆典、游戏、宗教活动等非文字资料，从更能体现特定场景、团体、时期的概念运用中挖掘大众心态和集体记忆。这一切都很明显掺杂着法国传统研究套路和新文化史倾向。然而，对以往没有受到足够重视的民众交流和知识传播之特定形式和媒介的关注，会给概念史项目带来一些麻烦：与中上层社会使用的概念不同，通俗的、民间流行的"概念"，往往界定模糊，且多为口语和形象化表述；而对一个偏重心态社会史的项目而言，这恰恰是不应忽视的。

为了追求准确性，《工具书》以心态史为坐标，借助"词语统计学"亦即电脑处理，根据词语的出现频率进行排序，将属于某个中心概念的词语纳入分析，对同样主题、反复出现的词语（词形和用法）进行量化分析，将单独词语的分析扩展为对词语群、概念架构和概念网络的探讨，探索它们多层次的关联。《工具书》的关注点是具有代表性的社会知识与话语，某个词语的首次出现因而无须大书特书，关键是看概念的社会传播和特定社会意义。该项目还制作了不同结构、相互补充的代表性来源资料类编，以供条目撰写者做基本参考文献，并在此基础上进一步查考不同条目的必要文献。这些都是《工具书》版本的心态史研究的特别之处。需要指出的是，对于词语的机械、量化分析，总是存在一个危险，即一个词语在社会上的大量使用，很可能早已习以为常而"言之无物"，而一个生涩的用词却能代表一种立场，甚至一个党派。赖夏特本人也在《工具书》"导论"中批评了词汇统计学的所谓精确性，关注语言甚于概念，忽略了概念的语境和意义分析的重要性。

如书名所示，《工具书》聚焦于1680—1820年间的法国政治概念和社会概念，将概念史纳入一般社会史和心态史研究。该著的中心旨趣是，揭示旧制度（Ancien régime）中的概念，如何在大革命爆发及其过程中，在第一帝国直至复辟王朝中嬗变、转型甚至被取代，也就是哪些概念在政治语言中消失或被边缘化，哪些概念取而代之而成为时代焦点，另有哪些概念（尤其在大革命期间）被滥用。《工具书》尤为重视贯穿大革命始终的激烈的概念之争（例如辩论性场景），即政治词语的激进化和语义的分化。赖夏特在其"导论"中指出，正是在法国大革命这一历史关键时期，法语政治和社会概念经历了急速变化，因而完全有理由透过革命前、革命中、革命后的语言和概念来考察心态社会史，以及人们如何以言行事。并且，大革命时期的思想范畴改变了人们对过去、现在和未来的看法。

年鉴学派关注的重要史料之一是历史事件，这也在《工具书》中得到充分体现。赖夏特主张的概念史，极为注重事件被概念化的形式，即大革命的参与者如何将他们对国家、社会和自己的新的认识概念化。概念化的事件不仅是话语性事件，也成为民族记忆中的历史符号，例如巴士底风暴这一符号性事件（见《工具书》第九册中赖夏特撰写的长达64页的"巴士底"条目）。

* 1789年7月14日巴士底狱被攻占以后，它从残暴之符号变成一个象征自由的符号，之前被奴役的法国人民第一次获得自由。为此而举行的庆典，取代了另一个庆典，即追封路易九世为圣路易，追封日从1298年至1789年一直是君主制下的国庆节。自1879年起，每年7月14日为法国国庆节，又称巴士底日。

如前所述，《工具书》深受年鉴学派的影响，但在很大程度上借鉴了科塞雷克倡导的概念史方法，可是对《历史基本概念》中的抽象概念以及政治和社会理论家的文本并无特殊偏好。《历史基本概念》对概念的考察，通常是"从古到今"，即从欧洲古典时期说起，经中世纪向近现代的语义发展变化。赖夏特认为，要追溯如此漫长的历史语义发展,且要厘清语义、语用的各种复杂关系,实在不是轻易之举,或许也很难做到。鉴于《工具书》并没有成为一部法国政治/社会语言之权威辞书的抱负,更由于它主要考察法国大革命给语言带来的深刻变化,因而设定上溯时间约1680年,下迄约1820年。另外,许多出现于《工具书》的概念,《历史基本概念》已经对其早期历史做了知识考古,赖氏认为无须重复这项工作。

赖夏特对《历史基本概念》的另一批评是:在该著的概念史理念中,社会史是不可或缺的,但因其注重精英文化和经典文本,以致未能完全实现社会史志向。至少是不少撰稿者没能遵从统一方案,依然热衷于经典思想家或精神史思路。赖氏试图以自己设计的《工具书》编写方案来克服缺陷。他和同仁在重构大革命时期政治和社会词汇中的概念网络时,尽可能系统地利用以往研究所忽略的文献和非文字资料,并进行量化分析,尝试他所追求的结构语义学,这都无疑具有创新意义。然而,《工具书》在其概念史的心态社会史转向中,同样也有顾此失彼之弊,即忽略古典时期、中世纪和近代早期的必要思想资源,尤其是不应被忽略的重要思想家。

倘若比较《工具书》和《历史基本概念》对资料来源的选择和使用,很容易发现《历史基本概念》之理论与实践之间的距离:它的一个重要背景或方法论前提,是不满传统的思想史主要考察大思想家之经典文本的论述格局,质疑大思想家的社会代表性,诟病对政治和社会用语的忽视，强调思想史与社会史的结合。可是《历史基本概念》的许多作者并未贯彻该著的整体设计，依然以主要思想家为论述中心，很少利用《工具书》所关注的那些史料，这便导致社会史方面的缺失。另一方面也应看到，《历史基本概念》并不是重要理论家的著作而外，全然不顾其他资料来源，它所取得的前所未有的成就是无法否认的。

《工具书》对概念史研究途径的拓展功不可没，它极力使历史语义学更加贴近社会史话语研究，要求明察话语史和概念史之间的关系。可是，赖夏特对概念史的一些重要方法论问题还是没有明晰的说法，也没能说明"概念"在词语、语汇、话语和语言中究竟处于什么位置。另一突出现象是《工具书》矫枉过正，仿佛重要思想家可有可无，这自然有悖历史事实，也有损概念史的解释力。不过，夏蒂埃论文《礼仪》，突破了《工具书》的时间框架，也重视重要思想家，比较了亚里士多德、帕斯卡尔（1623—1662）、孟德斯鸠（1689—1755）、卢梭（1712—1778）的"礼仪"论述，否则无法见出"礼仪"概念在历史长河中的语义变迁。里希特在其《政治／社会概念史——综合述评》第五章末尾批评《工具书》时，也强调了重要思想家之于概念史的重要性。虽然语言变化缓慢，个人力量很难左右其发展，但也有例外，即一些思想家在其生活的时代或后代，对语言和概念产生了重大影响，甚至催生革命性变化。亚里士多德和笛卡尔（1596—1650）便在此类思想家之列，他们的概念框架对世人的影响是长久的，且超出学术界。

如此看来,概念史对于名人著述和大众表达不可偏废,兼顾才是上策。

七、 克布纳的"现代性历史语义学"

科塞雷克在其晚年论文《概念的历史,历史的概念》(2003)中说,谁在以色列谈论概念史,必当从克布纳(1885—1958)的功劳说起;可是还须补充说,德国人或许也不应忘记这个被纳粹驱逐的德国犹太人的功劳。克布纳创建了耶路撒冷希伯来大学历史系,他的历史研究在他生前已在英语世界赢得声誉,但在德国毫无影响。然而,这位专攻中世纪史的名家,也许是史学界第一个论说历史语义学的学者,或曰首倡者之一。今天,这位概念史的无名先驱已经受到不少学者的关注,他的相关著述被视为史学领域各种语义研究的重要连接点,或曰通向概念史的桥梁。

克布纳学术生涯晚期的纲领性论文《语义学与历史编纂学》于1953年发表于《剑桥杂志》[①]。他在该文中说,用"语义学方法"考察词语对行动的影响,研究词义在历史进程中的各种变化,很能让人产生某种历史怀疑论。这一说

[①] Richard Koebner, "Semantics and Historiography," in: *The Cambridge Journal* 7(1953), pp. 131 - 144; dt.: Richard Koebner, "Wortbedeutungsforschung und Geschichtsschreibung" (1953), in: ders., *Geschichte, Geschichtsbewußtsein und Zeitwende. Vorträge und Schriften aus dem Nachlaß*, Gerlingen: Bleicher, 1990, S. 260 - 274.

法很能体现他长年"历史语义学"研究的核心思想。他的许多设想能与科塞雷克的观点相比,但从史学概念史谱系来说,他传承的是完全不同的思想传统,如奥地利史学家威廉·鲍尔(1877—1953)、德国哲学家赫尼希斯瓦尔德(1875—1947)或荷兰语言学家和史学家赫伊津哈(1872—1945)等人的学说,得出的结论也与科氏论断有别。二者治史的相同之处,是他们对语言的重视和在历史语义学领域所下的功夫,以及对政治概念之多义性的认识等。科塞雷克在1960年代末已经对克氏著述有所了解①;并且,科塞雷克的父亲也是史学家,曾在1922年的一篇书评中对克氏教授论文提出不同意见②。

克布纳对语义学方法以及思维心理、语言对行动之影响的兴趣早已有之,他写过不少概念史论文。1929年,他发表了一篇关于德国殖民史与概念语言的长文;1934年的另一篇长文论述"个人主义"概念。③ 后来,他对"帝国/帝国主义""专制/专制主义"或"西方文明"等概念做过深入研究。他的专著《帝国》在他去世以后发表于1961年;④ 对于帝国概念的发展变化,他只写到19世纪初,因

---

① Reinhart Koselleck, "Begriffsgeschichte und Sozialgeschichte", in: ders., *Vergangene Zukunft: Zur Semantik geschichtlicher Zeiten*, Frankfurt: Suhrkamp, 1979, S. (107 – 129)109.
② [Arno] Koselleck, (Rez.) "Richard Koebner, Die Anfänge des Gemeinwesens der Stadt Köln. Zur Entstehung und ältesten Geschichte des deutschen Städtewesens. Bonn 1922", in: *Historische Vierteljahrsschrift* 21(1922/23), S. 349 – 354.
③ Ernst Müller/Falko Schmieder, *Begriffsgeschichte und historische Semantik. Ein kritisches Kompendium*, S. 256.
④ Richard Koebner, *Empire*, New York: Cambridge University Press, 1961.

为故去而没有完稿，留下数千页摘要和笔记。他挖掘出"帝国主义"概念的十多次语义或指称的重大变迁，这是后人无法想象的。最后，克氏弟子施密特整理了他的残稿，并添加了若干章节，以合著的形式发表《帝国主义：一个政治词语的历史和意义（1840—1960）》①。这两部形同上下卷的专著，堪称历史语义学力作。

克布纳时常讨论认识论和历史语义问题，以及当代与历史、单个现象与整个历史、客观性与历史叙事、政治权力与文化之间的关系。在他看来，生活共同体和历史意识中的基本概念，只有历史阐释才是正道，即通过语言、语义批评来揭示概念的历史起源和变化。与科塞雷克不同，克布纳较少关注高度理论化的概念，对流行语、标语或口号情有独钟。他认为流行语或标语很能驾驭人们的情感和政治激情（如热爱、忠诚、仇恨、厌恶等），能号召人们自强不息，或同舟共济，或心怀理想。他在《语义学与历史编纂学》中指出，政治概念必定是多义的，且可能多义叠合，例如"中世纪"概念，既可象征某种敬畏，亦可表示黑暗。

> * 克布纳对流行语的兴趣，主要受到威廉·鲍尔的"流行语研究"（Schlagwortforschung）的启发。鲍尔对

---

① Richard Koebner/Helmut Dan Schmidt, *Imperialism: The Story and Significance of a Political Word, 1840 - 1960*, New York: Cambridge University Press, 1964.

公众舆论做过深入研究，发表《公众舆论及其历史基础》(1914)、《战争与公共舆论》(1915) 和《世界史中的公共舆论》(1930) 等专著，长文《作为社会心理和精神史现象的流行语》(1920) 不乏独到见解。他对公众舆论的理论思考和方法论探讨，最后发展为流行语分析。流行语后来成为政治语义学的中心议题之一。鲍尔对流行语的理解，与科塞雷克所说的基本概念颇为相似。他探讨的不少流行语，如"国族""国家""人民""无产者""公共领域""帝国主义""资本主义"等，也是《历史基本概念》中的条目。鲍氏流行语与科氏基本概念也都强调概念的模糊性和争议性。

在克布纳眼中，影响很大的是那些看上去不是标语口号的词语，且在政治上似乎也是中立的，例如源于地理的"欧洲-亚洲""西方-东方"，其联想意义是极为丰富的。另有关乎历史意识的词语（"现代""古典"等）直至时代标记，它们不只是看似表达历史事实的简约说法，还体现出社会立场。口号中具有重要意义的是那些与"主义"合成的词语，如理想主义、唯物主义，自由主义、保守主义、帝国主义等，它们活跃于各种民族语言，而其含义和联想却常有出入。"主义"本来表示某种行为，后来与行为准则和意图联系在一起。法律用语的含义往往可以准确认定，且变化缓慢；而政治语汇的含义总在不断变化之中，一个含义连接着另一个含义，因而只能是模糊的、歧义的。布洛赫曾在一篇书评中,赞赏克布纳的概念史研究与年鉴学派的方法论追求相似,称之为"把握事实的最可靠的途径"①。

克布纳认为,语义研究方法能从查阅辞书开始,然而常会出现一种情况:一个词语在某一社会历史中的真正角色,并未体现于辞书所选例句。(后来也曾有人就这一点对德国概念史提出异议,即孤立的词语导向会淹没具体历史语境。)克氏认为,揭示政治行动与词语之间的确切联系时,辞书仅为开始。显示词语关联的句子,必须放入其原始关联中加以考察。必须查考的是,特定词语如何成为历史中某些行动的因素之一。科塞雷克在《概念的历史,历史的概念》中指出,克布纳的概念考察极为务实,将概念的历史置于社会场景和争辩之中,通过实际论说形式(即今人之谓"话语")昭示语义。因此,科塞雷克把克氏话语分析方案看作波考克和斯金纳研究取径的先声。科氏的这一说法,很可能是看到克氏历史语义学不是专注于基本概念,而是铺得更广,从而更接近剑桥学派的语境主义。

卡西尔曾试图以历史语义学为基石,发展一种独特的文化史理论,这无疑也为审视现代性带来重要启迪。克布纳和科塞雷克步卡西尔后尘,不约而同地勾画出一幅极为相似的现代性图景,即起始于 1800 年前后,尤其以"时代化"为特征的现代性。克布纳的文化史模式对"现代"概念的阐释,旨在说明现代是人类第一次自觉地重塑文化的

---

① Marc Bloch, "Àpropos de la colonisation de l'Allemagne orientale. Histoire d'un mot", in: *Annales d'histoire économique et sociale* 4(1932), p. 223.

时代,只要世人肩负创造未来的使命,这种现代历史意识就将持续下去。

在克布纳最后一些用德语写成的著述中,有一篇长文约写于1933年,题为《论历史整体之概念》,这是其历史理论代表作。这篇在他死后才发表的论文对历史意识做了深刻的理论探讨,其中包含他对历史语义学的大量思考。"历史意识"是克氏历史理论的核心概念,集中体现于他的现代性"时代转折"(Zeitwende)思想。换言之,"时代转折"是其历史语义学之历史理论、方法论和文化批评三重思考的结合点,其主要追求是如何在当今反观和勾勒历史。他在这篇文章中说:"根据现在的价值来重释历史,这几乎是不可避免的。"①

克氏短文《关于史学的意义》(1940)及另一名篇《时代转折之思想》(1943/1945),写作于二次大战这一人类巨大灾难期间。在他看来,面对世界灾难,史学家必须立场鲜明,不是从历史预测未来,而要从当今拷问历史。他对现在和过去、历时和共时之间关系的处理,只在表面上与后来伽达默尔所说的"视野融合"有相似之处;其实在他所理解的古今两极关系中,现实干预才是关键。只有从当代视角出发,历史才成其为历史,即所谓"一切真实的历史都是当代史"。他认为,作为方法的历史语义学是对过去

---

① Richard Koebner, "Vom Begriff des historischen Ganzen" (um 1933), in: ders., *Geschichte, Geschichtsbewußtsein und Zeitwende. Vorträge und Schriften aus dem Nachlaß*, Gerlingen: Bleicher, 1990, S. (49 - 128)85.

的批判性重构;将当代历史化,即置于历史连续性之中,这一方法尤其对考察现代性具有特殊意义。这里可见他和科塞雷克看待历史的明显区别。此外,在他对时代转折的历史分析中,还能见出他对转折期或过渡期的认识与科氏观点的差异。

＊"鞍型期"之喻,虽为科塞雷克所创,但其义理在很大程度上已见于克布纳。他在《语义学与历史编纂学》一文中总结自己阐释时代转折的历史意识时指出:约从1750年起,所有政治语汇经历了含义嬗变。他断言,在过去的二百年中,政治和历史概念的语义发生了急速变化和更新。他的研究工作是借助语义分析法,以及对政治和历史用语、流行语的形成的查考,更好地理解新的历史意识及其对公共生活的影响。他同科塞雷克的区别在于,科氏所言鞍型期(过渡期)有一个明确的时段,而他认为我们始终处在过渡期,这是现代性的结构性特征,当前总是它的顶点。

克布纳在历史语义学领域的贡献被重新发现以后,已有一些专门研究文章问世,例如阿利里的《里夏德·克布纳:时代转折与历史意识》[①],或蒂策的《"时代转折":里夏

---

① Jehoshua Arieli, "Richard Koebner — Zeitwende und Geschichtsbewußtsein", in: R. Koebner, *Geschichte, Geschichtsbewußtsein und Zeitwende. Vorträge und Schriften aus dem Nachlaß*, Gerlingen: Bleicher, 1990, S. 22–48.

德·克布纳的现代性历史语义学》①。论者发现，不只是"鞍型期"之说，科塞雷克后来关于历史和社会基本概念不仅是社会和历史发展的"表征"，且为直接影响历史变化的"因素"之立论，早已作为方法论思路见于克布纳的著述。

八、布鲁纳-康策-科塞雷克与《历史基本概念》的缘起和发展

今天，八卷本大辞典《历史基本概念》首先同科塞雷克的名字连在一起，可是对于同时代人来说，另外两位比他年长的主编布鲁纳（1898—1982），尤其是康策（1910—1986）的名字，比科塞雷克更为常见。至少在很长一段时间内，"布鲁纳-康策-科塞雷克"三人组合是很流行的说法。这三位学者能够合作，除了师生或同事关系外，他们都是颇有创新意识的史学家，并且对思想史、社会史、经济史、法律史和行政史都有浓厚的兴趣。另外还须提及一些容易被忽视的影响关系，比如施米特对布鲁纳的影响，布鲁纳对《历史基本概念》亦即概念史理念的影响。

史学概念史的形成与概念政治的雄心紧密相关，这在布鲁纳那里尤为显豁，他是魏玛时期反民主的保守主义者，

---

① Peter Tietze, "'Zeitwende': Richard Koebner und die Historische Semantik der Moderne", in: *Jahrbuch des Simon-Dubnow-Instituts* 13(2014), S.131‑165.

最后从民族主义转向纳粹。与常被他援引的施米特一样，他是一个在政治上极具争议的人物。布鲁纳首先以其研究中世纪晚期疆域本质的专著《疆域与统治：中世纪东南德意志地域的疆域制宪史中的基本问题》（1939），确立了自己概念史家的地位。早在19世纪末，德国的中世纪史学家就开始对古文献进行语文学考证，试图厘清一些概念的用法及后来的语义变化。布鲁纳指出，他的著作主要是为了摧毁19世纪充满矛盾、非历史的术语，尽可能揭示和勾勒出符合实际、出典可靠的概念语言之基本特征。他尤其反对用今天的国家、民族、人民等概念反观历史，即不能生硬地把"封建制""社会""国家"等现代术语植入中世纪，那只能是时代误置。这些现代范畴无法用于中世纪，当时的范畴是统治和疆域、保卫和庇护、忠诚和相帮，以迄乡民等。布氏认为，只有在原始文献中，在那个时代的真实社会结构中，才能体认概念的真正含义及其变化，从而准确描述过去社会的实际状况。布鲁纳对国家和社会等概念的辨析，堪称德国概念史的最初源头之一，梅尔顿曾撰文论述《奥托·布鲁纳与概念史的思想起源》[1]。

布鲁纳呼唤对概念之历史语义的元典查考，同他深陷纳粹意识形态难解难分，因而很难明确划分专业和政治的

---

[1] James van Horn Melton, "Otto Brunner and the Ideological Origins of *Begriffsgeschichte*," in: *The Meaning of Historical Terms and Concepts. New Studies on Begriffsgeschichte*, Occasional Paper No. 15, ed. by Hartmut Lehmann and Melvin Richter, German Historical Institute, Washington D.C., 1996, pp. 21–33.

界线，例如他对多元社会、代议制概念之根源的辨析和批判。他也重视"基本概念"，诸如国家、政权、权力、经济等概念，但认为这些在极权主义和启蒙运动之后才出现在特定历史语境中的概念，是在不断变化发展的，因此必须修正基本概念，为现实政治服务，即第三帝国头号法学家施米特《国家社会主义（纳粹）法学思想》（1934）一文中的那句名言："我们翻转法学概念。"布鲁纳的概念史研究，始终充满矛盾：同样的历史材料，可以用来解构现实，亦可为纳粹张目。耐人寻味的是，布鲁纳在1945年之后改变了他的诠释学（政治）立场，但他的基本设定没有改变，即概念史能够克服现实与被遗忘的历史之间的鸿沟。后来让科塞雷克名声大振的术语"基本概念"，显然也同布鲁纳直接有关。他重视人民的"基本概念"，即渗透于社会生活各个方面的中心概念。再者，虽然不是他的首创，但他坚持的"老欧洲""1800年前后的时代过渡"和"现代社会"之三分法，对"历史基本概念"辞书项目产生了重要影响。

若把布鲁纳1930年代的研究视为《历史基本概念》的前奏，还有另一个维度，即社会史与概念史的结合，他所考察的是欧洲中世纪及近代早期的社会史。二战以后，被称作结构史的研究取径将重点转向工业化过程，如经济制度、人口发展、收入分配等，布鲁纳是社会结构史的积极倡导者。他的早期研究和战后的学术主张，尤其是他的学术地位所能发挥的作用，应该说为《历史基本概念》做了准备。后来，康策和科塞雷克在对《历史基本概念》的设想中,都强调了概念史与社会史之间富有孕育力的张力关系,且不偏重任何一方。

很有一批纳粹时期的学者,他们的思想在战后并没有改弦更张,只是将原先的概念和方法改头换面,而且还很成功。科塞雷克在海德堡大学的老师和后来的同事康策,其早期历史研究实际上也同纳粹意识形态有干连,他的研究重点和时间框架是欧洲近代早期。战后,他也主张从结构史的角度探究前工业社会向近代工业社会的转变,着重分析当时的社会群体所使用的中心概念。康策直接承接了1930年代的研究方法,并在社会史的视野中接受前人的研究成果,自有其新颖之处。他是20世纪五六十年代联邦德国最有影响的史学家之一,社会史在1945年之后德国大学的设置,主要是他的功劳。

康策也是较早力推布罗代尔和年鉴学派的德国史学家,即认同法国学者所强调的视角:前现代欧洲的社会和经济结构之长时段的缓慢变化。但与年鉴学派不同,他和布鲁纳一样,突出政治与概念史在社会史中的重要意义。早在1953年,他就运用概念史方法,深入探讨了从"群氓"到"无产者"的概念嬗变。1956/1957年,他在海德堡大学组建了"近现代社会史研究团队",《历史基本概念》便发源于此,社会结构史成为概念史研究的重要关注点。布鲁纳亦为重要发起者,只是因年龄和身体欠佳,较少关心《历史基本概念》的实际工作,这个项目主要由康策主持。布氏去世以后,他和科塞雷克共同主编《历史基本概念》;但没多久,他也离世。在战后联邦德国的头二十年中,布鲁纳和康策将社会史纳入概念史,从而把概念史从哲学亦即诠释学方法转换为史学家也能接受的方法,化为史学概念史,可谓功德无量。

科塞雷克在《宪法史纂中的概念史问题》(1981)一文中指出,布鲁纳曾走上错误的政治道路,却提炼出有意义的思想方法,最后摆脱了前期受纳粹思想左右的学术研究。科氏又在《社会史与概念史》(1986)一文中说,康策偏爱"结构史"而不是"社会史",主要是想回避当代社会问题。无论如何,布鲁纳和康策在语义史和结构史方面为科塞雷克的"鞍型期"命题做了先期铺垫工作;尤其是布鲁纳的立论,即中世纪的语义在自由主义的19世纪发生蜕变,这同科塞雷克的"鞍型期"之说有着不少相通之处。

* 以辞书形式把握政治/社会语言中关键概念的最初方案,产生于1950年代末期,如前所述,源自康策于1956/1957年在海德堡大学创建的"近现代社会史研究团队"。康策和科塞雷克而外,布鲁纳一开始就参与了辞书方案的制定工作。科塞雷克无疑是该辞书的理论设计师,而康策融合概念史与社会史的特殊兴趣,以及布鲁纳关于语言在走向现代之过渡期的划时代转折的观点,都对这个项目具有举足轻重的意义,并开启了与社会史相结合的概念史的不少问题意识。1958年6月,该辞典项目第一次以文件形式出现在海德堡大学当代社会史学院的"工作报告"中。康策受布鲁纳概念史思考的启发,建议将"社会领域历史辞典"研究计划的时间框架设定于 1750 年至 1848/1850 年。按照规划,这部辞典约有 200 个条目,篇幅约 500 页。1960 年秋,该项目获德国科学基金会(DFG)立项。1962 年,"德国政治/社会概念历史辞典"的准备工作正式启动,布鲁纳、康策、科塞雷克担任主编,另有二十位合作者。

一项重要的推进工作是编委会商定,由科塞雷克撰写《近代政治/社会概念辞典的准则》;该文写于 1963 年秋,但在 1967 年才稍加修改发表于《概念史文库》,紧随同期刊物中发表的里特尔撰《〈哲学历史辞典〉的主导思想和原则》之后。科塞雷克后来回忆说,"鞍型期"概念首次出现在这篇文章中,带有口号性质,目的是为课题做宣传、继续争取项目经费。这是该项目的第一篇纲领性文章,它与同样由科氏撰写的《历史基本概念——德国政治/社会语言历史辞典·(第一卷)导论》(1972)之间的一些差异,体现出史学概念史的理论假设和学术思想的发展变化。与《导论》相比,《准则》更多探索意味;然而,《导论》中的理论思考,并不就是定论。

从《准则》到《导论》,与《历史基本概念》相关的一些理论用语,也发生了不少变化,比如"中心概念"(Zentralbegriff)被"基本概念"(Grundbegriff)所替代；另有一些说法，如"复合单数"（Kollektivsingular）或"表征"（Indikator）和"因素"（Faktor），都还没有出现在《准则》中。《历史基本概念》的四个主导认识范畴，即"民主化"（Demokratisierung）、"时代化"（Verzeitlichung）、"可意识形态化"（Ideologisierbarkeit）和"政治化"（Politisierung），《准则》只是在理念上有所论及，但还不是如此表达。科氏在《准则》的一个注释中说，"近代政治/社会概念辞典"只是研究工作的称谓，可能还会更改。果然，最后选定的名称，既凸显基本概念，又强调历史的。

《历史基本概念》应当对作为史学方法的概念史有所发展，科氏《导论》也对研究步骤做了进一步说明。先以词语史进入研究，文本分析则考察具体词语运用，把握词语含义。此时，需要厘清的是为谁而写、读者是谁，各种对立概念，社会传播和不同阶层的运用及其用意。第二步则是将概念从具体语境中剥离出来，对各种含义做出历时排序；在这个阶段，此前的历史-语文学分析上升为概念史。概念的历时分层和深层查考，旨在揭示长时段的结构变化，通过概念史反思来获取重要的社会史认识。按照《准则》的设定，以"鞍型期"为中心，所有条目应当包括三个部分：其一，导引部分为词语史和概念史，追溯至近代早期；其二，主干部分探讨概念的近现代发展；其三，尾声，探讨后世影响和语言运用。可是，这种设想几乎未在实践中兑现；科塞雷克本人撰写的条目，没有一篇符合这一模式。

同许多概念史大项目一样，计划不如变化，《历史基本概念》与原初规划相去甚远。首先是卷数（原计划是一本书）和出版时间。从第一卷的一些条目可以见出，原来计划的条目是简要的文章，例如"Autarkie"（自给自足，闭关自守）的篇幅仅为5页；从第二卷起，似乎已经没有篇幅限制。科塞雷克曾在《准则》中预告第一卷的出版时间为1967年冬，最后却在1972年才问世；其他各卷也都延期出版。对此，科氏分别在各卷"前言"中给出不少理由，例如概念史研究费时费力，又如对方法论的深入思考，从而要求扩展条目的篇幅，另外还要争取更多学者撰写条目等。在1984年出版的第五卷"前言"中，科氏还在说总共要出六卷，附加一卷"索引"；最后完稿却是七卷，第八卷为两大本"索引"，全书共九千多页篇幅且排版细密。从第一卷到第七卷（1992），耗时整二十年；索引卷二册出齐，还要再等五年，整个项目才彻底竣工。

出版时间和文章篇幅都远远超出原来设想，可是条目数却从最终计划的150条缩减到119条。共有109位学者参与写作，其中近20人各自写了至少百页文字，约占全书一半。三位主编的文章贡献很不一样：布鲁纳只写了"Feudalismus, feudal"（封建主义，封建的）一篇文章，且同他在 1958 年发表的同一主题的论文相去不远。康策和科塞雷克则承担了该书四分之一条目的撰写工作（包括与他人合作）：康氏 18 篇，科氏 12 篇。并且，他们的分工也很明确：康策撰写的条目，如"Adel, Aristokratie"（贵族，贵族制），"Arbeiter"（工人），"Bauer, Bauernstand, Bauerntum"（农民，农民阶层，农民身份），"Mittelstand"（中产阶层），"Proletariat, Pöbel, Pauperismus"（无产者，群氓，贫困化），"Stand, Klasse"（阶层，阶级）等，自然同他的社会学兴趣和专业知识有关。与他不同，科塞雷克则主要撰写了政治现象和历史理论方面的条目，如"Fortschritt"（进步），"Geschichte, Historie"（历史），"Herrschaft"（统治），"Krise"（危机），"Revolution, Rebellion, Aufruhr, Bürgerkrieg"（革命，起义，叛乱，内战）等。

第三章 科塞雷克的概念史理论和实践

一、"概念史"招牌:通过语言生成意义

科塞雷克(1923—2006)的学术事业可以分为两个阶段。自1947年起,他在海德堡大学学习历史、国家学、社会学和哲学,并用很长时间撰写他的史学博士论文。深受施米特(1888—1985)和洛维特(1897—1973)思想影响的博士论文《批评与危机》(1954),运用的是政治思想史方法;该论文在1959年正式出版时,加上了副标题"市民社会的病理起源研究"。以科氏之见,危机概念属于最基本的现代词语。他称施米特是他的老师之一,至少是一个启迪者。梅林在《概念史之于卡尔·施米特》[①]一文中,叙说了科塞雷克与施米特的关系。施米特曾要求他对照辞书,

---

① Reinhard Mehring, "Begriffsgeschichte mit Carl Schmitt", in: *Begriffene Geschichte. Beiträge zum Werk Reinhart Kosellecks*, hrsg. von Hans Joas/Peter Vogt, Berlin: Suhrkamp, 2011, S. 138-168.

了解某个术语何时表示什么意思：在哪里，是什么，针对谁。科氏学术生涯的第一阶段（博士论文），主要依托于传统思想史。

他于1965年通过教授资格论文答辩，论文标题为《处于改革和革命之间的普鲁士：1791年至1848年的通用法律、行政管理和社会运动》，该著是在康策的启发和指导下完成的，主要从社会史视角考察问题，同时也是向概念史的转向。当然，应该说这一转向已经发生于1950年代末期，也就是他开始研究普鲁士历史之时。有学者把他的转向视为从史学走向结构史意义上的、以概念史为基石的社会史。这也开启了他第二阶段的学术研究，而第二阶段差不多与《历史基本概念》同时起步，并陪他走完人生。

作为概念史理论家和实践者，科塞雷克认为他的方法同几十年主编《历史基本概念》的工作难解难分。他的研究明确地将概念史与传统词语史、思想史和事物史（Sachgeschichte）区分开来。根据不同的论述语境，科氏常会新造术语来描述概念，并赋予其在特定历史进程中的个性特征，例如"储存经验的概念""催生经验的概念""期待概念""运动概念""关联概念"等。考察概念的发展，终究不能把握和检验每个术语的整个生成语境，并认定其为终极原因。科塞雷克说，概念史研究犹如"用照相机的镜头取景"。他强调"压缩"场景的必要性，以对付不计其数的原始资料。① 科氏模式把"基本概念"同"一般概念"区分开来,强调把"基本概念"或"主导概念"作为概念史的研究对象。他在《近代政治/社会概念辞典的准则》(1967)一文中说,尤为重要的是"斗争概念""行动概念""未来概念""愿景概念""宗旨概念""期待概念""整合概念"等。他对政治和社会"基本概念"的解释是:

> 与一般概念不同,《历史基本概念》所探讨的基本概念是政治和社会语汇中不可或缺、无法替代的概念。[……]基本概念连通各种经验和期待,从而成为特定时代最迫切的焦点问题。基本概念极为复杂,它们总是有争议的,且有与之颉颃的概念。这使它们在历史上特别显豁,并因此区别于纯粹的技术或专业术语。没有一个政治行动、没有一种社会惯习的生发和存在,能够缺少最起码的历时长久的基本概念,并突然出现、消失、重现或者变易,不管是骤变还是渐变。我们必须诠解这些概念,厘定它们的多重含义、内在矛盾及其在不同社会阶层的不同应用。②

---

① Reinhart Koselleck, "Hinweise auf die temporalen Strukturen begriffsgeschichtlichen Wandels", in: *Begriffsgeschichte, Diskursgeschichte, Metapherngeschichte*, hrsg. von Hans Erich Bödeker, Göttingen: Wallstein, 2002, S. (29-47)31-33,37.
② Reinhart Koselleck, "A Response to Comments on die Geschichtliche Grundbegriffe", in: *The Meaning of Historical Terms and Concepts. New Studies on Begriffsgeschichte*, Occasional Paper No. 15, ed. by Hartmut Lehmann and Melvin Richter, German Historical Institute, Washington D.C., 1996, pp.(59-70)64-65.

科塞雷克的贡献在于发展了一个今天看来依然有效、依托于可信史料的思想史阐释模式。他的理论和方法旨在借助被理解的历史来演示更为清晰的历史。他说："对于历史认识的追求，超出史料所能提供的内容。一份材料可能是现成的，或者可被发现，但也可能无法找到。而我却不得不冒险说出我的观点。"① 这种冒险或许是必须的，人们可以凭借"可能的历史"为其辩护。科氏晚期理论探讨中的概念史观点简要而鲜明："与所有史论一样，概念史也需要假设，没有假设就没有论点可言。纯粹的史料堆积绝非概念史，关键是把握概念网络中的大概念、下属概念、对立概念等各种概念之间的关系，以揭示概念的内在语义结构。唯其如此，固能彰显一些特定概念的建构能量，否则无法真正理解文本或语境。"② 正因为此，科氏晚年也或多或少同"概念史"名称保持一定的距离，如伯德克所描述的那样：科塞雷克的概念史是"通过语言生成意义的历史"，而不是概念的历史。③

---

① Reinhart Koselleck, "Standortbindung und Zeitlichkeit. Ein Beitrag zur historiographischen Erschließung der geschichtlichen Welt", in: ders., *Vergangene Zukunft. Zur Semantik geschichtlicher Zeiten*, Frankfurt: Suhrkamp, 1979, S. (176 - 207)204.
② Reinhart Koselleck, zit. nach Carsten Dutt, "Nachwort: Zu Einleitungsfragmenten Reinhart Kosellecks", in: R. Koselleck, *Begriffsgeschichten. Studien zur Semantik und Pragmatik der politischen und sozialen Sprache*, mit zwei Beiträgen von Ulrike Spee und Willibald Steinmetz sowie einem Nachwort zu Einleitungsfragmenten Reinhart Kosellecks von Carsten Dutt, Frankfurt: Suhrkamp, 2006, S. (529 - 540)531 - 532.
③ Hans Erich Bödeker, "Ausprägungen der historischen Semantik in den historischen Kulturwissenschaften", in: *Begriffsgeschichte, Diskursgeschichte, Metapherngeschichte*, hrsg. von H. E. Bödeker, Göttingen: Wallstein, 2002, S. (8 - 27)14.

科氏自己选编,却由于突然去世而由杜特定稿的文集《概念史:政治/社会用语的语义和语用研究》(2006),辑录了作者1976—2005年的论文,亦收入一些已经发表,但已不易觅得的论文。此书也是对经历了不同阶段的概念史工程的回顾和总结。熟悉科氏研究取径的读者,可在该著的作者"导论"残稿中看到一些观点变化,明显区别于他早先的著述。醒目的是,他在时隔三四十年之后,说自己不再喜欢"概念史"这一名称;而他依然接受这个名称的重要原因,是"概念史"早就成为他所倡导的研究方向的招牌。他明确表示,他的追求首先在于"探寻由分析得出的、概念和语言之外事物的关系类型"。显而易见,他这时完全或主要是以史家身份在说话,而其他学科的人时常把他看作语义学家。科氏为这部文集所写导论的主要内容是:(1)"再次强调政治/社会概念史的研究方法所要达到的认识意旨,不同于抽象的社会考察之老式思想史的研究目的";(2)"阐释概念史与社会史在理论和方法上的互补性";(3)"讨论科氏概念史与在'话语史'名下所从事的历史语义学研究之间的异同"。[1]

---

[1] Carsten Dutt, "Nachwort: Zu Einleitungsfragmenten Reinhart Kosellecks", in: R. Koselleck, *Begriffsgeschichten. Studien zur Semantik und Pragmatik der politischen und sozialen Sprache*, mit zwei Beiträgen von Ulrike Spee und Willibald Steinmetz sowie einem Nachwort zu Einleitungsfragmenten Reinhart Kosellecks von Carsten Dutt, Frankfurt: Suhrkamp, 2006, S. (529 – 540) 529.

二、"鞍型期"与概念史

历史哲学家和科学理论家科塞雷克不仅叙述历史，而且知道为何叙述、如何叙述。他借用"鞍型山体"（Bergsattel）意象，即连接两座山峰之间的低落过渡地带，提出了西方史学中著名的"鞍型期"（德：Sattelzeit；英：saddle period）概念，指称过渡时期或时代界线，故而亦有"界线期"（Schwellenzeit）之说。亦有人形象地称鞍型期为"山峰之行"（Gipfelwanderung），即从一座山峰走向另一座山峰。"鞍型期"或许也是最让科塞雷克名声大振的概念。他的"鞍型期"概念主要观照的是德意志历史经验，其时间范围约为1750年至1850年，也就是肇始于18世纪，经英国工业革命和法国大革命的催化而加速的发展进程。德国基督教神学家和文化哲学家特勒尔奇（1865—1923）早在1900年前后就极力强调这一具有政治和社会断裂意义的时代界线。当然，每个国家都有自己特有的历史经验，时代的划分取决于问题意识亦即看问题的角度。而就总体而言，"界线期"或断裂经验是指西方近代早期与现代之间的界线，时间约为启蒙运动晚期至法国大革命前后。

* 科塞雷克在1996年与迪佩尔的一次对谈中说，"鞍型期"是一个生造词，起初他用这个说法，唯一目的是为了造势，为研究项目争取经费，故在项目申请书中用了这个词，但从未把它同某个理论诉求联系在一起。然而,这个一时起兴的概念,却也符合他的前期准备,也同康策研究中常见的1800年前后的"过渡"之说相吻合,后来才真正见出这个"古怪的词"的理论容量。不可否认,确实有一个过渡期,这个时段之前和之后的状况完全不一样,这是有根据的,可以客观描述的。①

法国大革命被看作欧洲"漫长的19世纪"的开始,"旧制度"(Ancien régime)被推翻,也在欧洲其他地方引发突变,1789年至1848/1849年的欧洲历史亦被称作"革命时代"。就时人的时代意识和时代经验而言,完全也能见出一种"时代革命"。与"漫长的19世纪"相关的,还有18世纪后三十年开始的英国产业革命;新技术使机器代替了人力,生产力达到了前所未有的程度。工业化也导致整个社会生活的转型。"双重革命"所带来的巨变,意味着欧洲向现代社会的历史转型,见之于社会、政治生活的各个方面。其实,早在1789年前的几十年,当欧洲传统农业社会起步走向现代工业社会之时,社会和政治中的许多机构已经改变了性质。同时,市民阶层的知识者开始质疑贵族的社会和政治主导地位。这一切都是科塞雷克"鞍型期"理论的历史基础。

---

① "Begriffsgeschichte, Sozialgeschichte, begriffene Geschichte. Reinhart Koselleck im Gespräch mit Christof Dipper", in: *Neue Politische Literatur* 43(1998), S. (187–205)195.

一种经典的欧洲历史分期是"古代—中世纪—近代"三分法，中世纪同近代的分水岭一般定于1500年前后，以印刷术的发明、殖民扩张的开始以及宗教改革为主要特征。科塞雷克引入"鞍型期"概念的意图是，丰富和深化欧洲历史分期，强调启蒙运动的精神启迪，以及各种革命给老欧洲带来的巨大震撼。在以1800年前后的历史发展为时代分界的过渡时期，对政治体系和概念结构来说都至关重要，欧洲社会、人的气质和日常生活向现代转型，一些现代价值观也是在那个时期首次提出，并作为典范流传后世。它在根本上塑造了我们今天所认识的欧洲亦即西方。在那个时代，现代人和现代西方诞生了。

书写历史说到底与视角有关。科塞雷克一再强调问题意识亦即出发点之于时代划分的重要性。例如在德国，把启蒙运动看作催生德意志近代的关键因素，这是19世纪晚期之神学和社会学启蒙所致，特别是韦伯和特勒尔奇看问题的视角，并为德国经验。而在法国，大革命远比宗教改革重要得多，法国人的意识因而总是萦系于这一过渡时期，法国历史研究常以大革命的不同阶段为基点：革命之前和革命之后。英国则是另一番景象，那里有17世纪的光荣革命，接着又是工业革命，都是永久话题。总之，每个国家都有不同的（特殊）经验。

科塞雷克在其论文《18世纪作为近代之始》（1987）中，讨论了各种时代建构方案中的方法问题，他特别强调了不同时代划分依赖于不同现实中的问题意识，而问题的提出则与主导性认识旨趣有关。因此，鞍型期理论的建构也是对20世纪六七十年代社会史对工业化、现代性之浓厚兴趣的一种回应。科塞雷克也以此背弃了思想史和文化史中的惯例，即把近代早期固定于1500年前后。我们也可以说，科氏辩证地对待鞍型期与1500年前后的时代过渡之间的关系。关乎鞍型期的大多数重要范畴，都已见于16—18世纪；可是只有到了鞍型期，它们才得以相互关联，并被历史哲学的形成或者诸多概念之新的语义所证实。尽管在个别问题上颇多争议，科塞雷克坚信"鞍型期"之建构是可信、可证实的。

"鞍型期"之说首次出现于科塞雷克撰《近代政治/社会概念辞典的准则》（1967）。即便只是个即兴概念，而且科氏在其《历史基本概念（第一卷）》（1972）的"导论"中对这个概念的解释略有变动，"鞍型期"假设却一直在颇多变化的研究过程中保持其稳定性。科氏在《历史基本概念》最后一卷总结性的"前言"中依然在说，确认一个过渡期，进行纵向研究，能够更好地显示概念生成的创新转折点和连接点。对于概念的历史追溯，不只是方法问题，亦涉及概念史的研究对象。概念史的重要特色同样在于其时间框架，亦即鞍型期。

科塞雷克强调基本概念的非任意性和特定认识功能；对于基本概念的设定，要有认识历史的意识，离不开特定的认识旨趣。以《历史基本概念》为例，虽说基本概念的词目还可以增多，但限定是必要的，那些一旦形成并导引各种经验的概念是可数的。历史基本概念的研究方案，必须看到基本概念的时段性或时期性，即由于时代的变迁，某个词语已经不再能够充分体现新的经验并结合新的期待而成为概念，科塞雷克曾以"精英"取代"贵族"等例子说明这个问题。

"鞍型期"概念最能彰显科塞雷克的学术思想视域，并且，他要以概念变迁给"鞍型期"之说提供依据：他试图借助许多哲学和历史概念来探究时人的感受，看清欧洲历史在早期近代之后的加速发展，发现鞍型期与过去之间深深的裂痕，以及这一重要过渡时期的语言变化和现代语言的形成。换言之，"历史基本概念"研究方案主要受到一种假设的启示，即18世纪中期以降，欧洲的许多概念危机四伏，传统语言中的词语和用法发生重大变化，常用概念经历了深刻的含义变化，那是旧世界的解体与新世界的诞生在语言上的体现。

科氏概念史方法，旨在从概念的含义变化入手，厘清过去的历史经验，"鞍型期"之说便是诠释过去经验的理论。那个时期巨大的政治风暴、经济发展和社会变迁，使现代政治思想中的关键概念（如"国家""公民""家庭""自由""民主""共和""革命"等）发生了深刻的语义变化，一些新概念（如"帝国主义""共产主义""阶级"等）得以产生。同时，其他一些往昔的重要概念（如"贵族"或"等级"），逐渐失去原有的意义。"名誉"或"尊严"等概念超越了个体或等级层面，被运用于国族和人民的现代语境，旧概念得到新解。科塞雷克认为这一转变期的概念如同罗马神话中的双面神雅努斯：向后面对一些不查考便无法理解的社会和政治事实；向前面对我们，虽然需要解释，但似乎也能直接领会。这种概念含义的变迁或新概念，来自新的生活状况，来自新的人与环境、社会、时代的关系——新时代的新人需要新的语言。

科塞雷克关于非对称的对立概念或敌对概念的思考，是其概念史中的特例，也是最富政治性的部分。诚如他的老师施米特在《政治的概念》（1932）中所说的那样，所有政治概念、想象和词语都有论战性，总是针对其对立概念而存在的。科氏主要参照的是施米特的敌我模式，即政治对立的基本结构。倘若人和团体对自我和他者的称谓是一致的，并相互认可，科氏称之为对称的对立体，属于这种关系的有雇主和雇员、男人和女人、父母与子女等。然而非对称性的自我与他者称谓到处可见，体现为具体的团体或机构（例如教会、政党或国族）将普适性占为己有，并排除任何可比性。在希腊人和蛮夷、基督徒和异教徒、人和非人这三对概念中，非对称的认知结构是显而易见的，且纵贯历史长河。对立概念还会与时俱进，新的否定他者的形式，尽管还蕴含旧的内容，但却不同于从前。科氏还发现了敌对概念的累积效应和极端化，从蛮夷经异教徒、异端到下等人和非人，现代性前所未有地在语言上强化了敌我关系。语义结构一旦确立，便获得了自身能量，随时可被激活，说话者也被束缚在语义藩篱之中，最后与体察他者的概念无多关联，只是一些得以信手拈来的俗套和成见。在鞍型期各种社会集团的称呼中，可以见到各种描述社会阵营的对立概念，比如"贵族"和"民主派"，还有极端的称谓："革命派"和"反动派"。这些对立概念至今还在发挥作用。

从义理上说，关于鞍型期以及这个过渡时期之基本语义变化，克布纳已经有言在先，他对"时代转折"有过深入探讨，并在《语义学与历史编纂学》（1953）一文中断言，约从1750年起，所有政治语汇经历了含义嬗变。"鞍型期"之说与福柯提出的走向19世纪转折途中的新"épistémè"（认识型，认识域），也有事理上的叠合之处。所谓épistémè，即某个时代特有的认知空间。当然，福柯的"épistémè"是用其他方法提炼而成的。

* 源于法国的话语史研究也将重点放在18世纪和19世纪之间的过渡期，福柯是这一研究取径的代表人物之一。他于1960和1970年代发表了一系列历史研究著作，其中最著名的是《临床医学的诞生：医学望诊的考古》《规训与惩罚：监狱的诞生》和《词与物：人文科学的考古》。这些著述的中心论点是，所谓发端于启蒙运动并一直延续至今的西方个性解放的进化之路并不存在。他将目光投向各种具有认识论意义的革命，其结论是：现代科学范式（即人是关键认识对象的范式）绝非西方发展之水到渠成的结果，而是来自18世纪末、19世纪初的认识突变。

对鞍型期学说的接受，主要体现于对这个研究方案的细化和多样化处理，例如赖夏特把启蒙运动和大革命影响下的法国"鞍型期"设定于1680—1820年。波考克反对"鞍型期"之笼统的1750—1850年的年代划分，认为英国的变革期或政治和社会语汇的"鞍型期"为1500—1800年。他在同科塞雷克的一次直接交流中，推重共时研究模式，对话语分析的评价高于对概念史的评价，也就是政治话语史高于概念变迁史。在他眼里，不管是概念史还是依托于话语前提的研究模式，都是"历史的，文化的，民族国家各具特色的"[1]。波考克的这一思考，当能推动比较研究。科塞雷克对此也有过一些有益的探索，并视之为很有意义的尝试。

科塞雷克后来在总结其研究方案时，并没有无限抬高"鞍型期"的方法学功用，或视之为概念史研究之必不可少的条件。在他看来，"鞍型期"的设定对作为方法的概念史本身没有决定性影响，德语区有概念史，其他语区有话语分析。尤其是前现代之顽固性与新概念的碰撞，即传统理解与现代阐释的交错，是一个长期、复杂的过程，必须避

---

[1] John Pocock, "Concepts and Discourses: A Difference in Culture? Comment on a Paper by Melvin Richter," in: *The Meaning of Historical Terms and Concepts. New Studies on Begriffsgeschichte*, Occasional Paper No. 15, ed. by Hartmut Lehmann and Melvin Richter, German Historical Institute, Washington D. C., 1996, p. (47–58)58.

免刻板的时代界限,共时比较的历时分析才是有意义的。①这样才能呈现长时段的结构变化、重大语言交锋以讫潜移默化的意义嬗变,例如某个宗教概念(如"联盟")如何变成社会概念,法律概念(如"合法性")如何变成政治概念。关键不是先后事件的叠加,而是书写历史长河中的结构变化。德国学派在不忽略共时研究的同时,更注重历时探索,或曰通过历时来统辖和把握共时,此所谓"历时原则"(diachrones Prinzip),唯有历时才能探明概念结构与结构变化,历时考察才成就概念史。

三、 概念史与社会史

自 20 世纪六七十年代起,概念史力图与社会史平分秋色,雄心勃勃地想同社会史一起统摄其他史学门类,即把社会史和概念史看作历史研究的必要基点,并以此规划其他史学取径。换言之,倘不把科技社会史和科技概念史作为科技史的基础,便不能真正把握科技史;从事医学史、外交史、管理史等诸多史学下属学科的研究工作同样如此。于是,科塞雷克的概念史研究尽力向社会史靠拢。鉴于历

---

① Reinhart Koselleck, "A Response to Comments on die Geschichtliche Grundbegriffe", in: *The Meaning of Historical Terms and Concepts. New Studies on Begriffsgeschichte*, Occasional Paper No. 15, ed. by Hartmut Lehmann and Melvin Richter, German Historical Institute, Washington D. C., 1996, pp. 59 – 70.

史不可能脱离社会和语言而存在,概念史便把自己看作广博的社会史的一部分,至少与社会史密切相关。社会史在那个年代有着绝对优势;正是科塞雷克的概念史理论和实践所达到的高度,才使得概念史能与社会史平起平坐。概念史与社会史的关系是科氏史学方法论思考的中心点,尤其是其1970年代初期的论文,能够让人看到他为何要就社会史而极力突出概念史的必要性。在纲领性的《概念史与社会史》(1972)一文中,已经见出科氏自信、凝练的观点。他在该文1986年的修订本中强调指出:

> [社会史和概念史的]理论依据有着普遍意义,可以延伸和运用于所有领域的社会史。哪种历史不是必定与人际关系有关、与无论什么样的交往形式或者社会分层有关?于是,赋予历史以社会史特征及其不可辩驳的(近乎人类学的)永久效用,隐藏于一切历史形态背后。哪种历史在其凝结为历史之前,不是先在概念中见出历史?考析概念及其语言史,是认识历史以及它同人类社会有关这一定义的最起码条件。[1]

这一说法并不见于《社会史与概念史》的最初版本,

---

[1] Reinhart Koselleck, "Sozialgeschichte und Begriffsgeschichte" (1986), in: ders., *Begriffsgeschichten. Studien zur Semantik und Pragmatik der politischen und sozialen Sprache*, mit zwei Beiträgen von Ulrike Spee und Willibald Steinmetz sowie einem Nachwort zu Einleitungsfragmenten Reinhart Kosellecks von Carsten Dutt, Frankfurt: Suhrkamp, 2006, S. (9-31)9.

它是修订本中的新添文字。1980年代中期，正是人们高举"语言论转向"之时。对科塞雷克而言，语言分析是社会史考察之必不可少的部分，其研究对象便是社会变迁和语言变迁的联动关系。作者在该文末尾还援引了自己主编的《历史语义学与概念史》(1978)"导论"中的说法，强调他的研究方法与编写《历史基本概念》的关系，将之归结为"带着社会史意图的概念史考察"①。

《历史基本概念》最初几卷出版以后，科氏要在跨学科的层面上审视自己的概念史方法。在《历史语义学与概念史》这部文集中，他自己的文章和舒尔茨的《概念史与论证史》而外，还有不少历史学家、社会学家、语言学家和哲学家的论文，共同探讨概念史的可能性和局限性。何为影响科氏经验和思想的因素？他的研究方法主要缘于哪些理论传承？如何总结他的概念史成就以及可能的缺陷？对于这些问题的回答，有助于理解科氏概念史的接受状况，尤其是后来出现的新视角。

早在其教授资格论文中，科塞雷克就强调概念史的社会史功能。"语言中聚合着历史经验，或凭借语言表达希冀"，概念史也带着这种语言特性。这一认识前提完全可被看作概念史研究之社会史取向的主导思想："超越行动者的

---

① Reinhart Koselleck, "Einleitung" zu *Historische Semantik und Begriffsgeschichte*, hrsg. von R. Koselleck, Stuttgart: Klett-Cotta, 1978, S.(9-16)9.

概念史是社会史的一个变体。"[1] 他的出发点是：造就概念的语言整体，渗透着社会思想并见于所有知识领域；这就需要钩稽概念的社会和历史作用，以及它表现事实、改变事实的能量。科塞雷克的著名信条是，历史和社会基本概念不仅是社会和历史发展的"表征"，而且是能够直接影响历史变化的"因素"，概念本身就是历史发展的动力之一〔见科氏《历史基本概念（第一卷）》"导论"〕。换言之，概念变革和创新，体现出新变因素；并且，概念生成和用词变化，被理解为特定历史挑战在语言上的体现。一种行为的意义已经预设在它的语言命名之中，并只有在其语言兑现中才能被理解。当然，概念必然先以陌生的面目出现，然后才能让人看到它是如何产生和被人体认的。

科塞雷克把概念视为思想的出口，因而也是历史研究的关键工具。探索过去社会知识的产生、形成条件和运用形式，是概念史的重要内容。这种认识旨趣体现于科氏着意探究特定概念运用背后的意图，概念运用的社会、政治和理论内涵，以及社会影响等相关问题。概念史的批判性文本分析和语境分析，旨在确认某个时代特有的词义内容，探究作者、受众、意图、包含和摒除等。它借鉴语言学中的语义分析（从词语推断词义）和名称学（从词义推断运用）去探讨事物史和思想史命题，努力在政治和社会语言

---

[1] Reinhart Koselleck, *Preußen zwischen Reform und Revolution. Allgemeines Landrecht, Verwaltung und soziale Bewegung von 1791 bis 1848*, Habil-Schrift (1965), München: Klett-Cotta/dtv, 1989, S.17.

中把握转型时代。《概念史与社会史》（1972）中的一些观点，后来虽然有所改易，但是基本立场未变。其中可以见出三个不同的维度：

其一，作为辅助方法的概念史。鉴于概念史的历史批评向度，科塞雷克认为它对社会史来说是不可或缺的语文学辅助工具。概念史的考据批评方法，有助于钩稽概念的历史条件，以及历史上运用特定概念时的关切或意图。社会史在根究历史时，依赖于同语言有关的原始资料，这就需要透过历史上的概念界说，以及时人惯常的语言运用，揭示过去的社会和政治矛盾。

其二，概念史是拥有自己方法的独立研究方向。考据批评而外，概念史划分出自己的领地，与社会史形成相互激发的张力关系。在科氏眼里，概念是许多含义的浓缩形式，不能简单地将之与利益或社会关系牵连在一起。概念有其理论关切，并显示可能的经验范畴，可被实实在在地用来表示经验能力和理论含义。尤其是对概念的历时考察，得以揭示长时段的各种结构变化，从而提供极为重要的社会史认识，并在与事物史的比较中提炼理论。从这个视角来看，概念史的辅助性质不复存在，它成为一个有着自己研究领地的独特方法。

其三，概念史是社会史不可化约的条件。科氏从概念史的独立性，导引出其特殊裨益，即从语言入手，查考和辨析概念与现实的关联。在科氏看来，社会史若要认识仅见诸原始材料的事物之历史面相，必当借重概念史。它是方法上不容忽略的重要环节,没有它就没有经验、没有对世界或社会的认识可言。科氏在1970年代提出这些观点的时候,社会科学学者对于他的思考并无明显反响。可是随着人文社会科学中文化研究的兴起,情况发生了变化;德国一些社会科学的领军人物,也逐渐把概念史或历史语义学看作重要的研究工具。[1]

科塞雷克认为,在概念中,尤其在"民族""国家""历史"或"社会"等中心概念中,历史的积淀极为深厚,很能体现往事。然而,社会史和概念史相互关联,却不存在因果关系。换句话说,科氏拒绝接受社会变迁与概念迁衍之间的因果关系:

> 语言变化和社会变化相互沟通,但不是一方来自另一方、一方为另一方的成因。更应是一方指涉另一方,却不能充分说明甚至代替另一方。尤其是语言或社会发生变化的时间差,它们的性质是不同的。[2]

科氏概念史不仅对历史哲学带着批判的目光,也针对晚近的话语理论,这体现在他如何界说语言变化与社会变

---

[1] Ernst Müller/Falko Schmieder, *Begriffsgeschichte und historische Semantik. Ein kritisches Kompendium*, S. 304-305.
[2] Reinhart Koselleck, "Sprachwandel und sozialer Wandel im ausgehenden Ancien régime", in: ders., *Begriffsgeschichten. Studien zur Semantik und Pragmatik der politischen und sozialen Sprache*, mit zwei Beiträgen von Ulrike Spee und Willibald Steinmetz sowie einem Nachwort zu Einleitungsfragmenten Reinhart Kosellecks von Carsten Dutt, Frankfurt: Suhrkamp, 2006, S. (287-308)305.

化之间的关系。这是一种辩证关系：每一种语言都是历史的，每一段历史都受到语言的制约。科氏坚信，这二者处在一种持久的、无法消除的张力关系中，或者说二者相互渗透。厘清含义的差异、矛盾、移位，是概念史的任务。他在为《历史学辞典：100 基本概念》（2002）撰写的词条《关键词：概念史》[①] 中说，历史总比概念的内容丰富，但也可能少于概念内容，就像语言所能表达的那样，或者多或者少，那都不是历史的真正含量。他还在《社会史与概念史》中说："一段发生的历史总是不同于它的语言表达，没有一种话语行为是历史行动本身，是它筹划、引发和完成的。"科氏承认历史上确实有过这种话语行为，且引发不可挽回的后果，比如希特勒下令攻占波兰。但正是这一史实能够显示二者的关系："历史的发生离不开话语，但从来不等同于话语，不能化约为话语。"

概念与事实的关系究竟是怎样的呢？这是科塞雷克一再探讨的问题。他在《概念的历史与历史的概念》（2003）一文中指出，单就逻辑而言，只有四种可能性能够成就概念与事物的轮替变化：（1）词语的含义及其所指称的事物，在共时和历时上都是一致的，如"共和""民主"的内涵，古今变化不大；（2）词语的含义没有变，但事物在发生变化，例如马克思主义视角中的"资本主义"概念；（3）词

---

① Reinhart Koselleck, "Stichwort: Begriffsgeschichte", in: *Lexikon Geschichtswissenschaft. Hundert Grundbegriffe*, hrsg. von Stefan Jordan, Stuttgart: Reclam, 2002, S. 40 - 44.

语的含义在变化,但所指事物没有改变,如"革命"的概念史所示;(4)事物和词义各奔东西,令人再也无法领会原来的说法,比如几百年历史中的"国家"概念。只有概念史才能弄清,某一事物或实在如何被套用上哪个概念。社会的变化导致概念反馈,反过来重新引发社会的变化,变化和反馈都将先前发展纳入自己的视野。因此,历史不能叙写为摆动于社会和概念两极之间的钟摆,而是周流反馈。科氏一再论及概念史与事物史的关系,并强调二者之间的差别:

> 概念与事实,二者各有其历史;尽管它们相互关联,却在以可见的方式变化着。尤其是概念变化与现实变化的速度不一,以致有时概念先于事实,有时事实先于概念。(《概念的历史与历史的概念》)

科塞雷克认为,语言变化与社会变化不相符的状况,缘于不同的时间结构。语言行为虽如历史事件,是具体的、一次性的,但比单个行为更经久,原因是语言能够积累各种历史经验。附着在概念上的意义层,连接着过去的经验(经验所聚积的含义是有限的,且约定俗成),随时可能被激活。科氏认为语言所包含的内容,总比一次运用中所能看到的更加丰富。不同意义的历时叠加,即概念的时间内在结构,让他得出语言比事件更具持久性的结论。由此,我们可以更深一步理解概念史推究含义差异的工作:概念史的追求之一，是查考所发生的历史与时人的相关语言表达的不同时序，并做出理论思考。在《关键词：概念史》一文中，科氏如此描述其概念史模式的任务：

> ［概念史］既追溯哪些经验和事实被提炼成相应概念，亦根究这些经验和事实是如何被理解的。概念史因此而在语言史和事物史之间斡旋。它的任务之一，便是分析历史进程中出现的概念与事实的吻合、偏移或抵牾。

科氏曾在前文所述与迪佩尔的对谈中谈到语言的惰性，论及 19 世纪，尤其是 20 世纪的一些灾难性大事——事发之时或发展过程中，因为时人的服从心理和语言，并未直接将之说成灾难。意识的形成是缓慢的，甚至需要几代人的时间；也就是说，语言的改变是缓慢的，它需要很长时间的积累。结合"长时段"中概念的特殊推动力，科氏指出各民族语言之间存在的差别，德语、英语、法语中不少概念有着完全不同的发展历程，例如神学在德语中的推动力，远比在法语中强劲得多，这可以在有些概念催生经验的历史中得到证实。

科塞雷克的倡导，无疑开风气之先。他要在概念史和社会史的二元结构所确定的考察框架中呈现和描述历史经验，并揭示其对社会现实的影响。可是，关于社会现实与概念之间的关系和制约，不存在普遍规律。科氏所坚持的二元论，必定会遭到质疑。同样很强势的话语分析方法让人看到，科氏没能充分说明作为社会行为的说话如何发挥作用。语言论转向之后的一些研究模式，超越了科氏二元论。一种新的理念是：行为的意义总是由语言表达事先设定的，并在语言兑现的框架内才能真正被理解。

科塞雷克的早期概念史阐释，既指向概念史，又指向社会史，但是二者的关系实际上是很松散的。《历史基本概念》几乎没有涉及社会状况与语言使用之间的互动是如何和为何促使语义变化这个重要问题，"含义"主要被理解为语言之外的指涉或关联，极少论及交流渠道中的具体运用。随着语言论转向和结构论转向的发展，科氏及其同人也将兴趣转向语言构建的"如何"和"为何"，逐渐意识到所有形式的社会"结构"（团体、阶级、社群、机构，乃至民族、人民和国家），总是在交流过程、语言行为或象征行为中变化和变样的（参见科氏论文《语言变化与事件史》，1989）。这种观点在当今史学界已经得到许多人的认同，但在当时却是对传统史学的一个巨大挑战。

继《历史基本概念》之后，赖夏特等人主编的《法国政治/社会基本概念工具书（1680—1820）》，更关注概念的社会代表性以及语言交流的实际场域，其中包括对不同文本类型的考察和对概念运用者的分析，旨在彰显概念运用的社会维度，拓宽与社会史相结合的历史语义学。科氏把政治、社会的重要概念视为历史的实际表征和推动因素，赖夏特则直接指向概念的实在基础，其依据是语言本身的社会性，把人看作语言性存在。《工具书》在某种程度上更成功地显示出它与老式思想史的不同，凸显群体语言运用的历史和场景以及群体思维方式。

无论是赖夏特还是科塞雷克的方法学反思以及新的倡导，都是对概念史批评者的积极回应。一种典型的批评是：概念史只是语言的历史，忽略了说话者的作用，尽管赖夏特依托于知识社会学的概念史方案在这个问题上已经有所变通。因此，有人提出将词语群的研究扩展为语义群研究，走向·论·证·史·和·话·语·史。这种与基本概念研究保持距离的做法，首先来自德国语言学家所倡导的话语史研究，其代表人物是布塞。他在其专著《历史语义学——对一个纲领的分析》① 中强调了自己的立场：既然不同的概念史研究方案都要求观照语境，那么就必须对话语和说话者做具体分析，将各种话语策略纳入社会场景；通过挖掘语言表述的社会性和历史性，描述社会知识的时代关联。

四、"复合单数""不同时的同时性"与现代概念的"四化"

（一）"鞍型期"的一个引人注目的现象是许多·中·心·概·念·的诞生，即某些概念从其多样性（复数）向单一性（单数）的过

---

① Dietrich Busse, *Historische Semantik. Analyse eines Programms*, Stuttgart: Klett-Cotta, 1987.

渡,科塞雷克称之为"复合单数"(德:Kollektivsingular;英:collective singular),也就是从前不可言说、无法想象的概念。

* 关于"复合单数"现象,科氏曾说:"我做概念史的起始,是发现复数历史概念如何变成单数概念。我在学生时代就探索过这种现象;后来还发现一张纸片,那上面第一次出现这个研究方案。之后的事实证明,这种复合单数现象也见诸自由、平等、进步、发展、解放等概念。这不是事先的设定,而是语言景观之变易。我只是在辞典[《历史基本概念》]编纂工作末期才完全看透这个问题。"(科塞雷克、迪佩尔:《概念史,社会史,被理解之历史——科塞雷克、迪佩尔对谈》,1998)

科塞雷克把"发展""进步""自由""平等"或"历史""革命"等总体概念称作复合单数,它们是对鞍型期形成的日益复杂的历史整体性的反思结果。这些概念的出现所体现出的语义变化过程,得以揭示之前不曾有、也不可能有的近现代经验。例如"自由"概念,原来只指很具体的自由,表示谁之自由或为何自由,后来变成复合单数,其容量超过了所有特权的总和,蕴含所有人都应有的自由权利和最起码的平等观念。这里所言观念,尽管已见之于早先的"自然权利"之说,而复合单数的助力,赋予其更大能量。平等思想对于"自由"有着关键意义。原先,"平等"只关乎具体事宜,后来成为一个响亮的口号,这当归功于法国大革命。又如"进步"概念,不再只是具体事物的进步,而可用来表示原先无法表达、不可思议的历史之进步。也就是从具体的、各种各样的进步,转变成理所当然的历史进步,即不同于前现代之复数进步。我们也可以反向思考这个问题:洛克(1632—1704)早就认为,抽象概念原先总有其具体含义。

在"科塞雷克-迪佩尔对谈"中,科氏认为,约有二十个关键概念(还有"国家""社会"等),获得了新的含义,亦即对于历史经验的新的阐释力。分析复合单数的形成,不仅在《历史基本概念》中处于中心位置,也常在总体思考历史语义问题和现代性结构理论的时候提供素材。复合单数的出现并成为历史主导概念,经历了不断抽象的不同阶段,这才有可能使概念一再吸收和聚合新的内涵与运用。科氏在其主编的《论现代世界的开端》(1977)一书的"序言"中说,研究鞍型期的诸多与社会转型密切相关的概念,也能为现代性理论做出贡献;概念史作为一种方法,可以阐释现代化过程。

我们可以稍微详细地用"历史"概念来说明"单数化":各种各样的事件、经历和发展过程,造就出自成一体的建构品——"历史",这一复合单数是抽象化和意识形态化的结果。科氏研究表明,"历史"这一充满意识形态的复合单数已经在1780年成型;此前的"历史"概念虽未消逝，但在18世纪获得了新的阐释空间。与"许多"（如"王侯""战争"等）历史不同，"历史"是一个认识概念，它不仅涉及历史事件及其关联，而且总是伴随着阐释。于是，"历史"的语义发生了变化，并获得两种含义："历史总和"和"历史反思"。"历史"概念在被当作政治论据时，得到了彻底扩展。同样，《共产党宣言》开篇所说的"至今一切社会的历史都是阶级斗争的历史"，无疑也是复合单数的典型事例：如果人们还像前现代那样把"历史"看作一个复数概念，那么马克思和恩格斯的这种说法则是荒唐的，因为以往一切社会的历史并不都是阶级斗争史。然而，视一切社会的历史为（一部）阶级斗争史，这一复合单数便是高度理论化、极具挑战性的概括，它连接经验和期待，具有催生经验的中心意义，与以往历史无多关联，却是社会关系如何变化的"表征"。这里也能见出复合单数这一语言现象在发展新的行动纲领时所具有的能量。"阶级"概念原先只是用来"划分"的中性表述，但在19世纪马克思主义社会模式的语境中获得了新的含义。此时，旧词获得新义，这会导致语言运用以及政治和社会之经验空间的改变。为新的社会分层而进行的斗争与选词之争联系在一起，这是一种为将来而进行的语义斗争。另一个显著现象是，概念的表达亦即组合可能性达到了惊人的地步，如科氏研究所示，"Zeit"（时代，时期，时间）和"Geschichte"（历史）能与约150个（德语）修饰语构成组合概念，① 经验能力借助语言而得到极大开拓。

科塞雷克主要从德意志鞍型期出发，且主要考察了德语发展史中的复合单数，这在某种程度上势必有其局限性。一方面，这里凸显出其他国家的语言发展是否也适用于此的问题，另一方面却给比较研究打开了空间。例如在《启蒙语言的诸多概念创新》（2001）一文中，科氏在复合单数的意义上指出，德语"启蒙"（Aufklärung）与法语"启蒙"（les lumières）的实际运用有着明显区别，后者总是更多感性成分；也就是说，Les lumières 同其他不少法语概念一样，不像德语那样必然导致系统性的复合单数。②

（二）如前所述，许多事件和历史被聚合、浓缩和抽象为"历史"。正是解读19世纪德国史的时候常被引用的"不同时的同时性"（Gleichzeitigkeit des Ungleichzeitigen）阐释模式，让人看到概念的重叠语义中聚合着不同时的经验和期待，即科塞雷克为《历史基本概念》撰写的"历史"条目中所言："不同时历史的同时性亦即同时历史的不同时性集于一个概念。"自17、18世纪起，欧洲社会生活中出

---

① Reinhart Koselleck, "Geschichte, Historie", in: *Geschichtliche Grundbegriffe. Historisches Lexikon zur politisch-sozialen Sprache in Deutschland*, Bd. 2, hrsg. von Otto Brunner, Werner Conze, Reinhart Koselleck, Stuttgart: Klett-Cotta, Bd. 2, 1975, S. (593 - 717) 647 - 717; Reinhart Koselleck, *Vergangene Zukunft: Zur Semantik geschichtlicher Zeiten*, Frankfurt: Suhrkamp, 1979.
② Ernst Müller/Falko Schmieder, *Begriffsgeschichte und historische Semantik. Ein kritisches Kompendium*, S. 289 - 293, 296.

现了不同步发展,法国大革命之后愈加显著。这一现象包含两种经验:一为"历时维度",即把过去不同时代的东西融入当下;一为"共时维度",即在当下不同文化和社会的比较中领略不同时代。这种同时共存是描述近现代特殊经验的历史理论。就概念史而言,不少概念在鞍型期的巨变,使新旧含义附着于同一个概念(重叠语义),很能说明"不同时的同时性"。

同科塞雷克的其他许多分析范畴一样,"不同时的同时性"这一说法的实际运用,无须说明其来源;这一公式化的时间经验模式,显然很适合他表达对历史时间的理解。这个概念毫无疑问受到社会学家曼海姆、艺术史家平德(1878—1947),尤其是马克思主义哲学家恩斯特·布洛赫(1885—1977)的启发。

* 何谓"不同时的同时性"?对于这个问题,一般会直接引用布洛赫的经典说法:"不是所有人都在同一个现今,只是表面上如此,今天能够看到他们,但他们还没有同其他人一样生活。一个人的肉身,尤其是阶级属性在哪里,就有其自己的时代。"[1] 布洛赫如此描述不同时的同时性,或曰"早先时代的遗存",语出他流亡瑞士期间发表的论著《这个时代的遗产》(1935)。他要用不同时的同时性来分析法西斯主义的起源,即纳

---

[1] Ernst Bloch, *Erbschaft dieser Zeit*, Frankfurt: Suhrkamp, (1935)1973, S. 104.

粹为何能于1933年在德国上台：芸芸众生之非理性的、浪漫主义的向后看，是不同时性的特征。纳粹充分利用了这一点，鼓吹过去的好时光，梦想打造千年帝国。

布洛赫认为，不同时的同时性是现代性的特征之一，社会进步的不同等次同时存在：并不是社会各处都以同样的方式经历了进步过程，进步成果也不是无远弗届，这就造成现代性的"歪境"（Schieflage）。布洛赫的思想缘于一种历史意识，即发展不是直线的，总有一些过去留存的东西让人继承，也就是不同时的东西被拖着走，德国便是"典型的不同时之国"。显然，这不仅针对德国国内发达的资本主义与前资本主义生产关系和意识形态的矛盾共存现状，布氏也在拿德国与英法这两个先行发展的资本主义国家做比较，那里的工业化带动了整个社会的转型。

我们可用一个文学形象说明这个问题：《堂吉诃德》是欧洲近代自述的佳作。对于塞万提斯的这部名著，已有不计其数的读法，但它肯定是"不同时的同时性"的典型事例。这部小说诞生于欧洲近代开端，可被视为还很年轻的时代的自我反思，思考新时代中此时此地的生存，以及已经终结或还在起作用的过去。为了生活在一个理想化的过去时代，堂吉诃德脱离了现实，或在告别现实，这是一个"新旧并存"的典型形象。

布洛赫为了分析时代危机而发展的"不同时的同时性"理论，早就成为探讨现代性自我认识的"保留剧目"(répertoire),深得人们的喜爱,人文社会科学或文化研究之较有分量的著述,时常结合此说来论述近现代市民社会。在晚近史学领域,"不同时的同时性"可粗略分为两种用法:一种是随口而出的套话,已视之为人尽皆知的现象,无须多加阐释;另一种是从这一视角出发,进一步挖掘和探讨问题。施勒格尔属于第二类,他在其专著《老式信仰与现代世界:欧洲基督教的变革(1750—1850)》中指出:"不同时的同时性,即深刻的社会现代化与传统的社会形式和看问题的模式,二者相伴而行,这是转型社会的特征,其形制和现代性还很模糊。"[1] 施勒格尔所论述的技术进步、理性和对现代性的拒绝之间的关系,即不同价值观的并存现象,正是发生在科塞雷克所说的"鞍型期"。

科塞雷克的"不同时的同时性"或曰"同时的不同时性"阐释模式,与"鞍型期"假设密切相关,是他以时间概念为核心的历史认识之中心范畴。其前提是特定历史时期从渐变到剧变的"断裂经验",也就是人们所怀有的事过境迁的感受。在科氏那里,不同时性有着各种形式,发生在不同层面:见之于各种社会生活之间(例如科学-技术、伦理-社会、艺术-思想的不同发展),不同的人口之间(世代、社会阶层、工业国和发展中国家的人),不同的时间形

---

[1] Rudolf Schlögl, *Alter Glaube und moderne Welt. Europäisches Christentum im Umbruch 1750–1850*, Frankfurt: S. Fischer, 2013, S. 158.

式之间（过去和未来，自然时间和历史时间，史前和历史时间，各种历史时间经验）。

科氏认为，传统与现代性纵横交错，宛如两大地质板块的交汇，他称之为"时间层"（Zeitschichten）。他在《时间层——史学论文集》（2000）的"导论"中，把"不同时的同时性"称作"最具启发性的历史现象之一"。在他眼里，这个研究视角的特殊魅力，在于它能追溯历史中各种碰撞的起因，即见诸不同时间层的紧张关系和裂痕，也就是冲突的潜在源头。此外，它还是不同时期各种特定因素的汇聚点，可在相互参照以及它们的张力关系中加以考察。

"不同时的同时性"关乎源于不同时代的力量的对峙，它不是历史因果解释模式，亦非文明与野蛮、好现代与坏传统的优劣之分，而是首先涉及"已经""尚未""依然"意义上的时间相交、互渗、并行、叠合。"不同时的同时性"之矛盾，说的不是任意一个历史时期的停滞的社会状况，而更多地指向近代以降一再出现于社会的不同时性本身，即社会发展过程中的历史印记。矛盾不是固定的、静态的，而是受着历史步伐的强力驱使。对此，科塞雷克在其《"近代"：论近现代几个运动概念的语义》（1977）一文中指出："在前进事态中，不同时的同时性成为所有历史的基本经验，19世纪的社会和政治变迁增强了这一公理，体现于日常经验。"[①]

---

① Reinhart Koselleck, "'Neuzeit'. Zur Semantik moderner Bewegungsbegriffe", in: ders., *Vergangene Zukunft. Zur Semantik geschichtlicher Zeiten*, Frankfurt: Suhrkamp, 1979, S. (300 – 348)325.

在科塞雷克眼里,历史有着不同的时间层,也就是过去、现在、未来之时间结构。他曾在多篇文章中指出,概念史实为概念之时间史。政治和社会的基本概念,都蕴含着过去的经验、现在的体验和对未来的期待;并且,它们随着历史时间的变化而变化:现在是过去的未来,未来是期待所要造就的现在。这就生发出科氏分析概念时所依托的两个重要范畴:"经验空间"与"期待视野"。前者作为过去的留存及现实体验,融汇着过去与现在的实际认知;后者则是基于特定现实的展望或空想。科氏认为,任何历史时间都离不开这两个范畴。[1]

"过去的未来"即"现在",这一"时间层"极具创意。也在《时间层》中,科塞雷克将其历史分层模式与语言研究方法结合在一起综合考察:语言运用与一次性、情境性的事件有关,语义变化较慢,有时需要几代人的时间,句法变化更慢。科氏认为概念史较能用来考证语义变化。通过对一个概念之历时深层分布的分析,可以见出长时段的结构变化;同时,这种方法亦可揭示某一事物淡出过程中的旧词义退场,以及同一个词的新内涵的出现。需要指出的是,科氏把得益于地质学的时间层比喻,用于"不同时的同时性"研究方案,或许会让人产生"化约"之感,即把意义变迁看作词语含义在时间上的先后排列。这种先/后时间分割会忽略一些关键点,例如产生于不同时间的语义

---

[1] Ernst Müller/Falko Schmieder, *Begriffsgeschichte und historische Semantik. Ein kritisches Kompendium*, S. 312-314.

之共存。

（三）以"时代化"为中心的"四化"。前文论述中可以见出，基本概念一般都走过由"前政治"含义经"政治化"到"意识形态化"的发展阶段。对科塞雷克来说，"现代性"及其语言表述，具有影响社会和自我意识的四大特征，即他在《历史基本概念（第一卷）》的"导论"中所说的"四化"，此乃衡量"历史基本概念"的重要范畴：

（1）民主化（Demokratisierung），即等级制度的解体，导致政治和社会重要概念走出上层等级，政治语言和术语从社会上层走向新的阶层，不再集中于少数阶层。重要概念之跨越阶层的接受和在各社会阶层中的运用越来越多，越来越抽象。概念运用的灵活性日益增长，淡化了概念内容的等级特色，扩大了概念的影响范围。另外，特定概念对不同社会成员的重要性发生偏移。（2）时代化（Verzeitlichung），即特定概念显示出历史哲学走向、时代特性和发展过程。它不再囿于等级制度影响下不断重复的传统语言运用，经验世界的加速发展和时代化还使它包含历史期待。特别醒豁的是诸多同"主义"合成的新的表述形式，通过推测或幻想等历史哲学思维，打开了历史的未来时空，且可有不同解释。简言之，新的概念具有明显的开放性和目的性，语义中融合了经验、期待和过程。（3）可意识形态化（Ideologisierbarkeit），即概念变成政治工具时，不但其抽象程度会增长，而且还会更多义、更模糊、更空洞，从而可能成为各种意识形态的工具。("可意识形态化"中的"可",既表示"可能性",亦有限定之义,即不是所有概念都可被意识形态化。)基于不同的阶级和利益,各取所需地选择投其所好的用法,甚至相反的语义,并不断把一再扩展的政治和社会概念用于各种论战。(4)政治化(Politisierung),即概念具有现实政治目的,社会的多元化使概念和术语增加了语言操纵的可能性,这个范畴涉及语言的运用策略。这里需要关注一个概念及其对立概念的争斗价值,以及如何炮制口号,如何划分敌我及其意图。此外,口号式的概念时常带着期待和目标的内涵。

科塞雷克认为,上述四个范畴并非界线分明,它们时常相互指涉。其认识论意义和主要功能是区分现代术语与法国大革命前的术语之间的差别,但也不一定总能灵验。其中,民主化和意识形态化在19世纪下半叶尤为突出,但"时代化"(近似"历史化")具有特殊意义,或曰统领性。它是鞍型期之语言变化的结构性特征之一,有时也被看作历史语义学的核心。科塞雷克于1975年在法国社会科学高等研究院(EHESS)所作的演讲"概念的时代化"(文章发表于1997年)中指出,整个政治/社会语汇充满了运动和变化系数,这是运用"时代化"假设的时候常见意外的原因。并且,确认时间的意义,不只局限于那些与时间有关的情态。"时代化"概念不仅可被视为关键的、确定鞍型期的元范畴,它还是"四化"中唯一超出鞍型期上限,关乎早期近代以降之概念发展的范畴,例如科氏在《概念的时代化》(1997)中精到地分析了培根(1561—1626)的语言运用。

如此,时代化概念跨越两个不同的时代:第一个时代起始于1500年前后,原先那种周而复始的循环时间概念逐渐消失;第二个时代亦即鞍型期,起始于1750年前后,其新的确认标记便是"复合单数",科塞雷克视之为描述时代化过程的极佳范例。他多次把这两个时段的语义特征之间的关系放在历史关联中加以考察。在他看来,1500年至1800年的历史变化,最终出现了加速态势,并成为现代世界的标识。"现代"概念和与之相连的"快速",被用来描述历史发展中的一个全新的阶段,"进步"和"快速"从而成为真正的时代范畴。科氏认为,时代化不仅是现代性的一个元理论,也在很大程度上决定了概念本身的语义,基本概念是时代化的索引。或可略为夸张地说,概念史之所以成为把握近现代历史的方法,正在于近现代基本概念中弥散着时代化和时代气息:时新,时兴,风行。①

科塞雷克所运用的"时代化"概念,有着不同的意义和功能,也存在龃龉之处。他的时代化之说曾遭到一些批评,例如有人说他为了强调时代化命题,有意偏重狭窄的史料,遮蔽了其他一些同时存在的时代观念;又有人说他的时代化之说过于笼统,因此要求翔实甄别时代化意识的不同形式。尽管如此,我们必须说,科氏成功地抓住了现

---

① Ernst Müller/Falko Schmieder, *Begriffsgeschichte und historische Semantik. Ein kritisches Kompendium*, S. 284 - 289.

代历史思维的基本特征。对于 18 世纪以来变化着的时间概念,他又在概念史语境中增添或细化了进步理念、速度经验和时光短促等维度。

五、 经验和期待的联动,表征和因素的并行

(一)"经验空间"和"期待视野"

概念史开辟了通向经验史的途径,概念的语义嬗变缘于变化了的历史和时代经验,新的认识首先将历史发展视为变化和运动。经验是当前的过去,事件已被汲纳、可被回忆,经验和概念紧密地联系在一起。过渡社会的一大特征,是人的经验及其解释方法的惶惶急变。传统经验模式的变换,伴随着对新的经验模式的寻找,并有意义地把握经验变化。科塞雷克在《"近代"——论几个现代运动概念的语义》(1979)一文中指出,新的过渡经验之显著特征,主要来自两个特殊的时代现象:其一是相信未来的不同寻常,其二是时代经验之快速的变化节奏,使得当代有别于前一个时代。当时的流行看法是,人们生活在一个过渡时期,新鲜事和出人意料之事层出不穷。

在科塞雷克看来,任何历史都是由行动之人的经验和期待构成的。根据科氏"概念解剖",那些进入现代门槛的鞍型期基本概念,脱离了往昔的经验空间,拓展出新的期

待视野。

> * 科氏认为,"经验空间"(Erfahrungsraum)是积淀着往事的今天,"期待视野"(Erwartungshorizont)则指向未知,只可推测不可体验;换言之:"经验空间"连接过去,"期待视野"面向未来。没有经验就没有期待,没有期待亦无经验可言,当代则是过去与未来的连接点。"经验空间"与"期待视野"的能动关系是延续历史意识的保证。在史料研究的基础上,科氏断言,人们的"经验空间"和"期待视野"之间的差距在鞍型期之后越来越大,未来不断让基于经验的设想失望。可是,从伏尔泰、康德到黑格尔和马克思的历史哲学,却都有过美好的希望:无论是进化还是革命,一切都会向好的方向发展。(参见科塞雷克:《"经验空间"和"期待视野":两个历史范畴》,1975)

科塞雷克建构"鞍型期"的一个中心立论是,近代以来的经验和期待之间的差距越来越大;确切地说,近代之所以为新的时代,正在于各种期待越来越与以往的所有经验相背离。远洋扩张以及科学和技术的更新,是经验空间与期待视野扞格不入的社会史前提。新的发展带来新的经验,即不是从历史演变而来的经验,这又成为过去不可能有的新期待的起点。于是,概念不再只以传统尺度来衡量现实,而是越来越多地指向未来;其结果是,许多概念的经验内涵逐渐减弱，塑造现实之政治诉求的分量越来越重。由此，概念的参与或介入特征凸显而出，例如"共产主义"或"人类命运共同体"，这些概念并不直接与现实经验相关联。

> * 关于经验概念的诠释学论述，科塞雷克可以从他的老师伽达默尔那里习得。而他的"期待视野"之说的来源，似乎也被证实，出自曼海姆的《变动时代的人和社会》（1935）一书；与"期待视野"相关的乌托邦概念，亦见于曼氏《意识形态与乌托邦》。科塞雷克关于经验空间与期待视野之分途的命题，与里特尔在其黑格尔论中关于来源和未来彼此相悖的著名分析有着相似之处。

概念时常走在事件的前头，预见或让人感受到后来的事件。基本概念往往能够体现基本特色、信念和抉择。所有基本概念都有一个共性，即它们不只建立在对于经验反思的基础上，同时也在表达愿望，意在社会、政治或宗教的变化，因而也在指引认识和行动，此乃概念记录经验和催生经验的功能。这里说的是现代西方的那些典型的"催生经验的概念"（科塞雷克）：与其说是对经验的回溯和记载，毋宁说是借助概念来预设将来。早在启蒙思想对语言的理解中，可以见出语言和想象力是不可分的，解释新的想象也就意味着创造新词（新造词）。我们在此可以看到事实在先、概念在后与概念在先、事实在后两种现象，它们分别体现"真实"历史同概念生成之不同的时间顺序。

科塞雷克看到的一个关键问题是，经验空间和期待视野之间的巨大落差，才使概念史研究成为可能：概念史的任务是重构语义内涵的转变，查考概念之间的差异或趋同，揭示概念之不同的历史意义层。经验与期待的非对称性，本身就是那个变革时代的认识成果。经验与期待之间的断裂现象，彼时体现于时人关于名实不符（词不达意）的各种思考。例如在鞍型期，柏拉图和亚里士多德之后对贵族政体、君主政体、共和政体的通常划分，基本上已经萎缩成两种形态，前二者在民众眼里没有本质区别。在欧洲古代和中世纪时常涵盖各种国家形态的"共和"概念，后来同"民主"紧密相关。政治概念要在改变了的社会生活中发挥作用，就必须重新界定其含义。科氏用"经验空间"和"期待视野"这一对概念来观照这种历史转变，包含概念的时代化。

在这种经验解释中，语言的解释形式具有关键意义。比如在法国大革命时期，语言在人们理解和把握急剧的经验变化时获得了新的能量。1789年之后的经验，让时人感到许多传统概念越来越不合时宜，并逐渐生发概念之时代性的意识。科塞雷克在其丰硕的历史研究中（他的最大成就在于个案研究），缜密地考察了时代意识如何在鞍型期发生了变化。以1789年为分水岭，不同时代经验的叠合和发酵，缘于传统概念的桥梁作用，它在某种程度上将概念之新旧含义的对接带入新的经验空间。阐释模式的变化，蕴含着人们对深刻的社会和文化断裂的意识，告别过去、面向未来的当代获得了新的品质。在具体语言运用中，概念既是思想的前提，又会引发思想。科塞雷克因此把概念的启示意义（福柯所说的"催化功能"与之相似）视为反思问题的钥匙。

（二）作为"表征"和"因素"的概念

科塞雷克从构成意义和结构史视角出发，倡导对于语言内外之事件关联的双向思考："表征"（Indikator）和"因素"（Faktor）。"因素"是概念通过利益交关的语言行为来重新评价和谋划现实的功能，"表征"这一源自技术和化学的比喻，则把概念看作社会结构变化的显示器。换言之：概念从来不只是供史学家解读时代变迁的"表征"，概念还是承载历史、推动历史的"因素"；"进步""自由"等概念，甚至连"历史"概念本身，并为历史发展的"表征"和"因素"。科氏坚信语言的塑形能量，事件或历史不但被融入概念，概念也直接塑造历史。

"表征"和"因素"相辅而行，不存在孰高孰低的问题。或者说，科氏观点呈现出一种二元论，二者之上没有统辖范畴。同"历史"概念相仿，今人眼里理所当然的那些"复合单数"，如"自由""平等""解放""革命""进步""人类""社会"等，都是在欧洲18世纪中期之后的社会和政治强震期产生的，是世事变迁的"表征"和"因素"。这些概念在鞍型期之语义变迁后的含义，在前现代是无法理解、难以想象的。于是，人们会在不同场景中根据自己的理解来运用一些抽象概念，或者一再做出新的阐释。对史学概念史来说，重要的是在历史"中心概念"的意义及其变化中找到历史意识的佐证（"表征"与今人常用的"痕迹"有相似之处），尤其需要关注的是那些推动语义发生巨变的年代。"只有在对语言作为表征和因素的双重把握中，概念史方法才会生成其特有的研究领域。"[1] 并且，概念史在表征和因素的层面上考证概念及其语义生成过程，不仅有社会史，且有理论史之维。

在政治话语中，人们在建构某种世界图景时，也在建构语言。17 和 18 世纪的"公民"概念，是市民社会谋求解放的斗争概念。此时，政治概念不再只是描述性的，人民（而不只是政治哲学家）对政治概念的运用，使其获得了诉求的意蕴，它们成了目的明确的政治认同。这是"斗争概念""行动概念"或"目标概念"产生的土壤。概念时而也会预见历史，就像"公民"（citoyen）概念所显示的那样：狄德罗将"citoyen"收入《百科全书》，把它同"bourgeois"（资产者）区分开来。可是直到法国大革命时，"公民"概念才获得有血有肉的内涵。对同一个概念的不同理解以及该概念所具有的不同品质，体现出不同社会的需求和追求。

---

[1] Heiner Schultz, "Begriffsgeschichte und Argumentationsgeschichte", in: *Historische Semantik und Begriffsgeschichte*, hrsg. von Reinhart Koselleck, Stuttgart: Klett-Cotta, 1978, S. (43 - 74)45.

法国、德国或英国的"公民"概念（法：citoyen；德：Bürger；英：citizen），若考察它们各自在实际运用中包含何种想象和附加含义，便可发现极大的差异。

"表征"和"因素"的双重思考，也是科塞雷克概念史理论中最具争议的问题之一。就表征功能而言，科氏的因果阐释模式中存在龃龉之处。他一再强调，历史语义分析是要揭示概念背后的事物史。可是这有可能化约概念史，即根据事先的分析去寻找反正早就知道的合适的历史材料，仅把唯有使用过语言的认识看作历史事实。不能否认的是，（非语言）事件和语义之间亦有诸多关联，"表征"只是抽象、间接地显示物与概念之间的关系。总的说来，科氏把握语言与实在之间关系的诸多思考，终究还是不很确定，他常说的是"话语和事物相互指涉"、言语具有"提示性"等。

科塞雷克的另外一些概念史思考，避谈词与物的关系，起始就远离"因素"和"表征"这对概念。此时，他主要关心和思考的是概念史连接文本（语言出典）与政治、社会现实的功能。他曾试图把对"表征"和"因素"的辨析以及它们与事物的关系引入概念史的时间结构：每个概念既是一次性、情境性的，又是历时语言库中的可重复概念。[1] 科氏如何强调"概念"在历史进程中的个性，见于他的一个走得很远的观点，即否认历史中心概念本身的历史

---

[1] Ernst Müller/Falko Schmieder, *Begriffsgeschichte und historische Semantik. Ein kritisches Kompendium*, 310-311.

可变性:"历史概念"是特定时代、特定思想以及事物发展中生成的概念,永远只对产生特定概念的时代有效,带着产生时代的语境,从而不再发生变化,因为催生概念的时代语境总是独一无二的。概念一经生成,与词语相连的现象便不再变更。这个观点(如本书已有论述)同他解释尼采对概念的看法相通:"概念没有历史,它们蕴含历史,但没有历史。"他在《宪法史纂的概念史问题》(1981)一文中说:

> 一个概念所表达的意思一旦确立,这一概念便脱离历史变化。亚里士多德的"城邦"(polis)概念或西塞罗的"共和"(res publica)概念,依然是独一无二的,即便它们是持久的,或可以重复的概念。这样一个作为词语或许早已存在,但经过专门深思熟虑而获得的概念,不会再有变更。被概念所把握的事物以后可能发生变化,从而引发后来与之相应的概念形成,以及随之而变的事实状况。然而,一旦形成的、具有特定含义的概念,本身不再变化。

另举一例:亚里士多德的"$πολιτεία$"(Politeia:政体,政制)概念,只关涉公元前5—4世纪的希腊政治实在。这一词语当然可以用于后来的其他相近现象,然而亚氏概念所关联的雅典政制的历史实在是独一无二的。"把一个概念之独一无二的形成及其特定情形中的可重复运用、因而历时长久的理论内涵聚合起来,这是概念史的方法论目的。"① 科塞雷克对于特定概念的历史单一性和可重复性所做的思考,当对语言具有普遍意义:

> 独一无二却可转让,这不只是亚里士多德式概念的特性。这一双重视角已在每种语言之中:既可表达绝无仅有亦即此时此地(hic et nunc)的意思并将其概念化,同时也可不断汲取它的可重复性,否则就根本没有理解可言,或曰"没有概念"。特别需要指出的是,一切语义都是双面的,一面是语言表述可以重复,一面是直接的、具体的运用形式。可重复性注定了语言的巨大语义能量,历史单一性则见于运用。(《宪法史纂的概念史问题》)

六、 词语与概念之辨,语用和语境中的含义

科塞雷克说,"历史基本概念"不是史学的专业表述,概念史方法的指归"既不是词语史也不是事件史,既不是观念史也不是问题史。概念史自然会借助于这些研究取径,

---

① Reinhart Koselleck, "Begriffsgeschichtliche Probleme der Verfassungsgeschichtsschreibung", in: ders., *Begriffsgeschichten. Studien zur Semantik und Pragmatik der politischen und sozialen Sprache*, mit zwei Beiträgen von Ulrike Spee und Willibald Steinmetz sowie einem Nachwort zu Einleitungsfragmenten Reinhart Kosellecks von Carsten Dutt, Frankfurt: Suhrkamp, 2006, (365 – 401) 399.

但它首先是历史的、批评的"。此时，词语史自是"一个切入点，因为所有考察都得先从那些表述政治和社会重要事实的词语入手，或者，它们蕴含着相应的经验、思想或理论胚胎"①。概念可被视为话语的结晶，同时也是习惯化思想的符码或记号。从根本上说，科氏所言概念，就是具有特殊历史意义的词语。在研究中，一方面要甄别原始材料并厘定场景，另一方面要区分语言史和概念史：语言史分析词语，概念史探讨概念。

科氏概念史方案对"词语"和"概念"做了区分，尽管这一区分对于语言学、符号学和认识论来说都是成问题的。在科氏眼里，词语与概念的区别，在于二者的多义性是不一样的。尽管词语可能会有不同含义，但它们所指明确，定义使其含义显然。概念则是无法明确定义的词语，如科氏在《历史基本概念》第一卷"导论"中所说，一个词语因其多义而有确定性，一个概念却非得保持多义才是概念。换言之：一个多义词在具体运用时（取其之一）是明确的，而一个概念只能是多义的。"多义性"是科氏判定"概念"的标准，它可能与一些词语的多种义项有关，但不认可约定俗成的定义，而是指向实际经验和经验关联。他在《概念史与社会史》一文中说，虽然概念和词语相互关联，但是概念作为具有特定历史意义的词语，是区别于"一般词语"（"纯粹词语"）的"特殊词语"，远比词语

---

① Reinhart Koselleck, "Einleitung", in: *Geschichtliche Grundbegriffe. Historisches Lexikon zur politisch-sozialen Sprache in Deutschland*, Bd. 1, S. X.

丰富。

词义与所指可以分而论之，可指这可指那，就像孔狄亚克（1715—1780）曾试图表明的那样，一个含义可以出自另一含义。而概念的含义和所指却混为一体，原因在于历史事实的多样性融入了一个词语的多样性，也只有在一个词语中得到把握和理解。科塞雷克认为："一个词的含义总是指向意指之物，无论是一种思路还是一种情形，或者其他什么东西。尽管含义附着于词语，但是词义也来自口头或书面语境，同时源于它所指涉的情境。如果所用之词的意义关联全都融合进该词，它就变成概念。概念附着于词语，但它不只是词语。"如此看来，概念与一般词语不同，它是"（不同）历史实在之多种含义之聚合，并融入词语。[……] 词义可以通过定义来准确界定，而概念只能被阐释"①。换言之，概念是不同含义和理由之减缩的代码或记号；鉴于其多义性，概念是不可定义的，只可阐释。并且，概念是多义的，因而往往是有争议的。

显然，科塞雷克对词语和概念的区分，不同于语言学的做法；换句话说，科氏"概念"不属于语言学范畴，而是思想范畴和分析范畴，是阐释历史的方法。与语言学中的语义学所设定的前提不同，概念史视概念为历史中的经验与期待、观点与阐释的联体。概念聚合着历史经验的多样性，聚合着关联中的大量理论和实践，它们也只有在概

---

① Reinhart Koselleck, "Richtlinien für das Lexikon politisch-sozialer Begriffe der Neuzeit", in: *Archiv für Begriffsgeschichte* 11(1967), S.(81-99)86.

念中得到表现和感受。

伯德克在《对作为方法的概念史的一些思考》①一文中认为，科氏概念史研究方法的基石，是对词语和概念做出区分，而且又从中区分出"基本概念"，这是颇为棘手的。不少人批评科氏对词语和概念的区分，认为其落后于现代语言研究与语言分析哲学的观点。批评者尤其诟病"基本概念"这一范畴的不确定性，有人甚至带着讽刺的口吻说，"基本概念"唯一不变的定义是其被收入《历史基本概念》。霍斯特曼早在《基本概念的范畴——对于相关讨论的几点意见》②一文中指出，纯粹从语言学来说，"基本概念"和"概念"没有区别，他建议更多地查考基本概念的实用范畴。

《历史基本概念》编纂早期，就有人对概念史研究方案的可行性提出批评。针对这类批评和强势的话语分析方法带来的压力，科塞雷克在后来的思考中颇多强调基本概念的分析范畴：基本概念的首要特征是其对于观察和解释社会、政治状况时的不可或缺；由此而出现第二个特征，也就是基本概念的争议性。不同话语群体为了自己的利益而力争话语权，因而各取所需地突出基本概念的不同阐释视角。以"人民"这个抽象概念为例：确定"人民"的属性有

---

① Hans Erich Bödeker, "Reflexionen über Begriffsgeschichte als Methode", in: *Begriffsgeschichte, Diskursgeschichte, Metapherngeschichte*, hrsg. von H. E. Bödeker, Göttingen: Wallstein, 2002, S. 73－121.
② Rolf Peter Horstmann, "Kriterien für Grundbegriffe. Anmerkungen zu einer Diskussion", in: *Historische Semantik und Begriffsgeschichte*, hrsg. von R. Koselleck, Stuttgart: Klett-Cotta, 1978, S. 37－42.

着完全不同的形式，谁属于人民或不属于人民，充分体现出对概念的争夺也是对话语权的争夺。

科塞雷克一再强调语用研究。他的最后一部文集《概念史》（2006），带有回顾和总结性质，其副标题是"政治/社会用语的语义和语用研究"，很能体现词语含义和词语运用之间的关系。其实，强调语用的重要性，已经见于《历史基本概念》的编纂方案，但在康策主导该项目时期，出于对概念运用在交流中的争议性的思考，至多只重视某种用法的起源。科氏语用研究的中心论点是，概念总在概念网络之中，不观照对立概念、上位概念、下位概念、平行概念、伴随概念、辅助概念等，便无法分析和理解单一概念。一般而言，概念不可能是孤立的，而是存在于某个概念体系中，诸多概念互为语境、相互阐释。再者，概念必然连接着一系列文本和具体交往情形，只有在具体运用中见出含义，即维特根斯坦在其《哲学研究》（1953）中所探讨的"意义即用法"或"用法中的意义"，或在语言"游戏"中理解游戏。科氏概念史是探讨现代性起源的工具，不仅关乎政治/社会概念的内容，而且或首先探索其功能。他在挖掘概念的语用维度时，细分了各种概念类型和功能，如认同概念、行动概念、期待概念等。

语用和语境密切相关，科塞雷克尤为关注"语境"。他竭力同传统的思想史保持距离，并努力开创一种思想社会史。①从这个意义上说,概念史真正谋求的是"语境化",注重概念在历史语境中的意义生成,探寻一些特定概念为何得以确立,维系着什么样的想象天地,排斥、遮蔽或揭示什么,谁以何种意图将之纳入政治话语,它们如何在公共领域走红,如何成为政治和社会术语,并包含何种未来设想。换言之,关注语用和语境的概念史所要问的是,何人、何时、何地、为何、为谁、如何理解一个概念。查考历史之维,终究为了弄清概念的真义。法国大革命时期的政治活动家和记者巴贝夫(1760—1797)早就看到语境的重要性,即语义之不同的隐含意义,同样的词语在宫殿中和茅屋里的意义是不一样的。②

概念史在分析词语运用时,尽力进行语境化处理,且主要出于两个层面的认识意图:第一层是分析概念的具体运用,第二层则要揭示概念运用时的具体政治状况或社会结构。概念史从来不只是概念的历史,不只是概念的发展本身,不只拘囿于文本,不只单单钩稽概念的演变,而是力图挖掘概念的语义结构,通过考察语境来确认特定概念的建构能量。任何新词或概念,都不可能不从当下或传承下来的语境中获取意义。此外,研究者还要在词语层面上探究概念的语义和语用潜能,这个问题涉及概念之特定运

---

① Hans Erich Bödcker, "Auspragungen der historischen Semantik in den historischen Kulturwissenschaften", in: *Begriffsgeschichte, Diskursgeschichte, Metapherngeschichte*, hrsg. von H. E. Bödeker, Göttingen: Wallstein, 2002, S. (8-27)11.
② Ernst Müller/Falko Schmieder, *Begriffsgeschichte und historische Semantik. Ein kritisches Kompendium*, S.33.

用的历史先在意义,即某个现有概念的可能性和规定性。同时,政治/社会语义也取决于话语群体和说话者的利害关系,考察这个问题便会自然而然地进入话语分析。①

---

① Ernst Müller/Falko Schmieder, *Begriffsgeschichte und historische Semantik. Ein kritisches Kompendium*, S. 296 – 300, 318 – 320.

第二编

第四章　福柯的知识考古：
话语之外无他物

一、书写问题化的历史，或话语考古与观念史的对垒

《历史基本概念》最初几卷出版之后，也就是 1970 年代中期以后，围绕概念史的讨论明显增多，其中涉及概念史同诸多传统方法的关系。若说科塞雷克社会史取径的概念史与传统观念史划清了界限，那只是纲领或理论；不少批评者认为，科氏概念史在很大程度上并未真正进入"社会知识"，终究未能完全兑现其社会史诉求。随后出现的一些理论思考和实践，主要发生在其他国家，依照其他传统和方法，撇弃传统的诠释学方法。法国的发展，尤其是福柯（1926—1984）的话语分析，使法国传统中的心态史获得了新的活力和现实意义。

作为二战后产生重大影响又极富争议的学者，福柯的

著作对诸多人文社会学科产生了深远影响。① 他常被看作后结构主义者和后现代主义者,但他拒绝此类标签。② 无论如何,对于观念史的批判,几乎谁也比不上福柯的批判所发挥的巨大作用,它在很大程度上为人文科学的文化研究转向做出了贡献。不少人正是受到福柯的启发,探索各种新的研究方法,旨在从经验层面考察历史话语,挖掘前现代(或者其他)原始文本中的关键词语,重构被纯粹的诠释学阅读方法所忽略的语义网络。话语分析使语言论转向深得人心。但从20世纪末以来,"话语"概念在新文化史和日常语言中的运用越来越模糊。

美国左翼文化理论家伯塞尼认为:"福柯是一个卓越的权力哲学家。在当代思想家中,无人能像他那样独到地分疏各种历史束缚,即我们也生活在其中的束缚,并对之加以阐释。"③ 福柯热衷于人类学和社会学主题与方法,喜于

---

① 根据伦敦经济学院(LSE)2016年的研究报告,福柯的《规训与惩罚》和《性史》的征引率,二者相加为十多万次,跻身有史以来社会科学领域被征引最多的二十五部著作,参见: May 12th; publishing, 2016 | Academic; Citations; Impact; Comments, LSE comment | 65(12 May 2016). "What are the most-cited publications in the social sciences (according to Google Scholar)?". *Impact of Social Sciences*. Retrieved 10 July 2019: https://blogs.lse.ac.uk/impactofsocialsciences/2016/05/12/what-are-the-most-cited-publications-in-the-social-sciences-according-to-google-scholar/.
② Gibson Burrell, "Modernism, Postmodernism, and Organizational Analysis: The Contribution of Michel Foucault," in: *Foucault, Management and Organization Theory: From Panopticon to Technologies of Self*, ed. by Alan McKinlay & Ken Starkey, London: Sage, 1998, p.14.
③ Leo Bersani, "Michel Foucault: Philosopher of Power," in: *Washington Post* (15 March 1981). Retrieved 10 July 2019: https://www.washingtonpost.com/archive/entertainment/books/1981/03/15/michel-foucault-philosopher-of-power/3cc27899-6c0f-4b60-a8a5-007e112ef9ae/?noredirect=on&utm_term=.8f10f51-c948a.

关注各种非传统、非经典的话题与关系，并重新定义史学边界：注目于看似无联系之物之间的联系。他的研究主题大致有监狱、癫狂、性、道德、话语、自我、权力以迄人类社会的各种知识。他在《知识考古》（*L'Archéologie du savoir*，1969）的"导引"章节中说，他的研究亦在于克服观念史套路。福柯的重要思想源泉来自以"非连续性"概念为基准的认识论和科学史（巴什拉，冈吉雷姆），以及阿尔都塞（1918—1990）的意识形态理论，尤其是他所强调的意识形态的物质基础。其他重要来源还有索绪尔和人类学家列维-斯特劳斯（1908—2009）的结构主义，拉康（1901—1981）的心理学，以及罗兰·巴特（1915—1980）不注重作者意图，而是注重文本可能性的文学理论，当然还有年鉴学派的心态史。

福柯批判观念史的首次出击，见于《词与物：人文科学考古》（*Les Mots et les Choses：Une archéologie des sciences humaines*，1966）。他试图揭示存在却不知觉的知识，即不为研究者所意识，却属于学术话语之组成部分的知识。那是文化中超然于个体的最基本的代码，操控着语言、认知、交往、价值和行为。《词与物》的旨趣是，论证18—19世纪转折期的秩序代码的深刻变化。这与科塞雷克和卢曼（1927—1998）的研究取径是相通的。尤其是卢曼的四卷本著作《社会结构与语义学》（*Gesellschaftsstruktur und Semantik*，1980/1995），与福柯的话语分析一样，关注点不在语义"表层",而是造就表层的"结构"。①

知识考古方法在福柯思想中至关紧要,几乎贯穿福柯思想的始终。这一方法已经淋漓尽致地见于他的成名作亦即博士论文《疯癫与文明:古典时期疯癫史》(1961),《临床医学的诞生》(1963)亦为知识考古的杰作;但系统的方法论的问世,却要等到 1969 年出版的《知识考古》。在该著中,福柯试图回应别人对《词与物》的评说,对早先的研究,尤其是《词与物》所尝试的新方法做系统论述。他对考古方法的期待是,不仅要以之取代观念史,更要把观念史作为研究对象并揭示其结构。福柯并未批判观念史的某些代表人物或典型研究,更多的是把观念史看作与考古方法完全相悖的思维形态。他在《知识考古》第四章第一节中分析考古方法与观念史的关系时指出:考古方法就是系统地拒绝观念史的假设和程式,书写别样的历史,看人们究竟说过些什么。他所关注的是一切所说的和所写的东西,钩稽特定时期、特定语境的特有话题,及其有规则的言说方法。这种与传统观念史迥异的研究主题和原则,无疑是对西方形而上的历史观亦即宏大哲学基础的彻底批判。他对经典观念史的全盘背弃,亦表现在他对"作者""作品""科学"或"文学"等概念之所有传统观念的非议。

福柯认为,观念史的重要主题是起源、连续性、整体性等,所有观念史的根本性缺陷是缺乏非连续性概念。因

---

① Urs Stäheli, "Semantik und/oder Diskurs: 'Updating' Luhmann mit Foucault?", in: *kultuRRevolution*, 47(2004)1, S. 14 - 19.

此，观念史的典型做法是追本求源，在源头寻找事物本质的根据。福柯反对先驱之说，反对不假思索地把现代思想投射进历史。观念史会以各种形式，把历史的各种因素（思想，概念，理论）置入直接关联：追寻先前痕迹，重构传统，描绘发展曲线，一切都旨在呈现精神、理性、思想的同一性。而知识考古则凸显特定的（亦可是较长时段的）历史时刻。在福柯看来，连续性和同一性所主导的历史观，与一种主体意识相关联，他称之为"人类学"和"人文主义"。他把直线原则和历史的主体化看作同一种思维形态的两个方面，唯求史学语言和观念发展能够协调一致。考古方法不认可观念史的同一性哲学，以及所谓历史的神圣性、客观性、实证性等教条。福柯是要砸断洛夫乔伊所号称的"存在巨链"，强调事物和历史变迁的偶然性，把偶然性、非连续性和物质性植入我们的思维。

福柯明确区分了考古分析与观念史的差别：观念史把文献视为意义载体，所以要深究其或明或暗的内容、原因和动机等。考古方法则关注话语本身及其特殊性和规范作用，不把话语看作符号，不承认其寓意性，也不寻找隐藏在话语背后的另一种话语、因果关系和影响等。他对观念史及其主导概念（如作者、作品、传统、进化、整体性）的批判，不仅带来问题意识的改变，也关乎史学新课题的设置。福柯对其研究对象的描述，采用的几乎都是技术术语（矩阵、符码、成分、分配、构成、堆积、序列、扩散等）。他的追求是发现形成话语形态的说话规律，建立各种序列，确定各种因素及其界线,分析其特定的关系形式和规则,描述不同序列之间的关系等。例如,他在其法兰西学院系列演讲《必须保卫社会》中论述统治权和生命权等问题时,论及传统权力中典型的肉体系列,即人体-惩戒-机构,如何被近现代典型的生命政治学之人口系列所取代:生物学过程-调节机制-国家。

福柯在《知识考古》《词与物》等著述中所描述的考古方法之基本思想,旨在说明各种具体的语言表述,都有无意识的规则和约束在先,也就是不自觉的结构,以至有可能或不可能说出特定话语。在他看来,知识的主要体现形式就是"话语",或曰话语就是整个知识的陈述方式。知识考古的对象和焦点,是作为事件的"话语",即口述的、书面的话语之事件性,也可说"话语性事件"。通过考察话语事件亦即话语的发生和过程,揭示制约话语的深层社会文化结构,也就是权力和各种偶然因素如何使特定话语成为"知识"的可能条件。同尼采一样,福柯也认为本质或真理说到底是不存在的,存在的只是偶然事件,关注肇端时的各种细节及其偶然性才是关键所在。显而易见,强调非连续性、偶然性、事件性、异质性,与传统观念史坚信的连续性、整体性、同一性大相径庭。

福柯以其考古方法,从多个方面冲击了传统观念史。首先,他同等对待和处理人类实践(风俗习惯)、机构(监狱,医院)、规训和理论,致使传统划分及其等级和分量变得无关紧要:哲学知识不再比文学知识或者法院卷宗的内容更重要。福柯在把话语本身看作一种物质形式且会带来物质效应时,自然就批判了词与物的二元论。对观念史的冲击还体现于福柯对无意识或不言明的知识的兴趣,这种知识跨越各种学科界线。形成冲击的,还有他把自然科学和诠释学的传统划分作为其考古对象。

福柯于1983年在美国加州大学伯克利分校的系列讲座中,深入论述了修辞和哲学概念"直言"(parrhēsía, παρρησία)。他从这个希腊语的词源及其发展史,论至"直言"与机构关联的"思想史",以及直言实践和技艺。在这个论述框架中,福柯阐释了观念史与思想史的区别:

> 我想要明确区分"观念史"和"思想史"。观念史家多半试图判定一个特定概念是何时出现的,这时通常也会出现某个新词。可是,作为一个思想史家,我试图做的事情与此不同。我尝试去分析,不同的机制、实践、习惯及行为是如何变得有问题了。[……]思想史就是分析某一不成问题的经验场域或许多原来理所当然、习以为常、"不言而喻"的实践,如何成为问题,引发诸多讨论、争论以及新的反应,以致一直被默认的行为、习惯、实践及机制出现危机。(《何谓直言》,1983)

福柯的这一思想史之说,不仅体现出他的谱系学说的重要特征,也就是使事物问题化,书写问题化的历史,追问如何成为问题。同时，这里也显示出福柯视角与科塞雷克概念史的共同之处：经验成为问题以及危机的发生，是概念史的重要关注点。

福柯强调现代性的历史，这贯穿其学术事业的始终。他通过各种方法、从不同的视角做了这方面的查考，这也将他与德国历史语义学代表人物科塞雷克和卢曼联系在一起。在《词与物》中，他翔实探讨了发生在知识领域的深刻的历史化（这与科氏的时代化命题相同），视之为走向19世纪的政治经济学、生物学、语言学等新学科的共同特征。在《性史》（1976—2018）中，他探讨了性与权力和话语的紧密关系，特别是新旧思想之间的巨大分歧。福柯晚年解释说，他的研究很少把权力作为现象来分析，更多的在于刻画当今社会如何动用权力来使"主体客体化"（objectivise subjects）的各种手段，呈现出三种形式：其一是依托科学权威，对那些关于人的知识进行分类和排序；与此相近的第二种形式是对人之主体做分门别类和规范化处理，例如透过对疯癫、疾病、人体特征等认识来实现；第三种是性认同的塑造和自我身体练习，使之成为习惯践行，最终导致特定社会中的特定模式之循环。[①]

罗蒂在《福柯与认识论》（1986）一文中指出，福柯的"知识考古"说到底是负面的，没有在认识论层面上开创出足够的新理论，只是为阅读历史提供了一些很有价值的准

[①] Michel Foucault, "The Subject and Power," in: *Critical Inquiry*, Vol. 8, No. 4 (Summer, 1982), University of Chicago Press, pp. 777–795.

则。他写道:

> 我能看到的,只是他对过去的极为精彩的描述,加之有益的提示,如何避免被陈旧的历史假设所束缚。他的提示重点是在说:"不要在历史中寻找进步或意义;不要把特定行动或文化片段的历史看作理性或自由的发展;不要用哲学语汇来描述这些行动及其目的之特性;不要在这些行动的现在表现中推断过去行动的目的。"①

二、 福柯的谱系说与起源分析

尼采对传统史学的批判,对知识与权力的关系、对知识乃斗争工具和产物的思考,都对福柯产生了深刻影响。福柯的各种理论,首先重在根究权力与知识的关系,以及如何通过社会机制来实现社会控制的形式。他的同事布迪厄把他的思想归纳为"深度探究对规范和准则的违忤,对社会制约的偏离,且总是离不开知识和权力"②。"权力谱系学"方法甚至是福柯成熟期思想的主要分析方法。福柯追随尼采,传承并转化其《道德的谱系》中的思想,不仅使

---

① Richard Rorty, "Foucault and Epistemology," in: *Foucault: A Critical Reader*, ed. by David C. Hoy, Oxford: Blackwell, 1986, p.(41－49)47.
② Didier Eribon, *Michel Foucault*, translated by Betsy Wing, Cambridge, MA: Harvard University Press, 1991, p.328.

谱系学成为自己哲学中的核心概念之一,也使之成为一种负有盛名的研究方法。与其早期的知识考古明显不同,谱系学是福柯中后期从事起源分析和微观权力分析的崭新方法,见之于话语、权力和知识关系的分析,贯穿于《规训与惩罚:监狱的诞生》(1977)、《性史》等著述。

> * 上文采用汉译"谱系学"(另有"系谱学"之译),只是迫于约定俗成。一般而言,在大多数情况下,"谱系"或"系谱"即可,无须谓之"学",如尼采的《道德的谱系》。另外,无论是谱系学还是系谱学,中文"系""谱"在内涵和外延上常会引起特定理解,并在这个上下文中导致望文生义。不管是福柯的généalogie还是尼采的Genealogie,说的都是"起源"或"发生"(延伸至"起源学"或"发生学"),这在西文中望文即知。该词源于古希腊语γενεαλογία(genealogía),由γενεά(geneá)和λόγος(lógos)合成,前者表示出生、起源、家族等,后者表示学问、学说。诚然,传统系谱学查考家族世系、血统关系和重要人物事迹等,后来扩展至生物起源及其演化过程,又被用于思想观念领域,研究事物的起源和演变。然就词形而言,首先想到的当为"发生""起源""创始",也就是研究"出生"的学问。英法德文中有Genesis、Genèse、Genese,当然还有《圣经》中著名的"创世纪"。尼采使用这个概念,旨在分析道德亦即道德偏见的起源;福柯用它

也是考察起源,比如精神病和监狱的来历。

福柯所要追溯的,并非一般系谱学所注重的时间顺序和历史连续性;相反,他要重构事件的起源及其特殊性。他对尼采思想的发展,也正在于这个节点:在其尼采研究中,他区分了谱系的两个不同概念,我们亦可视之为一个概念的两个不同维度,即 Herkunft(出身,来源)和 Entstehung(发生,出现),以此赋予谱系新的内蕴和研究逻辑。① 这是被中国学界许多福柯研究者所忽略的问题,以至时常说不清福柯为何不承认历史连续性亦即赓续关系,却用通常表示连续性的"谱系"来呈现断裂和偶然;语焉不详的原因,正是没有深究这个福柯概念,在很大程度上也是尼采概念的特殊性。

我们在福柯的《尼采、谱系学和历史》(1971)② 一文中能够看到相关论说:在分析出身和来源时,"谱系"关注的是起源亦即来源(provenance),也就是身体与历史的纠缠关系;这种分析从身体的视角看问题,旨在说明身体受到历史的深刻影响。这一视角类似尼采所论述的道德观念,并非来自绝对价值,而是源于历史。福柯以同样的方法考察了真理的起源,或曰真理的任意性:他的真理观颇为独特,认为真理是历史偶然力量较量的结果。权力改变真理,

---

① Ernst Müller/Falko Schmieder, *Begriffsgeschichte und historische Semantik. Ein kritisches Kompendium*, S.576.
② 此处文章名暂且采用已有的中文译法。

而不是真理改变权力,或曰真理产生于权力形式和权力关系。真理已是权力,是真理游戏的产物。在任何社会中,话语即权力,有话语权的人能够操纵话语形式,那未必是真正的知识,话语因而是危险的,众所周知的"知识"也是危险的。发生和出现意义上的谱系,则指向现象开始显现或产生影响的时机和历史情状,也就是事物显露的节点和出现之必然性。福柯所强调的是,发生总是在特定的权力关系中运作。分析发生和出现,应当揭示各种力量如何相互作用,如何争衡或与异己斗争。

* 福柯对社会建构原则的精湛描述,不时会遭到批评,被看作对真理概念的亵渎。他在1971年与乔姆斯基的一次电视辩论中,否认人的固有天性,而这却是乔姆斯基相信人之天生能力的前提。乔氏认为正义概念根植于人的理性,福氏则否定正义概念的普世基础。① 这次辩论之后,乔姆斯基对福柯矢口否认普世道德深感震惊:"他认为我全无道德,我可从来没有见过如此彻头彻尾不道德的人。[……]我想说的是,我喜欢他这个人,却理解不了他。他好像属于另一物种,或类似的什么。"②

---

① Peter Wilkin, "Chomsky and Foucault on Human Nature and Politics: An Essential Difference?" in: *Social Theory and Practice*, Volume 25, Issue 2 (Summer 1999), pp. 177 - 210.
② James Miller, *The Passion of Michel Foucault*, Cambridge, MA: Harvard University Press, 1993, pp. 201 - 203.

耐人寻味的是，福柯在《尼采、谱系学和历史》中把历史上的"出现"理解为戏剧效果：当各种力量充满活力地从幕后蹦上舞台，在台上表演的时候，这就是出现。对概念史而言，《知识考古》中还有一个更有意思的说法：概念史在"跳上知识的舞台"之前，或曰从幕后走到前台之前才是引人入胜的。如果一个概念已在学术上定型，它的话语功能多半已经消失，甚而带着话语含义的缺失；然后，曾经的变化过程才会出现在辞书之中。换句话说，福柯认为概念的形成过程颇有意趣，一旦定型于辞书，便会在很大程度上失去其原有话语功能。戏剧之喻在福柯那里并不奇怪，他还喜用"权力戏剧"之说，那是没完没了重复着的关乎掌权和控制的戏剧。

福柯对谱系概念之"发生"和"出现"的双重界定以及他的史学实践，完全打破了人文科学与自然科学的划分，是一项让历史知识得以摆脱学科拘囿的事业；无序的、局部的、片断的谱系，无疑是对传统历史观和科学史的重大挑战。[1] 他对来源和出现的区分，不仅是理论和方法论问题，更体现于他自己在实际研究中对生命政治的解剖。他的谱系观在很大程度上放弃了自己早年知识考古中的深层探索，通过"话语"分析与"知识""权力""身体"等谱系分析，推究知识、权力的起源及其发生学意义上的关系。福柯的谱系学说主要关注边缘之物和微观权力，将目

---

[1] Ernst Müller/Falko Schmieder, *Begriffsgeschichte und historische Semantik. Ein kritisches Kompendium*, S. 576.

光转向以往知识与话语体系中被忽略、被遗忘或被遮蔽、被排斥的事物,通过翔实的文献记录,寻找被忽略的历史细节和插曲,专注于常被看作细枝末节、微不足道的东西,驻足于开端的偶然性和任意性。哲学家斯托克斯指出,福柯的研究是"灰暗而悲观"的,却也留有一些乐观;他让人看到,哲学可以昭示主宰机制。如此,我们便能理解自己是如何被摆布的,从而努力建设削弱控制的社会结构。①

福柯一般被视为反历史的史学家,要用谱系学取代传统史学。他反对两种历史书写形式:其一,用现在的目光写过去的历史,也就是从现实出发"虚构"历史,把现在的概念强加于历史,以此宣称所谓历史概念的现代意义;其二是历史决定论,即在历史中寻觅现在具有重要意义的东西,以呈现所谓内在发展亦即迄今发展的必然性。福柯坚信,历史连续性、统一性和一致性是不存在的,那是人的幻觉或史学家的虚构。他的诸多思想都与此有关,其共同点是对目的论的发展观与各种超越时空的真理观的拒斥。福柯之后,谱系学有着双重不确定性:鉴于他把所谓深刻含义、内在本质、终极解释都看作虚假的,谱系学也就不指望对于历史的确定无疑和唯一解释,每一事物可以有多种解释,只能不断寻找。另一方面,甚至连科学与日常知识之间最起码的区分,也变得不确定了。不同科学与非科

---

① Philip Stokes, *Philosophy: 100 Essential Thinkers*, Kettering: Index Books, 2004, p.187.

学知识的交汇，催生出意义生成的诸多形态，就连谱系学也无法纯正。①

福柯对观念史的谱系学批评，或曰他与概念史的直接联系，主要来自法国认识论传统（特别是他的老师冈吉雷姆）所注重的概念谱系亦即谱系视域中的概念史。在《知识考古》"引言"中，福柯论及建立在概念谱系基础上的科学史的重要性，并称赞冈吉雷姆的方法，对概念史做了精到的论述：要说概念的*移位*和*转型*，冈吉雷姆的分析方法堪称一种模式：一个概念的历史，不能简单地视之为这个概念之逐步完善、抽象的历史，而是它的各种生成场域、有效范围及先后使用习惯的历史，概念得以滋生和形成的理论环境的历史。

三、 话语分析与文化研究领域的概念史

福柯对于文化研究转向的意义，再高的评价也不为过。在1980年代之后重估概念史方法的讨论中，福柯也很重要；他所开创的话语分析方法，成为讨论的中心议题之一。这一研究方法旨在揭示无意识的文化因素，分析那些操控意义生成的前提，并且确认什么是可感知、可说、可做的，

---

① Philipp Sarasin et al., "Bakteriologie und Moderne. Eine Einleitung", in: *Bakteriologie und Moderne. Studien zur Biopolitik des Unsichtbaren 1870 – 1920*, hrsg. von Philipp Sarasin et al., Frankfurt: Suhrkamp, 2007, S. (8 – 43) 12 – 13.

什么是无法感知、言说和行为的。① 与所有本质主义相反，话语分析注重挖掘文化的规定性和知识的历史性。

一种新的研究模式随着"话语"而进入人们的视野，它介于概念和意识形态、著作和心态、词与物之间，摆脱了存在与意识、思想与物质或者真与假的二元论。对于文化研究来说，福柯的话语分析在三个方面具有根本意义：首先是知识生产与机构、建筑、媒介等物质形式以迄各种（话语）实践的结合；其次是话语同身体、情欲、激情的缠结，连接需求和语言、身体和话语的是渴望；最后是同话语概念相连的对于知识生产与社会统治之间关系的兴趣。②这里一方面涉及排斥、规训、监督、管束、禁忌和规范，另一方面关乎获取知识的权力因素，即权力与知识的关系。很能显示典型的话语分析的是，表面上相互对立的认识和立场，时常被证实有着共同的思想前提、问题意识和描述形式。

对于文化研究领域的概念史来说，福柯在其方法论著作《知识考古》中论述词与物的时候，最引人入胜的是语言和非语言成分的交织，尤其是他对无意识知识之不同形式的描述。作者在该书"概念的形成"一节中论及的"前概念"，明显区别于概念史或含义史的问题域，既不关涉隐

---

① Ernst Müller/Falko Schmieder, *Begriffsgeschichte und historische Semantik. Ein kritisches Kompendium*, S. 711.
② Ernst Müller/Falko Schmieder, *Begriffsgeschichte und historische Semantik. Ein kritisches Kompendium*, S. 712.

喻，也对科塞雷克所说的"历史积淀"或概念的"时间层"毫无兴趣，而是更多地分析表达方式、概念或论题的前提条件和形成规则，以及所说之言的特定指向。若说它同隐喻稍有关联，则与布卢门贝格关于"思想的下层结构"（Substruktur des Denkens）的观点靠得最近，不过这在福柯那里不是人类学意义上的理解，而是技术层面的东西。

同布卢门贝格的"绝对隐喻"（absolute Metapher）一样，[①] 福柯所理解的"前概念"也有自己的历史。他在《知识考古》中说，发现话语实践中的各种规律并非易事，但它们存在于历史。概念的形成不是来自"思想"或个体意识，而是见诸所有想在话语场中说话的人所成就的话语本身。因此，概念的形成总的说来缘于特定的话语形成，因而不应将之限定于词语范围。对于话语形成的兴趣，并不追问语义（话语本身在语义上可以说是盲目的），而是查考认识对象和概念成分的出现和转变的结构性前提。话语分析与概念史及类似研究方案的根本区别在于，福柯主要聚焦于表层亦即词与言的外表，从言语的物质性层面观察语言，让"熟悉"的过去变得"陌生"，在"简单"中发现"复杂"，在"同一"中见出"差异"。福柯见重并竭力把握"异"而非含义，重视意义生成的话语条件，而不是对意义本身的理解。

---

① Hans Blumenberg, *Paradigmen zu einer Metaphorologie*, Frankfurt: Suhrkamp, 1999.

* 单从重要性来看，谷歌书籍词频统计器（Google Books Ngram Viewer）这一新工具所囊括的几个世纪以来全球一千五百万本藏书内的字汇，其使用曲线所能呈现的历史言说事件的系谱，正符合福柯的意图。词频统计器不触碰语义，被概念史家视为缺陷，而从福柯式的视角来看正是强项：使用曲线能够精确地展示话题事件和热点以及词汇的变迁，可以让人看到某一事物何时以词语亦即概念的形式成为话题，甚至何时被问题化。而某一事物如何可能、如何被问题化，正是福柯的谱系学考察"问题化的历史"时所要追问的问题。①

可是必须看到，"阐释"是无法绕过的，因为不是要到分析曲线走势的时候，而是对所要搜索的（相互关联的）概念的选择，已经受到理论的引导和已有知识的影响。对概念史与话语分析的关系，还须进行更深入的探讨，其中一个重要原因是，二者本身已经被庞大数据库等新的工具所改变。

福柯思想中的另一个可以用来对抗概念史的是"形态"（figure，又译"形象"）。这个概念在《知识考古》中的用

---

① Philipp Sarasin, "Sozialgeschichte vs. Foucault im Google Books Ngram Viewer. Ein alter Streitfall in einem neuen Tool", in: *Wozu noch Sozialgeschichte? Eine Disziplin im Umbruch. Festschrift für Josef Mooser zum 65. Geburtstag*, hrsg. von Pascal Maeder et al., Göttingen: Vandenhoeck & Ruprecht, 2012, S. (151 - 174)159.

法并不确定，它可用来状写几种类似的表述，或用于某种话语形成，很明显的是用以强调知识的内在混合性和异质性。"形态"概念并不指向特定知识形式或单个学科，而是更多地用来观照不同学科之间的关联，以及理论和实践的关系，文本与语言外的媒介的关系，行为和机构的关系，有意识和无意识的知识之间的关联、连接和过渡等。

福柯的知识考古所聚焦的主导词语，建立在大量事件和意义关联的基础上；然而，尽管实践和话语都会生成意义，却不在经典概念史的考察范围之内。正是从福柯关于性、疯癫等主要论题可以见出，他探讨的话语所生成的意义、催生的文化现象，都是经典概念史不会在意的，例如缄口或沉默，或（机构的）机制，还有实践行为（忏悔，审问）等。这时能够见到的语义，并不能完全等同于通常所说的受到历史"排斥"的内容。福柯论"性"，意在呈现似乎被排斥的东西背后，完全有着其他话语，而表面上却愈加成为被排斥、被禁忌的话语。有些话语主要是被史学家排斥掉的，他们不仅了解主流话语（例如审查话语），亦当了解隐秘话语。

福柯理论中的一个核心概念是"认识型"（épistémè），即每个时代都有一套支配各种话语和知识的基本范畴，也就是知识生成的规范；所有知识活动都受到特定"认识型"的制约，它是权力机制。根究词与物的关系，是知识考古的关键所在。他在《词与物》第二章中分析以相似性为基础的古典"认识型"的呈现模式时，讨论了"记号"

（signature）问题。记号就是那些体现物与物、现象与现象之间隐藏的相似性之符号。在他看来，没有记号，就没有相似性，相似性世界只能是有符号的世界。尤其在16世纪的知识中，相似性最为普遍：它是人们最能清楚看到，却又必须探寻的东西，因为那也是隐藏最深的东西。也是16世纪的相似性形式，把符号学和诠释学放在一起：探寻意义，就是揭示藏而不露的相似性。这种可被归入"无意识知识"范畴的"记号"，是概念史少有关注的问题。记号研究使得概念史不得不面对意义生成的另一种历史形式，那是既不能用近现代时间概念，也无法从后来的学科划分来把握的。概念史方法只能很有限地把握古典呈现模式与近现代知识之间的根本区别。

* 阿甘本接过了记号理论，试图把它同一些规避观念史或概念史的文化研究结合起来。他所论及的记号，将概念和符号从一处挪入另一处，例如神圣之物的世俗化或者相反，却不对之做出新的语义界定。在他眼里，哲学传统中的许多东西看似概念，终究只是记号而已。他在《记号理论》["Teoria delle segnature"，载氏著《万物记号：论方法》（*Signatura rerum. Sul Metodo*，2008）]中写道，这些所谓的概念，如本雅明所说的"隐秘的索引"，都在坚定地行使着谋略功能，即始终朝着特定的方向来解释符号。这一功能将不同时期和领域联系在一起时，记号宛如纯粹的历史元素。

福柯的考古学和尼采的谱系学，还有德里达的解构和本雅明的辩证意象（dialektische Bilder），并为研究记号的学问，而且是同观念史和概念史平行发展起来的，但不容与之相混淆。倘没有能力感受记号并追踪那些影响思想传承的各种腾挪和移位，仅用概念史方法是远远不够的。

福柯之于概念史的重要性，或许也能借助德国的《哲学历史辞典》中的相关文章来考察，其中亦有福柯感兴趣的疯癫、性、惩罚等中心概念。从中可以见出，在各种历史术语亦即语言背后，似乎时常隐藏着一种共性：例如疯癫，在被话语以及相关实践塑造成现象之前，这个话题在历史中不断变化的重要性几乎未受到重视；疯癫在古代、近现代和当代轻重如一，古代的疯癫概念已被归为最早的精神病理学范畴。而福柯叙事的出发点是，传统史学中被看作事实存在的东西，其实只是以语言形式流传下来的。在他眼里，与疯人有关的设施（疯人船、疯人塔、疯人院等）是重要的，对疯癫的界定主要是由设施来表示的。

福柯的认识论视角与科塞雷克所言概念的"表征"和"因素"特性有着相通之处，这也见于福柯关于话语的两个经典表述：在《知识考古》中，他认为话语是实践，是系统地建构事物；在《话语的秩序》（1970年12月2日在法兰西学院的就职演说）中，他把话语理解为一种对事物产生影响的强力。德国经典概念史的出发点是，概念赋予所指对象以意义；而接续福柯思想的文化研究方向的概念史之出发点是，概念所指对象也是或正是概念史的考察重心，例如疯癫论题如何才在学术研究中形成。于是，"因素"和"表征"的关系被相对化，"表征"本身被理解为话语的结果。可见，福柯给社会史家带来不少启迪，着力探索语言、话语或思想如何界定甚至开创社会结构。

文化研究中的概念史参照福柯的思想，确实对概念史有所拓展。然而，对于文化研究中具有中心意义的隐喻问题，福柯似乎没有任何兴趣。不过，他也不是绝对排除隐喻，比如他在研究治理术的时候用喻"看不见的手"，或把知识视为话语和权力之间的看不见的手。他还用"牧羊人-羊群"的隐喻来分析权力关系，基督从来被称为"好牧人"；同样，在东西方许多古代文明中，国王、神、上帝常被喻为人类"牧羊人"，带领臣民从一个地方迁徙到另一个地方，到达拯救之地。

如果看到福柯与纯粹符号学或文化主义立场之显而易见的对立，偏重文化研究的概念史本不应操之过急地把福柯思想视为圭臬。德里达以及后现代符号理论，考查符号链之不间断的位移，不认可任何文本之外的东西——文本之外无他物；福柯则注重话语对行为的引导和构造现实的能量——话语之外无他物。人与世界的关系是话语关系，没有话语就没有存在。福柯所构想的话语，不是一种不停顿的滑行和制造"延异"（différance）的工具；正相反，话语对他来说还要显示相对稳定和实在的事物。

四、话语与话语的分歧，概念与话语的隔阂

与福柯的《知识考古》同一年发表的斯金纳《观念史中的意涵与理解》（1969），以传统观念史对立模式的姿态，要让经典文本摆脱诠释的重围，钩稽和呈现过去时代的作者究竟说过什么，或者说的什么意思。与斯金纳完全不同，福柯热衷于分析守则和规训书籍，以及与之相连，甚至连话语主体都没有察觉的拘牵和束缚，以至人们只能如此表达，绝无其他说法。这一视角削弱了自主的主体，将其转变为话语机制中的主体，而这种机制又不是能从主观意图来解释的，需要凭借很强的理解力来分析。

斯金纳在一次访谈中坦承，福柯无疑是他的思想偶像之一，其主要原因是福柯的研究成功地对"理解"所做的"去本质化"（de-nature）处理，即我们的理解方式并不是理所当然的，其他社会中有着别样的理解，而且一切都是建构的，人们无法摆脱特定的社会建构。尽管斯金纳在某种程度上赞同福柯把思想史看作话语，也就是斯氏所说的把意图置于能够破解的语境，但他不认可福柯执意把整个研究变成话语研究。其理由是：要理解言语行为，主体（agency）至关紧要；要真正理解文本，不能忽略主体以及

意图性（intentionality）。① 的确，如何具体实施福柯的话语理论，时常颇为模糊。且不看他不从行为者出发，而更多地从无关主体的语言结构（句法结构、符号关联等）来理解话语，他的话语概念过于花哨和多义，常有历史学家指责福柯的历史分析不够精准。②

福柯的严厉批判者、德国历史学家韦勒（1931—2014）是科塞雷克在比勒菲尔德大学的同事，二者都是以社会史和政治史著称的比勒菲尔德学派的创始人。韦勒认为福柯是不称职的哲学家，本不应获得人文社会科学的如潮好评。在他看来，福柯的历史研究不仅在经验层面上不足为凭，且常常充满矛盾、不够清晰，例如他的权力概念"极为模糊"。著名的"规训社会"（La société punitive；disciplinary society）理论之所以能够成立，主要在于福柯看不清权威、威力、权力、暴力、合法性之间的区别。他数落福柯在史料选择上的片面做法（监狱、精神病机构等），忽视其他诸多机构和机制，如工厂等。另外，他还诟病福柯的"法国中心主义"，全然不顾德国社会科学领域的马克斯·韦伯和埃利亚斯那样的重要理论家。概言之，韦勒认为福柯的所谓经验主义研究错误百出，实为后现代思潮中思想不诚实、

---

① 参见访谈《昆汀·斯金纳：把英雄和恶棍放一边，历史研究应该做什么?》，罗宇维采访、翻译，原载《东方历史评论》（2017 年 5 月 11 日），见 https://mp.weixin.qq.com/s/MDLkDqpnbjG7-cE08hKODQ，读取时间：2019 年 2 月 22 日。
② Sara Mills, *Michel Foucault* (Routledge Critical Thinkers), London: Routledge, 2003, p.23.

论证不可靠的诱惑者。①

与福柯话语研究同时代的德国史学概念史，查考特定术语的历史语义；福柯则阐述来自不同话语体系的对立概念。他在统治心态史研究中，重构了一些关键概念新序列的形成，完全不同于先前的秩序排列，遵循的完全是别样的逻辑和关联规则，关涉新的问题，归附另类实践和机构行为。福柯对观念史的严厉批判，也暗含着对概念史的指责，至少是对概念史的挑战。他在《尼采、谱系学和历史》一文中断言，概念的各种生成过程，不能理解为同样含义的先后承接形态，更多的是不同形式的替换、移位、暗中抢占和有意颠倒的结果。

话语史考察较长时段内某一话语的变化。在德国，赖夏特尽管没有使用过话语概念，但他主导的《法国政治/社会基本概念工具书（1680—1820）》，其中对概念网络和象征网络的描述，偶尔被看作话语史的成功范例。德国学界对概念史与话语史之间关系的讨论，在很大程度上受到一种思想的主导，即如何用话语史来扩充或丰富概念史，如何通过汲纳话语史来完善概念史。这种开放态度的原因，主要是人们逐渐看到概念史发展中的缺陷，尤其是哲学概念史的"高谈阔论"和过于重视学科界线。对于法国的发展，科塞雷克好像无动于衷，因而遭致一些人的批评，说

---

① Hans-Ulrich Wehler, *Die Herausforderung der Kulturgeschichte*, München: Beck, 1998, S. 81, 91.

他的概念史不过是观念史的另一招数。这当然言过其词,后来的发展不能支持这种观点。何况科氏一直在发展他的方法,甚至在一些重要方面修正了早先的看法,只是不愿认同于话语史。

福柯倡导的反诠释学的话语史方法,与概念史的一些主导概念(如经验、期待、含义等)相左,他特别重视的是非连续性和文本的内在结构,而不是概念所表达的意义。[1] 他的话语分析把思想和行为中无意识的、受权力支配的规训系统作为新的史学研究对象。福柯考古的方法论主导概念,如他在《知识考古》中论述"概念的形成"时所罗列的关联序列、修辞模式、从属关系类型、在场范围、记忆范围、翻译方式、概念的形成规律等,在科塞雷克丰富的范畴库中无法找到对应思路。

从后来的发展来看,科塞雷克也不想把自己的研究取径与话语分析对立起来。他在《关键词:概念史》(2002)一文中指出,方法的交叉是自然而然的:为了建立关联并表明说话的内容,话语需要基本概念;相反,概念分析亦需要语言内外的语境,这样才能厘定概念的内涵、多义性和争议性。方法交汇也体现于科氏对概念之重大事件关联的分析,或试图钩稽时人习惯了的概念运用,它们超出个体意图,被确认为集体经验变化的典型现象。可是很难回

---

[1] Rolf Reichardt, "Einleitung zu *Handbuch politisch-sozialer Grundbegriffe in Frankreich 1680–1820*", hrsg. von Rolf Reichardt und Eberhardt Schmitt, Heft 1/2, München: R. Oldenbourg, 1985, S. (39–148)62.

答的问题是，如何才能把话语中的前概念或非概念因素纳入概念史研究。① 话语不是已经存在的客观结构的直接反映，也不必定体现词与物之间的对应关系。在福柯那里，体现于话语的物之可见形态及其相互关系，更多的是在话语中才被建立起来的。

对福柯方法的批评要害，主要针对他把话语理解为"碑文"（monument）而非"凭据"（document）；他的碑文概念，仅有记忆或纪念意义，没有寓意，断然不问言外之意或其他话语，这就否定了话语的世界关联，亦即概念与事物之间的张力，而这在科塞雷克的概念史中具有中心意义。倘若一切都要通过话语来获得，话语之外无他物，话语背后无事实，批评也就无从说起，福柯的许多概念史探讨便无法见出概念的表征功能。

如何确定话语研究的方法论界线？如何看待这类研究的各种可能性？回答也只能是宽泛的：对于话语的理解，涉及某个议题的言语关联，可能存在的相关文本，直至具有时代意义的知识结构。针对福柯所追求的话语实证性，常有人提出异议，说他的考古分析要区分言说，就需要主观的分类模式和重要文献的选择，这就无法完全摆脱评价。再者，对认识兴趣和背景假设的思索，评价也就不可避免。福柯喜于改换自己的研究方法，实际研究和方法论思考之间必然会有差距。他的方法论代表作《知识考古》，既不完

---

① Ernst Müller/Falko Schmieder, *Begriffsgeschichte und historische Semantik. Ein kritisches Kompendium*, S. 349.

全是以往实践的总结，也不能为后来的研究定调。他的"工具箱"所连接的实践，其主导理论往往是含糊的，他因而也不断遭到批评，说他在方法上不够矜持。

另一个与话语外现实相关的问题，是福柯对历史行动者的行为和意图的抽象。这一抽象的基本假设，是把语言看作不可欺骗的、呈现当前和过去实在的介质。对科塞雷克和斯金纳来说，经验空间、期待视野或争议性等范畴至关紧要，但这些都不在福柯知识考古的考虑之中。如此，他便无法做到既勾勒语言的变化，还要对之做出解释。在他那里呈现的不是过程或过渡，而是格局和设置的替换，而且他仿佛对替换的缘由也不感兴趣。且不看福柯如何尽力用历史性概念来对付观念史，《知识考古》本身就在根本上显示出静态的非历史特性，无法把握一种知识形态向另一种形态的转型或过渡的过程，批评者一般视之为结构主义的遗产。①

---

① Ernst Müller/Falko Schmieder, *Begriffsgeschichte und historische Semantik. Ein kritisches Kompendium*, S. 354.

第五章　英美观念史与剑桥学派的政治思想研究

德国史学概念史成型的年代,也是新的"剑桥学派"崛起之际。在政治学、史学和哲学相结合的英美观念史研究中,"剑桥学派思想史"(Cambridge School of Intellectual History),尤其是以波考克和斯金纳为代表的政治思想研究,为方法论创新奠定了新的基石。剑桥"政治思想史"是对"正统"观念史的拒绝,这与德国概念史相仿。在对传统观念史或思想史的批判方面,二者有着诸多相似之处。德英两种研究方案都极为重视政治语言,力图透过语言来推究历史,这是其共有的方法特征。然而,波考克和斯金纳更喜于从事与"语言"或"政治思想"相关的研究。也就是说,剑桥与海德堡的区别,在"政治语言"和"概念"之间,或"政治语言史"与"概念史"的分野。

尽管二者各自拒绝了迈内克(1862—1954)和洛夫乔伊(1873—1962)所践行的观念史,但是"概念史"和"新剑桥学派"的哲学根基大相径庭:"概念史"是在德国史学和诠释学传统中发展起来的,"政治语言史"则源于盎格鲁-撒克逊传统,后者有两个重要来源:其一是剑桥学派的开创者、历史学家拉斯莱特(1915—2001),他对洛克(1632—1704)《政府论》的研究,结合历史背景还原文本。他重视未出版的档案资料,将缜密的语文学阅读方法纳入政治观念史研究,揭示出后人对洛克著述的解读完全背离了作者原意(波考克后来也考察过这个问题)。虽然拉氏本人对其研究方法未做充分的理论阐释,但他强调历史语境、透过语言分析来打开历史空间的研究进路,深刻地影响了后来的剑桥学派学者。第二个来源是维特根斯坦晚期的语言哲学研究,以及奥斯丁和瑟尔的"言语行为"(speech acts)理论,后者把语言和有目的的行为紧密地联系在一起。

剑桥学派总体上走的是注重语境的历史阐释路径,聚焦于历史中特定时代之话语的历史条件和思想语境,拒绝以往那种在其看来"时代误置"的阐释方法,即完全拘囿于今人对社会和政治生活的理解,难免曲解过去的文本和思想。剑桥学派见重思想观念在人类历史中的决定意义,反对在史纂中采用社会科学的实证主义。拉斯莱特、波考克和斯金纳都很关注政治话语中的概念如何在特定时间和场合施行特定行动;换言之,他们把"政治思想"视为"政治话语",也就是历史中的政治言说行为。[1] 亦有史家着力将"话语"模式用于社会的阶级状况分析,比如观念史家琼斯的一些著述。他对英国宪章运动的考察,展示出语

---

[1] Brian Young, "Enlightenment Political Thought and the Cambridge School," in: *Historical Journal*, Volume 52, Issue 1(2009), pp. 235-251.

言分析的功用，凭借特定的阶级语言来讲述阶级的历史。①

与德国概念史不同，剑桥学派的"语言"研究模式不从概念出发，而是纵观政治理论的所有语言因素，结合语言行为理论去查考近代政治语言，在观念史的框架内考察问题。波考克对这种"政治话语之语言"（language of political discourse）的类型界定是："话语之语言［……］是由时代中的词语、语法、修辞以及一系列语言用法、推测和关联组成的整体结构，可被特定共同体用来为其感兴趣的政治目的服务，有时亦可用于表达世界观或意识形态。"②

一、洛夫乔伊的观念史及"观念单元"

英美长期推崇的"政治思想"（political thought）和"观念史"（history of ideal）研究，在语言与历史的关系问题上有其独特的研究取向。对这一发展具有重要意义的是出身于柏林的洛夫乔伊（1873—1962）在美国开创的"观念史"，他的观念史源于思想史和哲学史。洛氏 1910—1939

---

① Gareth Stedman Jones, "Rethinking Chartism," in: G. S. Jones, *Languages of Class: Studies in English Working Class History, 1832 – 1982*, Cambridge/New York: Cambridge University Press, 1983, pp. 90 – 178.
② John Pocock, "Concepts and Discourses: A Difference in Culture? Comment on a Paper by Melvin Richter," in: *The Meaning of Historical Terms and Concepts. New Studies on Begriffsgeschichte*, Occasional Paper No. 15, ed. by Hartmut Lehmann and Melvin Richter, German Historical Institute, Washington D. C., 1996, p. (47 – 58) 58.

年是霍普金斯大学的史学教授,1916—1917年任美国哲学协会会长。他的"观念史"方案最早是在1919年提出的。他又于1923年同博厄斯(1891—1980)一起在霍普金斯大学创办"观念史学社",这是一个每月举办的跨学科见面会,与会者都是史学家和文学批评家,还有自然科学学者。他于1936年发表专著《存在巨链——对一个观念的历史的研究》,并于1940年创办《观念史杂志》(Journal of the History of Ideas)。他的倡导在英美产生了深远的影响。

美国观念史是在洛夫乔伊的老师詹姆士(1842—1910)的实用主义直接影响下诞生的。詹姆士在其代表作《实用主义:某些旧思想方式的一个新名称》(1907)中指出,只要稍微了解"观念史",便可解释实用主义的含义:一种哲学思考的方法,其漫长的历史从古希腊的"实用"(pragma)一直延续至皮尔斯(1839—1914)所言"如何弄清楚我们的观念"(How to make our ideas clear)。

洛氏观念史研究也受到新康德主义者卡西尔和文德尔班的影响(观念史在国际上也常被看作德国专长)。洛夫乔伊对德国思想史了如指掌,他的方法论核心概念"观念单元"(unit-ideas,又译"单元观念"),如他在一次访谈中所说,也是从文德尔班那里引申而来的,取自文德尔班哲学史中对于集合观念的思考。[①] 当然,"观念单元"这一历

---

① Arthur O. Lovejoy, see Daniel J. Wilson, *Arthur O. Lovejoy and the Quest for Intelligibility*, Chapel Hill: The University of North Carolina Press, 1980, p. 230.

史研究纲领还有其他一些来源，例如化学元素的周期系统，或跨学科的综合方法。另有人认为，"观念单元"与现代民俗学奠基人巴斯蒂安（1826—1905）的思想有关，即他的本土性"思想单元"所声称的"文化肌体"中的文化元素之独立发展，以及民俗学承接巴斯蒂安的学说所展开的关于文化圈和文化形态学的探讨，或荣格（1875—1961）原型理论对"思想单元"概念的接受。①

无论上述思想家和学者对洛夫乔伊的思想有过多大影响，他与那些个性鲜明的人物及其著述保持一定的距离，也不认可被视为特定"时代精神"之表现的著作。在他看来，人类思想的历史，无外乎不多的一些基本成分的变形和新塑形态，而基本成分在根本上是不变的、无历史的，沉积于人类思想深处。他在《存在巨链》的"导论：观念史研究"中说，西方思想传统中的那些经久不变的基本观念，犹如化学基本元素，通过化学反应而生成新的物质。他的观念史研究有点类似分析化学的方法，分解各种哲学学说的组成成分，将之分解成观念单元；它们是生发"化学反应"的基本元素，即新的组合和观念复合体的基本单位。他认为变化因素不是经验，而是单个基本成分在组合过程中的无常现象。观念史的任务就是重构各个思想单元的历史命运及其在协调或对立中的相互关系。

1933年，洛夫乔伊在哈佛大学做了詹姆士导读讲座，

---

① Ernst Müller/Falko Schmieder, *Begriffsgeschichte und historische Semantik. Ein kritisches Kompendium*, S. 95 - 96.

《存在巨链》便是在此基础上产生的，该著在英美迄今仍被看作观念史的纲领性文献，有学者甚至视之为在美国长达半个世纪的最有影响的观念史著作。[①] 洛氏在这部专著中第一次全面阐述了自己的思想，查考了哲学史和科学史中的一个相当稳定的形而上观念，即"存在巨链"（the great chain of being）自古以来的发展。他认为宇宙是一个有机结构，一切存在都通过某些层级连接在一起，包括思维原则之间的关联。显而易见，他的"连亘之链"之喻也很适合观念史的理想：一个环环相扣、连续不断、时隐时现的链条，贯穿于不同的话语、文化和学科，支配着人们的行动，且不局限于某个时代。

他还在《存在巨链》的"导论"中指出，观念是一种思维习惯，决定一个人或一代人的思想和行为，能够改变人的信仰、价值观和趣味。他区分了"观念单元"的五种类型：（1）个人或一代人的一些理所当然的信念和思想设定，或隐含或无意识，却是一个时代的主要倾向；（2）具有支配意义的笼统的思维习惯，被看作方法或逻辑；（3）各种各样形而上的激情，见诸奥秘、风格、审美等，体现于行动和意志；（4）哲学语义，它探索一个时期或一场运动中的非凡词语和短语的多义性及其不知不觉的转化（这或许最为接近概念史）；（5）各种学说或原理，比如"存在

[①] *Reforging the Great Chain of Being: Studies of the History of Modal Theories*, ed. by Simo Knuuttila, Dordrecht: Springer Science & Business Media, 2013, p.3.

巨链"。

洛夫乔伊反对只涉及哲学的观念史；哲学而外，他还观照人种志、语言史、政治、宗教、文学、艺术、教育以迄社会学和知识社会学各种领域，把观念史看作跨时代、跨国别、跨学科的综合性研究。另外，洛氏在《尚古主义及相关观念的史料》（1935）的附录中，罗列了66个古代自然概念的含义。他的观点引来不少批评，有人质疑洛氏之说无法把握断裂和范式转换，有人把连续性原则看作认识障碍，最激烈的批评出自剑桥学派的斯金纳，他在《观念史中的意涵与理解》（1969）一文中严厉批判了洛夫乔伊对"思想大厦""高度连贯""精神预期"的神化。

二、 波考克对政治思想的语言考察

在思想史和政治思想研究中，剑桥学派研究取径是一个松散的史学运动。20世纪60年代和70年代初，波考克、斯金纳和邓恩"结伴"，谓其学术志趣为"剑桥学派"政治思想史研究，人称"剑桥三剑客"，赢得不少追随者。波考克不仅作为历史学家备受称道，他还是新的史学方法"语境主义"的先驱，即研究"语境中的文本"（texts in context）。在他看来，政治史中的大量讨论始终离不开特定语境中的语言运用。话语各有语境，但语境和语境之间也有千丝万缕的联系。斯金纳在《自由主义之前的自由》

(1998)中盛赞波考克,说他引导大家不要仅研究公认的经典文本,还应以更宽阔的视野探究见之于每个社会并不断变化的政治语言。然而,波考克却将这一研究方法的起源追溯至拉斯莱特,认为拉氏才是研究政治著作的真正开启者,他研究整理的17世纪保皇党人菲尔默(1588—1653)的政治著作出版于1949年,尤其注重菲尔默著述的语境。①波考克曾多次提及拉斯莱特对17世纪英国思想的重视及其研究方法对他的启发,斯金纳对自己早期剑桥生涯中受到拉氏指导及其著作的启迪也很感激。

波考克的政治思想研究,主要以英国史为研究对象,着力重构特定政治理论所依托的语言。具有典型意义的是他对哈林顿(1611—1677)等英国革命时期政治思想家之经典共和主义思想的语言重构。波氏诸多研究的主要兴趣,指向政治语言和英国近代早期政治理论家的习语、修辞、术语、语法及其纷繁的关联,这在很大程度上使观念史变成思想家用何语言写作的历史,研究说话的内容、动机、目的和策略。或许正因为强调政治的语言性,波氏不再自视为政治思想史家,而是研究话语的史学家。把事物及其发展称为话语,他的史学研究因而带有浓重的语言论色彩。

他在《马基雅维利时刻》(1975)中,辨析了"末世论""天赋人权说""公民人文主义""古典共和主义"等概念。在他看来,所有这些语言(他有时也说"词语""范

---

① John Pocock, "Present at the Creation: With Laslett to the Lost Worlds," in: *International Journal of Public Affairs* 2(2006), pp.7 – 17.

式""说辞""习语"），都是惯例和规则系统，为理论形成和政治行为提供了特定可能性，同时也形成各种制约。换言之，他把政治思想传统看作特殊的行为传统，即一个社会从历史传承下来的，在政治中做事、言说和思考的整套方式。他以17、18世纪的"普通法""法理学""古典共和主义"等政治语言为例，说明其如何通过哈林顿、霍布斯、洛克等政治作家的语言而对后世产生影响。

明显受到阿伦特视政治行动为表演的思想之浸润，波考克认为政治论说是诸多话语之间的联动，是多人参与的语言游戏。他强调话语本身的多元性：同一个时期有着相互影响和竞争的多种话语；并且，相互争胜的语言从来不以纯粹的形式出现，而是以多种方式胶着在一起。甚至在单个文本中，也可能出现不同类的话语、词汇和习语。波考克借鉴分析哲学的语言理论以及伯林（1909—1997）的"价值多元论"（value pluralism），建构"政治言说"（political speech）所构成的历史实在，即所谓"用语言分析摧毁政治哲学"。波氏着力分析不同语言的情状、对立关系和刻意组合及其历史变化。他在宣言式的论文《语言及其含义：政治思想研究的转型》（1971）中，抨击了以往思想史研究中顽固的"连贯性"（coherence）观念，即否定政治思想传统或某个经典作家思想的"连贯性"，视之为"非历史的叙事"。

波考克在其早期研究中，接过了库恩（1922—1996）在《科学革命的结构》（1962）中提出的"范式"理论，旨在厘定政治理论形成或不同语言发展的重大转折点。在他看来,"范式"亦即重要理论和概念,对于思想探索的方向、模式和设置具有主导意义,引导人们以某种方式来行动、言说或思考;范式会屏蔽或排除其他思维方式,带有明显的偏向性。如他在《语言及其含义》中所说,一个多元社会中的语言也是多元复杂的,诸多范式性语言结构同时并存,各自有其倾向;然而,特定术语和概念常从一种结构转向另一结构,其含义或被改变,或得以保存。史家的首要任务,不是考证以前的思想家思考了什么,而是重构其面对的"范式情境"(paradigm-situation),厘清不同话语及其语境,透过复杂的语境来追踪范式的转换过程,揭示某些话语如何成为引发范式转换的政治事件,例如重要思想家的"言说"行动会催生"权威"范式,这便是语言和历史的关键时刻,例如"马基雅维利时刻":共和主义语言范式是波氏解读马基雅维利语汇的语言和概念背景,通过证明马氏为共和主义带来的思想革新,彰显马氏语言行动是一个具有重大影响的政治事件,话语行动改变了政治状况。借此,强调德性的共和主义在16世纪意大利的形成史凸显而出。若说政治言说或经典文本自身无法控制他人的理解,因而承载多重历史,呈现不同的意涵,那么,政治思想史研究的范式转换便是关注多重历史中的"时刻"。波考克还运用这一语言范式,剖析了17至18世纪的英国革命和美国革命,尤其是把哈林顿视为英国的马基雅维利。后来,波考克对采用范式理论似有悔意,但也不舍得弃用。

波考克认为，研究政治思想史必须从政治语言入手，辨析作为政治话语载体的范式性语言，查考这些语言的修辞、政治和思想功能，揭示其含义和暗示。为了把握各种具有范式意义的言语方式之间的过渡期，波考克借鉴索绪尔对"语言"（langue）和"言语"（parole）的划分，区分了环境限定的机构性语言与具体话语中的政治话语行为，即把语境和文本限定的语言结构称为"语言"，把单个的话语行动称为"言语"，后者会导致语言惯例的移位，久而久之也会引发机构性语言的新取向。史家就是要描述政治语言如何从现实中生长出来，如何改变现实结构。

就方法论而言，波氏史学实践其实很少囿于特定方法论讨论，他也不愿在某个语言理论上下赌注，他最常用的方法是"语言"。在《语言及其含义》中，他将政治思想定义为政治语言的探索和复杂交流。"'政治思想'这一先前相当模糊的术语，如今被重新界定为对政治语言的探索和完善，语言系统与政治系统之间的关联成为可能。"① 所以，史家面临的首要问题，在于发现著作家所使用的（或置身其中的） "语言"或"语汇"。斯金纳在《当代史学》（*History Today*）总第 35 期（1985 年 10 月）的《什么是思想史》"七人谈"中，称波考克的"范式"为"新政治思想史"，同时指出，波考克号召政治观念史家，不要将精力

---

① John Pocock, "Languages and Their Implications: The Transformation of the Study of Political Thought," in: J. Pocock, *Politics, Language, and Time: Essays on Political Thought and History*, Chicago: University of Chicago Press, (1971)1989, p. (3-41)15.

耗在文本和思想传统上，而是集中精力研究政治"语汇"。

若在观念史和科学史变革的历史语境中观察波考克的研究，即把语言结构看作特定言说可能性的条件，便可发现他的兴趣与福柯的话语理论有所交结。对波氏而言，政治活动说到底是语言性的（他提出了"语言政治"概念），界定和塑造概念是权力的一种形式，这就与福柯对话语、知识、权力的关系研究相通。相同之处还有波氏对不甚有名的作者的关注：他们同那些在传统观念史和科学史中占据中心位置的经典思想家一样，都有助于挖掘惯常的概念运用。但与福柯的话语分析不同的是，波氏还关注个体的创造性语言运用和导致语言创新的转变过程。在他眼里，语言是历史的产物，又是历史的施动者；语言活动改变语言意识，最后导致语用本身的改变。因此，波考克称自己的研究范畴为语言游戏的历史及其影响。

另外，波考克对"语言"与"言语"、机构性的主流语言与个体语言之间的辩证关系的关注，又同斯金纳的研究有关联，二者都强调政治语言即行动，都很关注语言、思想、行动之间复杂的交互作用，但斯金纳主要揭示不同作者的言语行为和政治意图。若对科塞雷克和波考克做一比较，可以发现，科氏概念史注重特定概念的历时变化，波考克则在重构共时的政治理论之所有语言成分上用力，但他对于政治话语的书写方案，显然没有德国概念史那么细致；另外，没有《历史基本概念》那样的历时查考，波考克在讨论相互竞争的概念时，很难确认究竟用的是哪一种概念。

波考克在与科塞雷克的一次直接对话中,首先指出话语分析优于对确定概念的考析,尤其强调了考析"政治话语之语言"的共时视角:既然语言或话语作为整体结构同时存在于时代之中,通常也就同时存在许多相互对峙、相互竞争或者相互作用的语言。研究这些语言或话语就必须高度重视共时性特征,即波氏所热衷的选择今人看来值得讲述的历史"时刻"。并且,他认为语言的话语是一个有机整体,"没有一部概念史辞典,无论它有多么广博和深刻,能够把握[……]这样的体系或有机整体,以获得语言整体的历史。[……]它或许就是维特根斯坦用'生活形式'这一术语所要说的意思。"从这一视角出发,波氏强调指出,概念史作为单个概念的含义史只不过是对"许多话语的历史以及人的话语和被人运用的话语的辅助研究"[①]。

科塞雷克则认为,从这种阐释模式出发,波考克之原则上的共时分析方法存在很大问题。放弃研究长期的历时语义变化,亦即概念的"长时段"(布罗代尔:longue durée)状况,便会不顾同时代人面对各种传流的语义成分、把握或选用语义时的选择标准。单纯的话语共时分析视角容易陷入一种危险,即把语言置入一个仿佛没有历史的空

---

① John Pocock, "Concepts and Discourses: A Difference in Culture? Comment on a Paper by Melvin Richter," in: *The Meaning of Historical Terms and Concepts. New Studies on Begriffsgeschichte*, Occasional Paper No. 15, ed. by Hartmut Lehmann and Melvin Richter, German Historical Institute, Washington D. C., 1996, pp. 47–58.

间，或仅仅呈现为历史语录。应当看到的是，所有话语正是在与传流概念的碰撞中展开的，而且一再重新界说经验与期待之间的活跃关系。① 对德国学派来说，共时是起点，历时是根本。

对于波考克的研究取径，主要有两个方面的指摘。一是诟病他对"语言"和思想传统的格式化和均质化处理，笼统对其"连贯性"发难，并时常把自己查考的政治语言看作某个时代的元文本（meta-text）。与此相关，有人批评他不关心语言外的场景以及具体的政治行动者，这无异于政治观念史的去政治化。（尽管波考克曾在《语言及其含义》中论说"范式转换"时，极力倡导"社会语境及其历史具体性"或"概念世界与社会生活互为语境"。）此外，波氏注重测绘近代早期的语言景观，而鉴于不可胜数的原始文献一再面世，重构所有语言的可行性问题就凸显而出。另有申饬则针对波氏对原始文献的折中处理。于是，有学者尖刻地数落波氏方法依然带着洛夫乔伊色彩：他先预设一个模式及其不同组成部分，然后根据模式的要求，在许多原始资料中按图索骥、收罗例证；这样，仿佛从原始资料提炼而出的模式，其实只是自我圆说的预设。

暗合于第二类责难的是安德森对剑桥学派的批评，即

---

① Reinhart Koselleck, "A Response to Comments on die Geschichtliche Grundbegriffe", in: *The Meaning of Historical Terms and Concepts. New Studies on Begriffsgeschichte*, Occasional Paper No. 15, ed. by Hartmut Lehmann and Melvin Richter, German Historical Institute, Washington D. C., 1996, pp. (59-70)63-65.

在探讨某位思想家时，只挑选自己感兴趣的部分，避而不谈其他内容。波考克笔下的马基雅维利，仿佛只是那个撰写《论李维》的共和主义理论家，就像没有写过《君主论》似的。斯金纳的情形大同小异。安德森在此批评的，是波考克或斯金纳都忽略了一个完整的思想家之著述的整体性，尤其是视而不见其自相矛盾之处。①

莱昂哈特认为，针对波考克的立场，应当在"经验空间"和"期待视野"的层面上强调基本概念的功用。所有政治和社会话语，尤其是相互对立的话语，都依托于共同的阐释模式，否则不可能发生语言纷争。正是经验和期待的阐释模式以及由此引发出的相关话语，才可能让史家重构往昔的语义。不可替代的政治/社会概念绝不可能与各种话语相分离，这已经根植于概念的生成和演变之中。基本概念在话语中生成并发挥作用，没有基本概念的话语是不可想象的。因此，话语与基本概念的关系是互动关系，在方法论上排除了孰高孰低的问题。②

值得称道的是波考克发表于 2019 年的一篇新文，他在该文中回应了学界对剑桥学派语境主义的部分批评，他对

---

① 参见"澎湃新闻"：《佩里·安德森访谈（I）：风格、方法、霸权》，见 https://www.thepaper.cn/newsDetail_forward_1722660，读取时间：2019 年 2 月 22 日。
② Jörn Leonhard, "Grundbegriffe und Sattelzeiten — Languages and Discourses: Europäische und anglo-amerikanische Deutungen des Verhältnisses von Sprache und Geschichte", in: *Interkultureller Transfer und nationaler Eigensinn: Europäische und anglo-amerikanische Positionen der Kulturwissenschaften*, hrsg. von Rebekka Habermas und Rebekka v. Mallinckrodt, Göttingen: Wallstein, 2004, S. (71 - 86)82 - 83.

批评的态度是诚恳的:"谁都知道人们开始'全球'批评,那也是可被接受的共同基点。批评之声可归结为一个观点,即这个领域的'剑桥'学者是'欧洲中心主义'的。也就是说,他们研究的'政治思想',都只是产生于希腊、罗马地中海区域,在中世纪和近代欧洲得以赓续,后又浸淫被欧洲殖民的美洲以迄世界(或'全球'),一切都由欧洲或'西方'支配。此说显然有理,因而需要改进。"①

三、斯金纳的"意识形态"研究:言语行为、语境及修辞

剑桥学派领军人物斯金纳的研究进路,对英国观念史的进一步发展有着重大意义,他的方法论研究也最具代表性。时年29岁的斯金纳发表于1969年的长达50页的论文《观念史中的意涵与理解》②气势非凡,常被看作剑桥学派最早的原则性宣言。该文严厉批判的诸多前辈学者,开篇即攻击两种"正统":其一为"循环反复",即哲学家们总在不厌其烦地论辩同样的基本问题;其二是一种看法,认为语境对理解历史文本来说无关紧要,文本自成一体,可

---

① John Pocock, "On the unglobality of contexts: Cambridge methods and the history of political thought," in: *Global Intellectual History*, 4: 1(2 January 2019), p. (1-14)1.
② Quentin Skinner, "Meaning and Understanding in the History of Ideas," in: *History and Theory*, vol.8, no.1(1969), pp.3-53.

以单独阅读。斯金纳及其同人"捍卫政治理论史,既反对把思想化约为附带现象而弃之不顾,也不赞同经典理论家把文本看作永不过时的哲学著作"①。

斯金纳讨论的一个关键问题是,史家受制于经验、概念、问题意识,以及源自库恩的各种"范式",他认为这些都会导致对历史文本的错误解读,或曰"形形色色的历史性谬误"。身为哲学家和史学家的斯金纳,以其不同寻常的睿智和思辨力,罗列了四种相互关联的误读形式,尖锐地称之为时代误置(anachronism)造就的"神话":

* (一)学说神话(mythology of doctrines):这一神话根深蒂固,认为经典作家在某一主题上定然有其学说体系,否则会被视为不称职。只要某一思想似乎接近某种"学说",一切都会理所当然。因此,有些史家会按照理想的学说形态,过度解读只言片语,解经文献中充斥着这种做法,将自己的偏见强加于那些让人敬仰的人物。斯金纳讥弹把当下的理论和学说塞进历史文本,竭力在经典文本中寻找我们所期待的学说,或认为后来的学说早有"预见"。显然,斯氏是在批判超历史的问题意识、存在巨链或永恒价值,如洛夫乔伊和施特劳斯(1899—1973)的方法论所显示的那样。

---

① Mark Bevir, "The Contextual Approach," in: *The Oxford Handbook of the History of Political Philosophy*, ed. by George Klosko, Oxford: Oxford University Press, 2011, p.(11-23)14.

他认为，人们信以为真的"永恒"真理，只不过是历史和社会结构的随机性结果。洛夫乔伊的明确追求，是在一切可能出现的历史情境中追溯某种学说的形态，这在斯氏眼里是荒唐的。思想史中并没有一成不变的概念，只有伴随不同社会的各种概念。

（二）连贯性神话（mythology of coherence）：史家在研究往昔的观念时，总会设定经典作家的文本一定具有内在连贯性，他们难以接受连贯性的缺失，不愿看到某些经典作家并不前后一致，例如马克思在不同时代关注的是不同的社会和经济问题，三十岁的洛克显然还不是"洛克"。思想史中的"连贯性"神话，要么坚信某些古往今来的恒久"问题"，把历史上的思想家联系在一起，要么认为某个大思想家具有贯串一生的思想主题。不少史家会为所谓"高度连贯性"，对明显的不连贯之处视而不见，不惜一切地在字里行间捕风捉影，嘲笑没有思想的粗心读者。斯金纳反对化约和抽象方法，即无视作者在其学术生涯中的自我修正，或思想中的裂痕，从而也削弱了特定思想的张力。他认为许多观念史家所坚信的不可能不存在连贯性，至多只能是虚构，是带有神话色彩的叙述。（波考克也在其《文本及其含义》一文中指出，思想家在保持连贯性方面，成功和失败的概率是一样的。）

（三）预期神话（mythology of prolepsis）：上述两种神话的根源是预先判断所带来的设定，即从后来的意义来解读经典文本。斯金纳以彼得拉克（1304—1374）为例，说他登上旺图山，常被今人看作文艺复兴的序幕，但那不可能是彼得拉克本人的意图，他的举动有着其他意涵。又如马基雅维利常被看作现代政治取向的奠基者，是他让我们站在现代世界的门槛上；这或许就是历史事实，但不能与马基雅维利思想的本来意图相提并论。这种现象也见于有关洛克政治思想的讨论：他无疑是现代实证和自由主义政治思想的先驱之一，只是不能把他看作"自由主义"政治理论家，或者认为洛克思想必须等待后来人领会其意涵。邓恩的经典著作《洛克的政治思想》①揭示出，视洛克为政治上的自由主义者，是一种时代误置式的误读。（斯金纳认为，邓恩《洛克的政治思想》的出版是"剑桥学派"的诞生标志。）斯金纳对预期神话的批判，与法国历史认识论的代表人物批驳历史先驱的做法相似。

（四）相近神话（mythology of parochialism）：这里的中心问题是如何理解陌生文本。斯金纳非难那些建立在相近或相同的动机、理论或概念基础上的历史叙事，用自己熟悉的标准硬做比附，在陌生文本中"发现"似曾相识的东西，因而大谈早期著作的"历史影响"，并任意"概念化"，从表面的相似性中得出历史

---

① John Dunn, *The Political Thought of John Locke: An Historical Account of the Argument of the "Two Treatises of Government"*, Cambridge: Cambridge University Press, 1969.

连贯性的结论,最终导致本来不相干的意涵和取向的均质化。这种方法论批评亦体现于斯氏对当代理解观念发展的两种互补性主导范式的讨论:文本主义和语境主义。文本主义认为,全神贯注、一遍又一遍地阅读文本,自能理解著作的"确实"意涵和意义。斯氏要求区分"说了什么"和"所指何在";尤其对政治言说而言,这一点至关紧要。他认为,对文本主义的批判所生发的语境主义,能够很好地体察观念发展的社会前提。然而,语境主义的可能缺陷是,混淆语境和对文本自身的理解。因此,我们需要一种历史的、文本间性的视域。

斯金纳对四种神话的辩驳,构成《观念史中的意涵与理解》的主体。他对时代误置以及观念史的主导概念如"影响"或"观念单元"的批判,不像福柯那样对观念史的断然拒绝,而是在呼唤观念史的范式转换亦即一种全新的观念史。他的论证和批判锋芒,更多指向英美主要建立在理论史基础上的观念史。他重点批驳了洛夫乔伊的观念史,说其"观念单元"追溯某个时期甚至数百年间的某个宏大却难以捉摸的主题,但无法弄清一个观念在某个人的特定思想或者某些思想环境中的确切位置(意义和重要性)。斯金纳在这个问题上的另一个"眼中钉"是文本主义方法论的开创者施特劳斯,如他在《自然权利与历史》(1953)中把马基雅维利-霍布斯-洛克-卢梭衔接在一起,再把他们与柏拉图-亚里士多德-阿奎那相通连,从而提出对"恒久问题"的思考;通过解读经典文本来探究人类的永恒智慧,并视之为思想史的使命。斯金纳在《观念史中的意涵与理解》中说,施氏特别强调思想史研究应当依托于恒久的、至少是传统的"真正标准",这一观念影响巨大。

斯金纳及其同道则要破旧立新,破除思想史研究中的"连续性"观念,实现思想史研究的转向,根究经典文本得以生成的社会条件或知识语境。斯氏把自己的语境说观念史设定为具体词语运用的历史。他强调指出,当我们看到并不存在明确的、不同作者为之做出贡献的观念,而只是各怀其意的作者所发表的纷然杂陈的言说,那我们也会发现并无观念史可言,只有不同的观念运用以及运用时的不同意图之历史。他在上揭《什么是思想史》"七人谈"中颇为自信地说,假如观念史想要具有真正的历史性,他所说的新方法才是最值得践行的方法。

强调物质和社会语境的社会史研究取向,是对传统观念史的背弃。斯金纳对此并未明说,而是要求追问特定言论与社会语境的关系,即特定时刻的特定言论。换言之:思想家的任何论说,都依赖特定的条件,有其特定意图,为了解决特定问题。如此,研究文本或"观念单元"的意义,说到底是语言上的,即 linguistic context。从思想的连续性转向语境研究,成为语言研究的一个重要环节,而社会惯例有助于辨认文本所要传达的意涵。他在《政治的视界:方法论思考》(2002)的"前言"中说,要以合适的历史方法来书写观念史,就必须把文本放在思想语境和话语中进行考察,旨在识别文本作者写作时究竟想做什么。

1974年,斯金纳在《分析政治思想与行为的几个问题》[①]一文中回应了各种不同意见,进一步阐述自己的方法论。嗣后,他又在《对我的批评者的回应》(1989)中说,首先是科林伍德(1889—1943)让他懂得如何撰写政治思想史:科氏认为,不应把思想史写成"回答诸多经典问题的尝试,而应写成一系列事件,其中的问题和答案总是变化无常的"[②]。其实,斯金纳针对传统观念史提出的创新方案,主要依托于维特根斯坦晚期的语用理论,尤其是将奥斯丁的"以言行事"之说运用于政治思想研究。他认为,要理解维特根斯坦所说的某个社会的"生活形式"(Lebensform),就必须理解维氏所说的那个社会通行的"语言游戏"(Sprachspiel),就像学习一门语言,那是在理解一种不同的社会类型。他把维氏《哲学研究》看作一部论述"意义"(meaning)的著作;在维氏那里,至关紧要的不是追问意义,而是追问概念的用法,查考表达思想的词语是怎样处理过的。"言说"属于社会行动。[③]

奥斯丁提出的"以言行事"理论,即他所推进的维特根斯坦思想,才把斯金纳真正引入其研究路径。奥斯丁在《如

[①] Quentin Skinner, "Some Problems in the Analysis of Political Thought and Action," in: *Political Theory*, Vol. 2, No. 3(1974), pp. 277-303.
[②] Quentin Skinner, "Reply to my Critics," in: *Meaning and Context: Quentin Skinner and His Critics*, ed. by James Tully/Quentin Skinner, Princeton: Princeton University Press, 1989, p. (231-288)234.
[③] 参见访谈《昆汀·斯金纳:把英雄和恶棍放一边,历史研究应该做什么?》。

何以言行事》一书中对言语行为做出三分：（1）以言表意（locutionary act）；（2）以言行事（illocutionary act）；（3）以言取效（perlocutionary act）。斯金纳常用一个例子来说明这三种行为：一个警察对一个在结冰的池塘中滑冰的人说："那里的冰很薄。"从"以言表意"来看，警察是在说一个事实；就"以言行事"而言，警察是在警告滑冰者；"以言取效"则是警察说完这句话，滑冰者可能不再继续滑冰了。奥斯丁最为强调的是"以言行事"及其力量，并认为重要的言语都有某种"以言行事的力量"（illocutionary force）。

奥斯丁区分了"话语的意义"和"话语的力量"；也就是说，语言和交流有着两个向度，一为意义，一为"言语行为"，比如驳斥、赞美、批判、嘲弄等行为所具有的力量。因此，对文本的整体性阐释，不应局限于传统的意义问题，更应关注言语行为；追问意义，其实是在追问意图。然而，斯金纳的追求，并非意图与意义的衔接，而是将意图与言语行为相通连。这里不仅关乎行为和词语运用，还牵涉语言行为与权力的关联。由此，某些话语是否出现在文本中，是次要的；首要问题是说话者如何言说，如何在特定情境中兑现其意图并取得效应。斯金纳在《对我的批评者的回应》中还说，他首先感兴趣的不是意涵，而是"以言行事"的实施。他把文本亦即各种言说看作参与性的语言行为，只有细致重构一个时代及文本语境中的语言惯例，或曰重要思想家所处社会中的语言惯例，才能真正见出某一言说的意涵和实际意图。

斯金纳关于意涵和意图的说法,遭到不少人的反对。[①]其中一个重要原因,或许是他把自己的方法论视为"法则",而且还要用在一些不相干的论题上。《观念史中的意涵与理解》之后,他又在一系列著述中阐释这篇文章中的纲领性设想。他在其代表作之一《近代政治思想的基础》的"导论"中指出,与其说这部著作见重经典文本,毋宁说其关注各种思想关联的历史,目的在于构建一个基本框架,以呈现重要理论家的文本的恰当位置。他喜于把自己所研究的政治思想称为复数的"意识形态"(ideologies),这在他那里是中性术语,指称许多思想家分享的语言实践,例如用于表达主张的词汇、原则、假设和标准等。并且,他重构理论语境的目的,是要凸显特定作者的语言行为及其思想要义,以及语言行为变化的一般特征。从这个视角出发,历史语义嬗变的缘由,是突破通行的表达惯例,比如概念运用、运用范围及其描述和评价倾向的变化。

在《政治思想和行为分析中的一些问题》(1974)这篇论文中,斯金纳详谈了概念变化问题。他以基督教辩护士与变革者之间的概念对峙为例,分析了去合法性、更改名称、去有效性、去耻辱化等各种手段。在《霍布斯与共和主义自由》(2008)一书中,他再次强调了自己的研究进路:他的主要假设是,再抽象的政治理论著述,也从来没

[①] *Meaning and Context: Quentin Skinner and His Critics*, ed. by James Tully/Quentin Skinner, Princeton: Princeton University Press, 1989.

有超然于斗争事件，总是斗争的一部分。基于这一认识，他要让霍布斯从哲学高空降临人间，他要破解霍布斯的影射和暗示，指明他的盟友和对手，确证他在政治论争中的位置。

斯金纳认为，词语是争夺政治统治合法性的斗争"工具"（维特根斯坦）和"武器"（海德格尔）。探寻某一词语的"这个"含义，显然是次要的，甚至会迷人眼目。在各不相同的具体论说中，同一个词语可有不同含义。充分认识概念的视角性和争议性，能使目光从"这个"含义转向探讨词语在不同语言游戏中的不同功能和运用可能性。在他看来，政治话语中的概念多义性，使之"可被质疑"（contestability），这并非缺陷或坏事，而是政治概念的显著特征。这一认识与科塞雷克的观点相仿，即争议性是社会基本概念的本质之一。

斯金纳颇为推崇在信息和理解中确认语言的主要意涵，包括语言策略和说服力，借助语言手法引人注目、激发情绪、排除异见等。在《近代政治思想的基础》的"修辞与自由"一章中，作者着重探讨了人文主义修辞的重要意义，并未关注概念含义在运用中的传承或转变。进入1990年代之后，他开始对修辞进行深入研究，发表长文《霍布斯：修辞与历史建构》（1991）和《古典修辞及霍布斯早期思想中的公民科学》（1993），强调政治语言是修辞性的，政治思想亦即"意识形态"与修辞紧密相关。在此基础上，他在《霍布斯哲学思想中的理性和修辞》（1996）第四章中，对修辞改写技术做了翔实分析，并区分了不同的类型，例如概念的改写、重置、重估、更名等。他又在论著《自由主义之前的自由》（1998）中梳理了自由概念和共和主义的历史。另外，他还探究了历史语义变迁问题，涉及称谓、意涵、意义和评价等范畴，以及特定术语在实际运用中何时、为何出现语义变化。斯金纳的"修辞转向"同他修正自己的早先观点有关，也是在重新规划自己依托于言语行为理论所从事的研究。也就是说，关注作者意图与文本形成的关系固然重要，但还要重视作者如何运用修辞手段来组织文本；研究重点不再是思想的"表达"，而是"表达方式"，亦即"修辞"。直至近期，斯金纳在其2018年的新著《从人文主义到霍布斯》①中，还在用多个章节探讨修辞改写技术，以显示道德和陋习的语言操控手段。

　　修辞策略研究而外，斯金纳还悉心查考了一些词语史，他显然偏好"词语史"之说，而不是"概念史"。他在1980年代撰写的《语言与社会变迁》（1980）、《语言与政治变迁》（1989）等文章，都还没有涉及概念史，更多地谈论政治思想史与语言的关系。他为特伦斯·鲍尔等人主编的文集《政治革新与概念变化》（1989）所写的长文《国家》，考证了国家概念的起源和含义史，颇为独到地梳理了围绕这一概念的多种思想形态，但采用的还是很传统的方法，并不像他的方法论著述所标榜的那样，要求把重点放在概

---

① Quentin Skinner, *From Humanism to Hobbes: Studies in Rhetoric and Politics*, Cambridge: Cambridge University Press, 2018.

念的使用上。其实,早在《近代政治思想的基础》中,作者关注的一个关键议题就是近代国家概念的形成过程,《国家》一文的参考文献也都出自《基础》。应该说,此书"前言"中的一个中心论点是很有见地的:16世纪开始在近代意义上对"国家"亦即 State 或 État 词语的使用让人看到,一个社会开始自觉把握某一新概念的最明显的标识是,一套表达和说明这一概念的新词汇应运而生。

四、斯金纳批判以及他对概念史的抵触

尽管斯金纳对传统观念史的消亡做出了贡献,但他自己很快就遭到了批评,指摘首先来自传统主义。主要被诟病的,正是他颇多用心的业务,即把历史文本从效应史堆积的瓦砾中解放出来,反对从当代旨趣来分解原始意涵。有学者针锋相对地指出,采用当代理论模式,并不必然"时代误置"地对待往昔的观念,关键是要在方法上有节制地把当代立场和已有的科学认识结合起来。斯氏力图尽可能准确地挖掘古书作者的真实意图,即所谓"用他们的眼睛看问题",或曰"更历史的方式",这也遭到了批评,被讥弹为好古,把过去政治理论中的所有含义拿到当下来欣赏。

斯金纳曾在《观念史中的意涵与理解》中强调理解文本的两大任务:理解意涵与理解意图,二者缺一不可;意

涵会随时代变化而变化，所以理解意图才能理解意涵。对斯氏方法论和认识论的批评，同时带着对语言哲学立场的批评，即不相信透过一个时代的语言惯例就能重构一个作者的意图，语境还不足以解释意图，意图可以先于各种言说早就存在。并且，从来无法很有把握地探明意图，它对理解文本也不那么重要。对语言哲学的责难，是从根本上质疑把言语行为理论用于观念史的可行性。的确，已有不少研究表明，作者和读者的关系完全不同于说话人和听者的关系；在后一种情况中，双方分享着共同的现实。而在斯金纳那里，棘手问题是过去的作者和今天的读者在历史和概念上的遥远距离。

遭到批评的还有斯金纳的历史语境主义，且为多方位的批评。一方面，什么可被看作一种言说的语境，这是见仁见智的问题，难有定论。用以确认一种言说的特定含义和意图的语境，本身就是选择的结果，本身也需要说明。并且，没有理由一定要赋予语境以特权，而忽略作者的社会状况或言语行为的效应史。人们还应看到人的不经意（无意图）的行为所产生的效应，以及不少创造性和自发性的意涵。关于不经意的行为所产生的效应，可用鲍尔在《"概念史"和"政治思想史"》中的一个例子来说明：我在某个深夜回家，按了电灯开关；灯亮了，这符合我的意图。但灯亮了，也惊醒了猫，惊动了隔壁的夜贼，这并不是我的意图所致，因为我不知道猫睡在哪里，更不知道已经有贼潜入隔壁。①

斯金纳推崇维特根斯坦的观点，把概念看作工具，重视其运用时的含义；或者说，同一个观念（或概念）可以为不同时期不同的人所用。因此，他认为洛夫乔伊那样的观念史研究，永远是一个错误。他对洛夫乔伊的批判，早已见于《观念史中的意涵与理解》，亦见于他同波考克合著的《何谓思想史》（1985）一文。1990年代，斯金纳才在文章中论及德国概念史，起初对概念史基本上持否定态度，但在表述上较为温和，没有像鞭笞洛夫乔伊的观念史那样指摘概念史。他在2007年的一次访谈中，借用科塞雷克批驳他的时候所用的"雷区"之喻，也把自己的方法与科塞雷克方法之间的关系形容为"雷区"。②

里希特在其《政治/社会概念史——综合述评》（1995）第六章"波考克、斯金纳与'概念史'"中，比较了剑桥学派研究取径与德国概念史的异同。例如，就相近之处而言，斯金纳的一些方法论视角极为类似德国的《历史基本概念》所体现的突出语境的概念史。然而，德国概念史的出发点是社会"实在"与"言说"之间的张力，这在剑桥学派那里几乎合二为一。里希特还指出了斯金纳的思想变

---

① Terence Ball, "Conceptual History and the History of Political Thought," in: *History of Concepts: Comparative Perspectives*, ed. by Iain Hampsher-Monk/Karin Tilmans/Frank van Vree, Amsterdam: Amsterdam Univeristy Press, 1998, p.(75-86)83.

② Javier Fernández Sebastián, "Intellectual History, Liberty and Republicanism: An Interview with Quentin Skinner," in: *Contributions to the History of Concepts* 3 (2007) I, p.(103-123)114.

化，认为他的政治思想研究在向语用概念史的方向靠拢，但却显示出雄心勃勃的方法论批评与时常很保守的实际研究之间的矛盾，尤其是其专注于经典理论家的言论（这与传统观念史的做法相仿），置之不顾那些不该被遗忘或被忽略的思想，这就使他向概念史靠拢的方案很难实现。说到底，斯金纳的方法论原则与概念史方法存在龃龉，也势必阻碍他走向概念史。至少在里希特著作发表之际，也就是1995年，作者在该著中言之凿凿地说，英语学者尚未展开系统的概念史研究，当然也不存在德国那种政治/社会概念史。而李氏专著的名称《政治/社会概念史》，几乎就是《历史基本概念》副标题的翻版："德国政治/社会语言历史辞典"。这是可以理解的，他是在英美世界大力倡导概念史，因而明显偏向德国概念史。

如同斯金纳否定观念史的存在、只认可观念运用及其不同意图的历史一样，他认为一个概念的历史其实是不存在的，科塞雷克的研究以及《历史基本概念》不是真正的概念史，只是词语史。作为维特根斯坦语言哲学的信奉者，他援恃概念唯有在语言游戏中才能得到把握的假设："［……］概念不可能有历史，只可能有论说时运用概念的历史。"[1] 对他来说，我们通常研究的并不是概念，而是概

---

[1] Quentin Skinner, "Reply to my Critics," in: *Meaning and Context: Quentin Skinner and His Critics*, ed. by James Tully/Quentin Skinner, Princeton: Princeton University Press, 1989, p. (231 - 288)283: "I remain unrepentant in my belief that there can be no histories of conrepts; there can only be histories of their uses in argument."

念的各种语言表达，我们永远是在讨论语言；理解话语就是理解概念的各种用途，也就是体认概念可供使用的方法的历史。因此，他对科塞雷克的研究路径一直持怀疑态度，怀疑词语史是不是史家从事研究的合适方法，否定借助基本概念来准确描述历史的可能性。在他看来，仅专注于语言表述，会把许多实际关联和思想家排除在外，只因为他们没有运用特定词语。

斯金纳所理解的历史语义学，主要见于波考克借用的斯氏说法，即强调概念内涵之各不相同的具体语言表达：被书写的概念史只是"语言现象、词语及其运用的一个方面"①。在把科塞雷克的研究断定为词语史之后，斯金纳批评科氏及其追随者在叙写一个词语的历史，甚至只是这个词的语言表达的历史时，未能真正说明这个词在特定社会中所扮演的角色，是否居于中心位置，以及它同其他术语之间的相互关系。②

应该说，斯金纳在这些问题上对科塞雷克方法的责难是颇为武断的，至少是说过头了。他所期待的词语的"角色""位置""关系"等，在《历史基本概念》中是很常见的；他所推崇的借助语言认识历史的方法，其实也见于科塞雷克的不少理论著述。另外，关于概念的语用史，也是

---

① John Pocock, "Concepts and Discourses: A Difference in Culture? Comment on a Paper by Melvin Richter," in: *The Meaning of Historical Terms and Concepts. New Studies on Begriffsgeschichte*, Occasional Paper No. 15, ed. by Hartmut Lehmann and Melvin Richter, German Historical Institute, Washington D. C., 1996, p. (47-58)52.
② 参见访谈《昆汀·斯金纳：把英雄和恶棍放一边，历史研究应该做什么？》。

科氏的重要追求。不谈语用,何以成就一篇(甚至数百页的)概念史论文?斯金纳对概念史的反对态度,或许只能从英美学术传统中找到解释:承接洛夫乔伊的观念史理路,英美直到1960年代还常在论说伟大观念(great ideas)和伟大思想家(great thinkers)。另一方面,剑桥学派曾长期对20世纪五六十年代的社会史和社会学表示反感。

波考克和斯金纳都指责《历史基本概念》的辞典形式,即按字母排列的词条撰写形式;斯金纳更是批评《历史基本概念》的方法论和基本理论假设,反对科塞雷克发展的"鞍型期"模式。斯金纳认为,鞍型期的理论假设和时间框架限制了《历史基本概念》中的一些文章。他说,科塞雷克认为从启蒙运动晚期到19世纪早期,或曰法国大革命将世界再造一新,这对德意志哲学传统来说无疑是正确的;但科氏将此作为理解诸多概念的突破口,这在欧洲其他主要哲学思想中未必行得通,英语世界就不一样。[①] 在斯氏眼里,科塞雷克方法对常见于历史的一些概念(斯氏称之为词语)的交替使用与传播现象不够敏感,对于有些概念为何在特定时期得到重视并为人所用,也没有足够的探讨。另外,他认为思想史中不难发现,实际上没有一成不变的概念,有的只是伴随不同社会的各种概念。

斯金纳批评科氏把鞍型期看作语言加速变迁时期,怀疑套用的可能性。在这个问题上,波考克与他略有不同,

---

① 参见访谈《昆汀·斯金纳:把英雄和恶棍放一边,历史研究应该做什么?》。

承认鞍型期之说对特定时段来说是有效的。他认为英国政治/社会词语变化的鞍型期，应当定于1500年至1800年，如他主编的《英国政治思想的种类（1500—1800）》（1994）显示的那样。显然，不只是概念史研究，还有其他推究这类发展变化的研究模式，都有其"历史、文化和国家特殊性"[①]。德国学派与剑桥学派是对不同历史、文化和国别发展的理论思考所得出的两种不同的方法，连接着各自不同的历史书写和哲学传统。这些都为比较研究提供了可能性。

* 其实，科塞雷克本人后来在总结其"鞍型期"方法论时，完全带着审视的目光。他认为，无论对德语区的概念史分析，还是对其他地方的话语研究来说，"鞍型期"之说绝不是到处适用；较为恰切的是更为开放的"界线期"（Schwellenzeit）设定。尽管如此，在从事比较研究时，"鞍型期"模式作为考析的出发点或假设，显然有其参考价值，对重构情形各异的语义转变期有着重要的方法论启示。例如《法国政治/社会基本概念工具书（1680—1820）》，便把另一时段视为法国"鞍型期"。

[①] John Pocock, "Concepts and Discourses: A Difference in Culture? Comment on a Paper by Melvin Richter," in: *The Meaning of Historical Terms and Concepts. New Studies on Begriffsgeschichte*, Occasional Paper No. 15, ed. by Hartmut Lehmann and Melvin Richter, German Historical Institute, Washington D. C., 1996, p.(47-58)58.

科氏概念史的起源，背弃了传统的史学观念史，与先行的哲学概念史有着某种关联。同德国传统思想史有着某种可比性的英美"政治话语"研究，则更多排摒了传统的"政治观念史"（history of political ideal）。德国概念史专注于不同概念的历时语义变迁，而剑桥学派的研究重心更多的是在共时层面上重构政治理论之总体语言及其所有组成部分。显然，在"基本概念/鞍型期"与"语言/话语"的区别背后，其实隐藏着一个原则性争辩：何为分析语言与历史之间关系的正确切入点？[①] 另有一个远未解答的问题是：英美和德国之不同的科学文化和研究风格所发展的模式，是否能够形成对话和对接？科塞雷克、波考克和斯金纳在探讨语言与历史的关系时，他们谈论的确实是同样的问题吗？或者是对历史理解的深层区别，最终体现为对话的障碍？无论如何，剑桥学派的思考很少在德国史学界被付诸实践，可能应为这个领域的德国史学家更多是以科氏概念史模式从事相关研究，而这一模式明确排斥话语史。

---

① Jörn Leonhard, "Grundbegriffe und Sattelzeiten — Languages and Discourses: Europäische und anglo-amerikanische Deutungen des Verhältnisses von Sprache und Geschichte", in: *Interkultureller Transfer und nationaler Eigensinn: Europäische und anglo-amerikanische Positionen der Kulturwissenschaften*, hrsg. von Rebekka Habermas und Rebekka v. Mallinckrodt, Göttingen: Wallstein, 2004, S. (71 - 86)85 - 86.

第六章 作为社会理论的威廉斯"关键词"研究

伊格尔顿认为威廉斯（1921—1988）能与萨特（1905—1980）和哈贝马斯相提并论，称他为战后英国最重要的文化思想家，左派阵营的权威人物。① 他对中国相关领域，尤其是文化研究学者来说，可谓人人皆知。可是在人文学科的大多数人那里，威廉斯的名字或许主要同他的著作《关键词：文化与社会的词汇》② 联系在一起。该书随着文化研究进入中国以后，被广泛接受和大量征引；说及关键词，言必称威廉斯。

在某种程度上，我们可以把文化研究之重要援手的《关键词》看作左派理论文献。学术常会带着或明或暗的政治倾向和意识形态，这似乎难免，威廉斯本人对此也不忌讳。他并没有把《关键词》看作一部辞书，③ 但此书在中国备受关注，主要是它被当作权威工具书。倘若真正了解威

---

① Terry Eagleton, "Foreword" in Alan O'Connor, *Raymond Williams: Writing, Culture, Politics*, Oxford: Blackwell, 1989, p. (vii - viii) xii.
② Raymond Williams, *Keywords: A Vocabulary of Culture and Society*, London: Fontana Paperbacks, New York: Oxford University Press, 1976.
③ 参见威廉斯《关键词：文化与社会的词汇·导言》，刘建基译，北京，生活·读书·新知三联书店，2005年，第6页。

氏编写《关键词》的目的以及这本书的性质，那它不啻为一本很有特色的书；倘若对此懵然无知，视之为一部专门辞书，那就存在盲目使用"工具书"之嫌，而这些人不在少数，甚至以为这就是"文化与社会"的关键词！其实，这只是威氏的个人理解，却传染甚广，该书书名确实会给人"正宗"之感。

《关键词》曾对英国的新左派运动产生过很大影响，是欧美文化研究中的经典作品之一。党派之见或曰带着政治倾向的历史考察，是《关键词》的显著特色，也是作者的选择，无须过分褒贬。威廉斯本来就不愿像《牛津大辞典》那样号称所谓客观性、权威性和非个人性，他是要彰显他的价值观、他的文化政治立场、他的个人预设。但作为一部多少有着工具书抱负的著作，这是其致命弱点。《关键词》毕竟是一项历史语义学研究，史学须尊重历史和尽可能的客观性。威廉斯尽力扣住语言的社会和历史之维，而且写得深入浅出、通俗易懂，但他的不少词义解释，旨在阐发自己的思想，显然不是历史的全部，这就出现了何谓"标准"的问题，也就是威氏文化与社会关键词的代表性问题。

本章第一、二节讨论威氏《关键词》的成就和缺陷。首先是在"文化与社会"研究模式的大框架中，展示《关键词》的生成语境，也就是威廉斯的立足点和批评理念的一般特征；然后在此基础上梳理和评估孕育于文化研究母体的《关键词》，以呈现威氏关键词讨论的理论视野、写作理念和文本体例。论述将不时借助德国的"同类"著作《历史基本概念》进行考察,也就是把《关键词》与概念史这一历史语义学的标志性范式做简要对照,在比较中阐释相关问题。第三节评述一场理论对峙,即威廉斯的同事、剑桥学派领军人物斯金纳对《关键词》的严厉批判,例如他说《关键词》没有明晰的方法论支撑,或说威廉斯分不清词语与概念的区别。最后一节简要论述"关键词"方法在西方的效应和现状。

一、"文化与社会"研究模式与"关键词"

文化研究的核心论题是文化与社会之错综复杂的关系,以及文化分析和社会分析的结合。英国文化研究发端之时,威廉斯曾把历史语义学描绘成文化/社会研究的方法。他要尽力通过词语意义的考辨梳理,寻找有效研究社会和文化的独特方法,以呈现问题的起源、发展与流变,揭示隐身于词语的意识形态,绘制出认识文化与社会的路线图。"这种探索最初的用意是要了解当前若干迫切的问题——实际上,就是了解我们现今的世界问题。"(《关键词·导言》,第4页)

说起文化研究,人们马上就会想到起始于1960年代的伯明翰学派,也就是一种新的大众文化研究范式的崛起。可是对学术史而言,另一文化研究的传统是不应被忽略的。

1933年希特勒上台，德国的文化/知识社会学亦即不少文化研究的尝试不得不中断。从某种程度上说，那正是后来文化研究的起点；不仅在方法论上如此，同样也关乎研究主题。然而，虽有曼海姆在英国的流亡经历，以及艾略特（1888—1965）对曼海姆的接受所产生的或明或暗的联系，但对英国文化研究创立时期来说，德国20世纪二三十年代的倡导并未产生任何影响。对于同文化研究平行发展的德国社会史取径的概念史，英国的文化研究学者也无动于衷。尽管二者有着颇多共同之处，却没有直接的触点，这里似乎能够见出这个领域的"两种文化"。① 其代表人物之截然不同的生平，只是问题的一个方面，更重要的还有英德两国不同的学术文化传统。一般而论，德国的历史主义与学术研究中的普世主义倾向，在英国都是较为淡漠的，那里更关注英伦三岛上的事情。以《关键词》为例，例证主要出自大不列颠历史；这对欧洲主要语言的发展史来说，经常是不够充分的。另外，德国那种深厚的语文学传统，在英国是稀缺的，对古希腊和拉丁语等语言遗产缺乏敏感度，没有法国人、德国人那样的自觉。

威廉斯著《关键词》出版于1976年，那正是德国概念史的繁盛时期。《关键词》面世之时，八卷本《历史基本概念》（1972—1997）的前两卷已经出版，按照字母排列的词条，亦见于《关键词》的有"工作""工人""民主""解

---

① Ernst Müller/Falko Schmieder, *Begriffsgeschichte und historische Semantik. Ein kritisches Kompendium*, S. 699 - 670.

放""发展""家庭""进步""自由""历史""社会""平等";仅这些条目的叠加篇幅,已经超过整本《关键词》。另外,十三卷本《哲学历史辞典》(1971—2007)也已出版四卷(第四卷1976年出版),其中不少词条,同样出现在《关键词》中。两相对照,人们定会发问:"关键词"和"概念史"的区别究竟在哪里?暂且简单回答:威廉斯论述的不少"关键词"历史,原文一般只有三五页文字;其中很多条目,很难说是词语史还是他也试图追寻的概念史。尽管他的有些研究理念与概念史有着相同或相似的追求,只是他时常混淆词语与概念。(后将详述)

《关键词》的前期工作亦即"文化与社会"的研究模式,可以往前追溯近二十年,即被看作文化研究开创之作的威氏《文化与社会(1780—1950)》[1]。如作者在该书"前言"和"导论"中所说,此书基于一个发现,即18世纪晚期和19世纪上半叶以降,当代语言中的"文化"概念及相关重要词语获得了新的含义。他认为这种意义嬗变与两次革命(工业革命和政治革命)密切相关。在他看来,"文化"概念与"工业""民主""阶级""艺术"等范畴有着很大的关联性,它们在同一个发生重大历史变迁的关键时期发生了语义变化,同属一类结构,不仅是思想上而且是历史的结构;在这种关联性中分析文化概念的发展,足以见出人们对社会、经济、政治生活之历史变迁的一系列

---

[1] Raymond Williams, *Culture and society: 1780 - 1950*, New York: Columbia University Press, 1958.

重要而持续的反应。这可被视为分析文化概念诸多变化的主线,并可用关键词来组织论点。

《文化与社会》的主要目的,是描述"文化"这个在观念和关系上都极为复杂的词语的形成过程及其意义结构。在此书"导论"中,作者把文化看作"一场广大而普遍的思想与感觉运动",他要揭示文化概念的抽象化和绝对化过程。就方法而言,威廉斯的分析基础是对大不列颠精神史中"伟大"思想家和作家之关键文本的细读,研究从伯克(1729—1797)到奥威尔(1903—1950)这些"当事者的实际语言",即"赋予他们的经验以意义时所使用的词汇与系列词汇"[①]。因此,米勒、施米德尔认为《文化与社会》是一种偏重词语的观念史或精神史研究。[②]

该书的时间框架,关于词汇含义重大变迁的基本立论,对主导概念之变化模式的考证,以及意义史与社会史的紧密联系,都与科塞雷克十年之后在《概念史文库》年刊中所介绍的《历史基本概念》的追求类似。[③] 这同样体现于对许多现代语义学视角的认同,例如对很多"主义"复合词之起源的理解,或如何把握一些自足的一般概念,如"文化自体"(Culture as such, a thing in itself)。从语言入手,查考社会、政治、文化、思想的历史演进,挖掘文化的历

---

① 威廉斯:《文化与社会(1780—1950)·导论》,吴松江、张文定译,北京,北京大学出版社,1991年,第20、21页。
② Ernst Müller/Falko Schmieder, *Begriffsgeschichte und historische Semantik. Ein kritisches Kompendium*, S. 700.
③ Reinhart Koselleck, "Richtlinien für das Lexikon politisch-sozialer Begriffe der Neuzeit", in: *Archiv für Begriffsgeschichte* 11(1967), S. 81-99.

史语义,将词汇分析与文化联系起来,并揭示其复杂的内在关联性,都是威廉斯的主要研究兴趣所在。

关注具体历史和社会情境中的词义及其变化,并对文化概念的泛化和大众化做意义史查考,是威廉斯发展一种新的、一般意义上的文化理论的出发点。威廉斯之后,文化研究所依托的文化概念建立在对文化的拓展了的理解基础上,涉及物质、知识、精神的"全部生活方式"(the whole way of life)。他尤其借鉴了文学理论家利维斯(1895—1978)和诗人、评论家艾略特的思想;他们发展了整体论的文化观念,可是带着保守的文化批评之精英意识,注重社会上层及其活动。威廉斯则将目光转向利维斯瞧不起的大众文化、通俗文学、传播媒介等领域。他依据自己的关键词考察,将所有阶级的活动纳入作为总体生活方式的文化概念,以证明这个概念的民主化转型,而绝非少数精英的专利。① 与此关联的是他强调文化的物质基础,这种"文化唯物论"告别了传统马克思主义把文化生产看作"上层建筑"的理解。他的意义史研究表明:

> 我们在探讨和商榷自己行动时所使用的词汇——即语言——绝非次要的因素,而是一个实际而且根本的因素。实际上,从经验中汲取词的意义,并使这意

---

① Rainer Winter, "Die Zentralität von Kultur. Zum Verhältnis von Kultursoziologie und Cultural Studies", in: *Widerspenstige Kulturen. Cultural Studies als Herausforderung*, hrsg. von Karl H. Hörning und R. Winter, Frankfurt: Suhrkamp, 1999, S. (146 - 195)160.

义有活力,就是我们的成长过程。(《文化与社会·结论》,第 416 页)

并且:

在许多例子中都可发现,意义的变异性不论在过去或现在其实就是语言的本质。事实上我们应该对于意义的变异性有所认知,因为意义的变异性呈现出不同的经验以及对经验的解读[……](《关键词·导言》,第 18 页)

威廉斯考证出的事实,与各种文化泛化理论相去甚远。他所见到的文化概念与实际生活的不协调,也见之于其本人的生平。他出身于工人家庭,奖学金使他有可能进入高等学府,而其他许多人被拒之门外;但他在大学期间一直是个局外人。后来,威廉斯受邀为一本名为《我的剑桥》(1977)的文集撰文,他起首便写"那从来不是我的剑桥,一开始就很明确"[①]。他与中产阶级出身的同学在生活上的差距,都让他看到社会的不平等首先是教育和文化的不平等,文化差异才是讨论文化概念的起点。他的许多研究都与一般文化和特殊文化之间的基本对立以及受到排挤的经验有关,这也是葛兰西(1891—1937)和阿尔都塞

---

① Raymond Williams, "My Cambridge," in: *My Cambridge*, edited and introduced by Ronald Hayman, London: Robson Books, 1977, p. (55 - 70)55.

(1918—1990)讨论文化霸权的再生产、(亚)文化反抗的缘由，布迪厄（1930—2002）的文化资本和文化生产概念也与此通连，这些都是文化研究的重要方法论视野。威廉斯晚期颇为重视布迪厄的研究，但认为布迪厄对社会变化的可能性过于悲观。

威廉斯腹诽对文化的均质化处理，强调不同时的发展以及文化斗争中的对立和冲突，这也是他后来从事历史唯物主义关键词研究的前期准备。在论文《马克思主义文化理论中的基础与上层建筑》（1973）以及在此基础上撰写而成的专著《马克思主义与文学》（1977）中，他区分了四种文化要素：主导性的、选择性的、残留的和新出现的。产生重要影响的是他提出的"感觉结构"（structures of feeling），用以描述某一特定时代的人对现实生活的普遍感受，即集体日常经验的结构性和形式性，如同后来布迪厄所发展的"惯习"（habitus）理论，分析行为与结构之间的纠缠关系。威廉斯说：

> 我想用感觉结构这个词来描述它：正如"结构"这个词所暗示的，它稳固而明确，但它是在我们活动中最细微也最难触摸到的部分发挥作用的。在某种意义上，这种感觉结构就是一个时代的文化：它是一般组织中所有因素带来的特殊的、活的结果。①

---

① 威廉斯：《漫长的革命》，倪伟译，上海，上海人民出版社，2013年，第57页。

二、《关键词》的立意与实绩之间的距离

《关键词》竭力梳理和叙写词汇发展及其意义,揭示词语背后的历史蕴含和隐含动机。作者明确将之归于历史语义学范畴,也是其文化研究的重要方法。他要以此重拾原先的计划,即为《文化与社会》添加一个"附录",对重构文化概念具有重要意义的 60 个概念做注解及短评①。《关键词》"参考书目"中的一些著作,对德国概念史研究也曾有过重要影响,例如奥地利著名罗曼语言文学家、文学理论家施皮策(1887—1960)和德国艺术史家潘诺夫斯基(1892—1968)的英语论著,德国语言学家特里尔(1894—1970)的《含义视域中的德语词汇:语言领域的历史》(1931)。威廉斯主要借鉴的是语义学史中的英语文献,如巴菲尔德(1898—1997)的《英语词汇的历史》(1926),斯特恩(1882—1948)的《意涵与意涵的变化》(1931),燕卜荪(1906—1984)的《复杂词汇的结构》(1951),希尔(1912—2003)的《十七世纪英国的变化与接续》(1974)。

《关键词》究竟是一部什么性质的著作?威廉斯自己说它不是一本辞典,也不是一个特殊学科的术语汇编,而是

---

① 威廉斯:《关键词·导言》(本节引用同此,仅随文标出页码),第 5—6 页。

一种探询和质疑文化与社会词汇的记录（第6页）。显然，这绝非人们通常所理解的辞书。就这点而言，它同《历史基本概念》有着相似之处。不管威氏承认与否，他实际上是要借助辞书形式，比如按照字母顺序排列词语，以历史语义学方法进行关键词钩沉，努力发现词汇意义的嬗变历史、复杂性和不同用法。因此，视之为理论辞书是没有问题的。

如前所述，《关键词》出版之前，《历史基本概念》前两卷已经问世，但人们看不到威廉斯对《历史基本概念》的任何观照，很可能缘于语言障碍，他没有发现在实践或理论上与他的研究取径相同的研究。《关键词》第一版问世之后，他才得知还有与他的研究相关的学派，比如德国学派。[1] 同样，德国概念史研究对威廉斯也置若罔闻（肯定不是语言原因），而且至今没有任何改变。把威廉斯引入德国语境的一个尝试，体现于《文化与社会》的德译本，这是原作发表十六年之后的事，而且译本书名为《作为概念史的社会理论："文化"的历史语义研究》[2]。人们不太愿意把《关键词》与《历史基本概念》做比较，或许也很难比较；这部由上百位各路专家分头撰写的八卷本巨制，九千多页篇幅且排版细密，而威廉斯个人撰写的《关键词》原文仅

---

[1] 参见威廉斯：《政治与文学》，樊柯、王卫芬译，开封，河南大学出版社，2010年，第166页。
[2] Raymond Williams, *Gesellschaftstheorie als Begriffsgeschichte: Studien zur historischen Semantik von "Kultur"*, übersetzt von Heinz Blumensath, München: Rogner & Bernhard, 1972.

337页。可是相去不远的是同样按照字母排列的词条数目：《历史基本概念》共有119个词条，《关键词》有110个词条，1983年第二版为131个词条。《历史基本概念》中的有些词条有几百页的篇幅（纯粹就是专著），而《关键词》中最长的词条为"Class"（阶级，等级，种类）共8页，"Structural"（结构的）7页，"Culture"（文化）和"Nature"（自然，天性）各6页。

威氏"关键词"是跨学科的，如《文化与社会》所显示的那样，不少关键概念往往相互关联、相互依赖，且有脉络可循。而《关键词》与《历史基本概念》的一个明显区别，是前者显豁的现实关联。威廉斯说《关键词》的"明显的特征是，不仅强调词义的历史源头及演变，而且强调历史的'现在'风貌——现在的意义、暗示与关系"（第17页），也就是过去与现在的联系和对话。明确的跨学科追求和威廉斯本人的文学研究背景而外，现实关联也是这两部"辞书"的条目只有三分之一相同的主要原因。现实关联见诸"Career"（职业，生涯，历程）、"Consumer"（消费者）、"Hegemony"（霸权）、"Jargon"（行话，隐语）、"Management"（资方，管理，技巧）、"Media"（媒介，媒体）、"Technology"（工艺，技术）等条目。而"Art"（艺术，技艺）、"Fiction"（小说，虚构）、"Genius"（天才）、"Image"（意象）、"Originality"（独创性，创造力）、"Realism"（实在论，唯实论，现实主义）、"Taste"（味道，鉴赏力，品位）等条目，则能见出作者的文论学术背景。

此外还有"unconscious"（无意识的，未知觉的）、"psychological"（心理的，心理学的）、"subjective"（主观的，主体的）等心理学术语，这里亦可看到威廉斯也顾及形容词。《关键词》中另有一些概念，如"Alienation"（异化，疏离）、"Status"（身份，地位，状态）、"Wealth"（财富，资源）等，其实亦当出现在《历史基本概念》中。

《关键词》的问世，无疑是一个研究方法兴起的重要标识，用时髦的说法，或许可称之为关键词转向。就理论和方法论而言，《关键词》明显比《文化与社会》更为明了，也与《历史基本概念》有着许多相通之处。威廉斯在《关键词》"导言"中，更深入地探讨了意义和意义变化等问题以及语言、历史、社会之间的关系，视之为历史语义学的应有之题。对他而言，关键词"在某些情境及诠释里，它们是重要且相关的词。另一方面，在某些思想领域，它们是意味深长且具指示性的词"。他又说："每一个词的原始意涵总是引人注意，然而通常最引人关注的是后来的变异用法。"现在被看作"正确"的用法，是词义演变的结果。"语言的活力包含了引申、变异及转移等变化层面。"（第7、14页）前文已经论及威廉斯强调词义的古今关联，但他与科塞雷克相仿，也强调：

> 的确有变异、断裂与冲突之现象，且这些现象持续发生，成为争论的焦点。我书中所挑选的语词，包含了与这些现象有关的关键词，其中可以见到词义的

延续、断裂,及价值、信仰方面的激烈冲突等过程。(第17页)

威廉斯视"关键词"为复杂的、关乎价值和规范的概念,它们充满争议,难下定义,在重要的文化论争中不同凡响,因而必不可少(第6—7页)。不同社会团体、立场和利益的代表人物,都不会忽视关键词,从而使之成为分歧和争论的焦点,成为长久的争夺对象。对关键词的这种理解("具有争议且备受关心"[第15页]),与《历史基本概念》有着共同之处。同科塞雷克一样,对威廉斯来说,关键词的发展也是社会问题使然。社会和历史发展过程在语言之内发生,不是来自语言却贯穿其中。

威廉斯不认同艾略特《文化的定义刍议》[1] 中的观点,或其他一些对于关键概念的所谓不刊之论,概念在他看来必然是多义的:"在特殊的社会秩序结构里,在社会、历史变迁的过程中,意义与关系通常是多样化与多变性的。"此外,威氏的一个重要追求是,"希望从词义的主流定义之外,还可能找出其他边缘的意涵"(第15、18页)。对他而言,许多关键词义是由强权者和主流意识形态定夺的,这导致另一些词义被边缘化。对意涵的各种理解上的差异,是社会矛盾亦即语言中的社会差异性造成的。不同时期、不同身份和不同的文化背景,使得不同人的出发点多种多

---

[1] T. S. Eliot, *Notes Towards the Definition of Culture*, London: Faber & Faber, 1948.

样，结论也只能是多种多样的。他不无惋惜地看到，无论分析多么详尽，仅想通过厘清概念来排除争执甚至解决社会矛盾，只能是幻想。他说："我相信了解'阶级'这个词的复杂意涵对于解决实际的阶级纷争与斗争问题助益不多"（第18页）。他把自己的关键词研究看作启迪历史行动的辅助手段。

伊格尔顿说威廉斯"从《文化与社会》到《关键词》，语言问题自始至终是他思想上热情探究的问题之一"[①]。《关键词》的短小篇什，主要关注意涵变迁的连接点，也就是以关键词为"结点"来衔接"文化"这一核心概念。《关键词》的文章铺陈没有统一的体例，尤其重视词汇发展中显著的评价变化与语言运用的有意偏离和不同的运用，以及词汇的过时、专门化、贬义化或褒义化；作者还分析了意涵重叠，用法的扩展、转化或限定，词语创新与旧词的承接或改变；另有关于平行概念、上位概念、次要概念、对立概念的论述，还论及复合概念以及派生的名词或形容词。威廉斯始终注目于概念的社会辐射度亦即传播程度，然而例证不多。他自己提出的对主导性、选择性、残留性、新生性意涵的区别处理，在其实际研究中并不多见。

威廉斯的关键词讨论中不乏敏锐。关于抽象的一般概念的形成，他的研究成果与《历史基本概念》也有可比性。在"History"（历史）条目中，他重构了这个概念从其多样

[①] 伊格尔顿：《纵论雷蒙德·威廉斯》，王尔勃译，载《马克思主义美学研究》第二辑（1999），桂林，广西师范大学出版社，第405页。

性（复数）向单一性（单数）亦即"复合单数"的过渡，并在其对于未来的开放性中见出现代历史概念之新的品质。总的说来，威廉斯的关键词钩沉，以他眼中的核心术语为考察重心，不但追溯词源，还要查考语义的变化过程，呈现意义的延续、变异、冲突、断裂以迄延展性释义，这是《关键词》单篇文章用三五页文字很难胜任的。

《关键词》的一个明显缺陷是语文学方面的不足，也就是疏于从文献角度考证语言文字的发展。作者自己也坦承，此书中的许多重要词语，早在其他语言中，也就是先于英语而生发出重要意涵，或者有着错综复杂的发展史，尤其是在古典语言和中世纪拉丁语中的发展变化。挖掘和把握这方面的材料，显然不是威氏强项。偶尔发现一些材料，他的感觉是"又兴奋又困惑"，甚至"充满疑惑，无法得到解答"（第 12—13 页）。另外，他对年代或时间的认定，往往只是猜测而已，或者极为模糊。大部分例证出自高雅文学（明显不符合他对通俗文学和大众文化的推重），时常源于异类出处的偶然发现。跳跃式的论说，常常跨越很长的历史时段。[1]另外，文中几乎没有紧凑的论据和较为具体的社会事实或相关问题的实证材料。松散的架构安排，当然也与作者的一个思考不无关系：书后特地留有一些空白页，供读者做笔记或添加条目，或指正、补述、回应、

---

[1] Gerry H. Brookes, "Turning Keywords," Review: *Keywords: A Vocabulary of Culture and Society* by Raymond Williams, in: *Prairie Schooner* 51(1977)3, p. (316–317)316.

批评书中的内容，威廉斯也把这看作《关键词》的精神之所在。

三、斯金纳的批评：概念、语境与意义

在对《关键词》的接受中，曾有不少非议，时常遭到诟病的是《关键词》在方法论上的缺陷。尤其是剑桥学派干将斯金纳的数落，也连带德国概念史研究遭到质疑。但他对威廉斯的指斥，远比他后来对科塞雷克的诟病翔实得多。应该说，他对科氏研究不够深入，而他的批评在德国却被看作国际学界关注"德国概念史"的明证；他对科塞雷克的批驳，只是重复或改写了他在1970年代末期批评威廉斯时的主要观点。[1] 另一方面，斯氏观点又与德国语言学界对科氏方法的批判有着不少类似之处。[2]

斯金纳对《关键词》的批评，见于其《文化辞典之观念》一文，原载于牛津大学的《批评随笔》季刊第29卷（1979），修订本收入作者文集《政治的视界》第一卷《方

---

[1] Jörn Leonhard, "Grundbegriffe und Sattelzeiten — Languages and Discourses: Europäische und anglo-amerikanische Deutungen des Verhältnisses von Sprache und Geschichte", in: *Interkultureller Transfer und nationaler Eigensinn: Europäische und anglo-amerikanische Positionen der Kulturwissenschaften*, hrsg. von Rebekka Habermas und Rebekka v. Mallinckrodt, Göttingen: Wallstein, 2004, S. (71 – 86)84.

[2] Ernst Müller/Falko Schmieder, *Begriffsgeschichte und historische Semantik. Ein kritisches Kompendium*, S. 707.

法论思考》①。斯金纳在该文修订本的注释中说,他在1979年的文章中驳斥了威廉斯的大多数主张,威氏在《关键词》第二版(1983)中都做了相应修改,或者干脆删掉了相关内容(《文化辞典之观念》,第108页,注1)。尽管如此,斯氏新文对《关键词》的批判几乎还是全方位的(他的批评涉及《关键词》的前后两个版本)。他认为威氏著作的主要缺陷在于缺乏一套方法论的铺陈,而要把社会语汇看作理解社会的线索,方法论是必不可少的(第121页)。他还批评威廉斯没有在方法论上分清词语或术语与概念的区别,对概念的特点和功能不甚明了。从前文的论述可以见出,威廉斯不至于真的分不清词语与概念的区别,问题当出在实际研究中。

在斯金纳眼中,威廉斯过于轻率地把词语运用看作对概念的理解,把一个词的意涵与指涉混为一谈。他没有说清楚"关键词"与"概念"相比,究竟有何特别之处;或者说,威廉斯的说法晦涩不明。对于威廉斯试图借助词汇来阐明人们的许多核心经验,斯金纳反驳说:"我们若想理解某人如何看待世界,[……]我们所需要知道的,并不是他使用了什么样的词语(words),而是他持有哪些概念(concepts)。"(第109页)将二者画等号的任何做法都是错误的,比如威廉斯在讨论"自然"这个术语时,把词语与

---

① Quentin Skinner, "The Idea of a Cultural Lexicon," in: *Essays in Criticism* 29 (1979) 3, pp. 205 – 224; also in: Q. Skinner, *Visions of Politics*, vol. 1: *Regarding Method*, Cambridge: Cambridge University Press, 2002, pp. 158 – 174.——中文译本(译名为《文化词典之观念》,孔新峰、康子兴译)见《知识分子论丛》第9辑(2010),第108—124页。

概念等同起来；在讨论"民主"的时候，说这个概念体现于词语。斯金纳的反证是：弥尔顿（1608—1674）结合自己的《失乐园》，认为诗人的原创性极为重要，但他从未用过"原创性"（originality）一词，这个词在弥尔顿死后一百余年尚未在英语中出现。换言之，尽管人们可以考证出"originality"一词之不同用法的历史，但绝不能将之等同于"原创性"的概念史（第 109—110 页）。

威廉斯认为，语境能够展现历史例证，但意涵不能单靠语境来解释，有时甚至会得出完全相反的结论（《关键词·导言》，第 11 页）。坚持语境说的斯金纳则非难《关键词》对词语的孤立处理，且以为通过分析词语的内在结构和历史，便可澄清意涵问题。他批评威廉斯忽略了一个事实，即一个词语所具备的极强的整体意义：某个词语发生了意涵变化，亦改变了它同一整套语汇之间的关系（《文化辞典之观念》，第 114—115 页）。就概念的整体性而言，《关键词》中的不少说法不足为凭。概念总是在宽广的语境中，在社会哲学的框架内，才能获得其完整含义。要理解概念争议，就须弄清特定群体为何以特定方式使用某个概念，而另一群体不这么做，甚至拒绝在某种语境中使用特定词语。在《文化辞典之观念》第一稿（1979）中，斯金纳表达了他后来一再变换说法的思想："严格说来，不可能存在对概念之争的分析，只能分析概念在论说中的运用。"[①]

[①] Quentin Skinner, "The Idea of a Cultural Lexicon," in: *Essays in Criticism* 29 (1979)3, p.(205－224)224.

我们可以设想：倘若如威廉斯原先所愿，把60个关键词作为附录附于《文化与社会》，或许不会遭致"孤立处理"的指责，语境也颇为明确，他遴选的是"一些与书中的问题范围有关的词"（《政治与文学》，第166页）。拓展并独立成书以后，《关键词》不少条目的入选，很会给人留下"随心所欲"之感。若无对威氏思想的总体认识，很难窥见《关键词》的体系。另一个问题或许更为重要，即批评者的立足点，同时也是对语境本身的理解。一方面是威氏本人的立场：他的关键词钩沉，也志在现实意义和现实关怀，也就是萨特那样的"参与"或"介入"。另一方面是史学家斯金纳的立场，他很难接受《关键词》的做法。他的一个观点很能说明这个问题：他听说中国学界常将他和施特劳斯（1899—1973）做比较的时候，感到瞠目结舌。他认为自己的历史写作与施氏哲学史写作是完全对立的两种写作方式，施特劳斯更是一位道德家，而不是史学家。写史应当尽可能如其所是地理解过去，而不是做出道德判断，即以某种道德主张为目的来运用史料。不管是查考哲学文本还是文学史、艺术史、音乐史或其他人文学科的历史文本，史学家永远应当尽力搁置自己的观点，要像人类学家那样去挖掘那些文本在一个迥异的社会中所扮演的角色。①

斯金纳描述了具有政治意图之语言行为的不同形式，

---

① 参见访谈《昆汀·斯金纳：把英雄和恶棍放一边，历史研究应该做什么?》。

例如故意不采用一些表述，或仅限于不做评价的描述，或对意涵的重新评价（《文化辞典之观念》，第119—120页）。他针对《关键词》的许多批判性思考，无疑具有建设性意义，比如他认为，分析有争议的概念是必要的（威廉斯也有类似观点），然而重要的是先确认概念的标准意涵和运用范围，然后才能确认以此为依据的具体意涵和具体运用（第110页）。威廉斯认为，在"意义"被赋予、证实、确认、限定的过程中，所有争执都围绕词语的"意义"展开；此言不差，斯金纳不会反对，但他强调指出，为了更好地理解语言分歧背后的社会性争论，评价性词语应根据其公认意义来评说，这才是描述词语应用情境的适当方式（第116页）。显然，这是直接针对威廉斯而说的，不难听出欲言又止的话外之音。他在《文化辞典之观念》的开头，就已略带讥诮地突出威廉斯见重"边缘意涵"：这么一来，还有何标准可言，该如何展开研究呢？的确，常有批评者说，《关键词》的释文中渗透着作者的文化政治观点，充满门户之见。这无疑是斯金纳强调词语之"公认意义"的原因。同理，倘将《关键词》与《历史基本概念》稍加比较，不难发现一些本该属于文化与社会关键词的概念，如"权威""等级，等级制度""公共领域""集团""党"等等，都被威廉斯排除在外，这也是他的政治立场使然，令他更关注弱势阶级和非主流文化。

威廉斯认为《牛津大辞典》或《约翰逊辞典》（*Dr. Johnson's Dictionary*），都不足以用来把握"关键词"的历史语义；它们主要关注语料及词源，较少关注词与词之间的关联和互动，缺乏对晚近社会史中的意义发展的描述，而他自己注重"意义与语境的探寻"。他认为《牛津大辞典》体现的是编者或社会主导阶层的意识形态和价值观："虽然《牛津大辞典》标榜不具个人色彩，但实际上并不是如其所声称的那样不具个人观点、那样纯学术性、那样不含主观的社会与政治价值观。"（《关键词·导言》，第11页）不过他认为，这是可以接受的，学术不必避免倾向性，他坦承《关键词》中的词义评论也有他自己的立场，至少是暗含臧否。然而，这就存在一个内在矛盾，使他陷入自己设下的陷阱：一方面，他要人们警惕那些著名辞书中关于各种意涵的所谓权威观点，洞悉那些辞书编辑的意识形态；此外，人们还须看清权威观点各取所需的现象，也就是在论辩中采用对自己有利的词义，视而不见不合适的词义。另一方面，他在极力推翻重要词义的权威观点、挖掘和宣扬"边缘意涵"时，又无处不在或显或隐地贩卖自己的意识形态，结果被人大骂党派之见。

最后，斯金纳责备威廉斯未顾及言语行为及其潜能的各种形式。概念能够有其指涉范围和意涵，但作为社会变化因素的价值观是变化的。论及语言变迁和社会变迁之间的关联，或语汇在社会变迁过程中所扮演的角色，斯金纳指出，不只是现实，语汇也能决定人们所说的历史。"的确，我们的社会实践有助于赋予社会语汇以意义。但同样真实的是，我们的社会语汇有助于构成社会实践的特性。"

并且,"语言并非行动者行为的附带现象,而是其行为的决定因素之一"(《文化辞典之观念》,第123页)。在《关键词》第二版中,作者删除了遭到斯金纳批判的主张:社会变迁是语汇发展的主要原因,语汇发展被视为社会变迁的反映(当缘于他的文化唯物论)。斯金纳认为,第二版中依然可见这种反映论(第121页),"将语言视为更具根本性的社会现实之镜"(第122页)。斯氏称之为"大行其道却又贫弱不堪的化约论"(第123页)。

杰伊在《文化语义学:我们时代的关键词》[①]中,赞同斯金纳从言语行为理论出发的历史语义研究,认为有必要用"文化语用学"来充实"文化语义学"。其实,1961年出版的威廉斯著《漫长的革命》,其中有对文化分析的任务设置,可以见出威氏研究在原则上是可以与言语行为理论相结合的。他区分了"文化"的三种类型:理想的文化,即具有普遍价值、以高雅文学艺术为代表的文化传统;文献的文化,即以各种形式记载下来的人类思想和经验;社会的文化,即体现于各种社会机制和日常行为的价值观。同第三种类型相关,威氏认为文化分析就是要阐明特殊的生活方式亦即特定文化中或隐或显的意义和价值。[②]《关键词》出版以后,威廉斯又在1981年发表深入浅出的论著《文化》,进一步翔实考证了这个概念,将之界定为"既成重要

---

① Martin Jay, *Cultural Semantics: Keywords of our Time*, London: Athlone Press, 1998.
② 威廉斯:《漫长的革命》,第51页。

机制"(a realized signifying system),并在多个章节中分析了"文化生产的手段与文化再生产的过程"①。威廉斯在此书中竭力倡导"文化社会学",并希望它成为一门"新的主要学科"②。

四、过时的《关键词》,时髦的"关键词"

《关键词》出版四十年有余。起初,借重文化研究转向的强劲势头,这本书产生了较大影响。威廉斯在文化研究草创时期所倡导的、包括各种机制和日常行为等实践的宽泛文化概念,尤为彰显催生社会含义的多种多样的形式,并试图借助关键词来挖掘历史实在。这种方法得到不少人的赞赏,至少给人耳目一新之感。然而,如保罗·琼斯在其回顾文章《三十年关键词》中所说,威廉斯所主张的社会史取径的关键词研究,在后来的文化研究中已经失去意义。③ 在美国,罗杰斯的《尚无定论的事实:独立以来美国政治中的关键词》④ 一书,承接了威廉斯的方法取向,但该书只集中考察六个关键词:"Utility"(公用事业,效用)、"Natural Right"(自然权利)、"The People"(国民,人民)、

---

① Raymond Williams, *Culture*, London: Fontana, 1981, pp. 206, 207.
② Raymond Williams, *Culture*, p. 233.
③ Paul Jones, "Thirty Years of Keywords," in: *Sociology* 40(2006)6, pp. 1209 - 1215.
④ Daniel Rodgers, *Contested Truths. Keywords in American Politics Since Independence*, New York: Basic Books, 1987.

"Government"（政府，政体，治理）、"The State"（政府，国家）、"Interests"（兴趣，权益，公共利益）。罗杰斯主要查考了重要人物的政治论争。在他看来，"关键词"并非缘于频繁使用，而是被争论、被争夺的强度所决定的。①

无论如何，关键词方法的启示性是毋庸置疑的，跟进者在英美学界大有人在。杰伊《文化语义学：我们时代的关键词》一书中的论文，篇幅较大也较为系统，但语文学和史学维度不很突出。托尼·本尼特等人合编的《新关键词：文化与社会词汇修订本》②，从书名便可判断该著是对威廉斯著作的"更新"。此书包含 92 个新条目（其中有"纳粹大屠杀""全球化"），而威廉斯《关键词》中的约一半条目被删除，尤其是许多马克思主义或社会主义概念，如"Alienation"（异化）、"Bourgeois"（资产者）、"Dialectic"（辩证法）、"Hegemony"（霸权）、"Wealth"（财富）。保罗·琼斯《三十年关键词》中的结论是，在历史语义学的新课题中，几乎已经看不到威廉斯《关键词》的理论和方法论基础，而他曾反对的立场和方法，却表现得尤为强劲。他认为，从编写辞书转向撰写关键词，这一新的趋势是对社会知识生产之根本改变了的前提条件的回应，如同威廉斯彼时关心成人教育和工人教育、公共领域读者的形成或

---

① Daniel Rodgers, "Keywords: A Reply," in: *Journal of the History of Ideas* 49 (1988)4, pp.669–676.
② *New Keywords: A Revised Vocabulary of Culture and Society*, edited by Tony Bennett, Lawrence Grossberg, Meaghan Morris, Oxford and Malden, MA: Blackwell, 2005.

技术媒介的意义。这样看来,威氏《关键词》至少在西方学界已经过时,然而关键词方法仍在显示其强大的生命力。

总体而言,随着文化研究向文化理论的转向,也明显出现了从社会史兴趣向文化和政治的重点转移。伯吉特和亨德勒主编的《美国文化研究关键词》①,现实问题意识极为显豁,例如在"Environment"(环境)条目中,没有一项参考文献是20世纪最后三十年之前的;并且,该书中的文章不再见重语言,而是偏重观念史和理论史。晚近学界重理论的倾向,尤其见诸文化、文论和文学领域,例如以关键词形式编排的安德鲁·本尼特、罗伊尔合编《文学、批评与理论导论》②,文论性较强。另有沃尔夫莱等人编写的《文学理论关键概念》③,沃尔夫莱著《批判性关键词:文学与文化理论》④,或帕德利著《当代文学关键概念》⑤。

威廉斯《关键词》第一版发表不久,希恩曾在《"概念史":理论与实践》⑥一文中认为,以后对于语言的历史研究,都会受到威廉斯的影响;现在看来,这种说法在很大程度上已经过时,或只能在广义的文化语义学中来理解。

---

① *Keywords for American Cultural Studies*, ed. by Bruce Burgett and Glenn Hendler, New York: New York University Press, 2007.
② Andrew Bennett and Nicholas Royle, *An Introduction to Literature, Criticism and Theory*, London: Pearson, 1995.
③ Julian Wolfreys, Ruth Robbins and Kenneth Womack, *Key Concepts in Literary Theory*, Edinburgh: Edinburgh University Press, 2002.
④ Julian Wolfreys, *Critical Keywords in Literary and Cultural Theory*, Houndmills: Palgrave Macmillan, 2004.
⑤ Steve Padley, *Key Concepts in Contemporary Literature*, Houndmills: Palgrave Macmillan, 2006.
⑥ James J. Sheehan, "'Begriffsgeschichte'. Theory and Practice," in: *Journal of Modern History* 50(1978), pp.312–319.

新近的英美文化研究中的历史语义研究,如杰伊在《文化语义学:我们时代的关键词》"导论"中指出的那样,更有点像特伦斯·鲍尔所说的"批判性概念史",这是鲍尔在其专著《政治话语的转型:政治理论与批判性概念史》[1]中提出的,依托于他对斯金纳和科塞雷克研究取径的分析。而在著名的《观念史杂志》(Journal of the History of Ideas)的文化研究转向中,威廉斯的关键词方法已经无人问津,反倒是科塞雷克的概念史受到关注。前文提及的《文学理论关键概念》或《当代文学关键概念》,似乎有点这个迹象,但那在很大程度上只是"关键词"的改头换面而已。马丁·伯克十多年前在《概念史在美国:没有"国家工程"》一文中指出,美国的历史学家、哲学家、政治学家各自为政,加之长时间的跨学科大项目的研究经费很难得到,因而没有其他国家那样的政治/社会概念史研究,尤其是不可能有德国那样的重大概念史辞书项目。[2] 他倡导在美国研究公共话语中的核心概念,似乎也很难实现。

---

[1] Terence Ball, *Transforming Political Discourse: Political Theory and Critical Conceptional History*, Oxford: Blackwell, 1988.
[2] Martin J. Burke, "Conceptual History in the United States: A Missing 'National Project'," in: *Contributions to the History of Concepts*, no. 1/2(2005), pp. 127–144.

第三编

第七章 概念史的新近发展与国际影响

一、"隐喻学"难题,或概念史的再出发

2006年,德国文学理论家、概念史研究的重要前辈人物贡布莱希特出版自己的概念史文集《概念史的维度和局限》①,该书的长篇绪论"精神金字塔:论概念史运动的迅速高涨、看不见的维度和突然退潮",出人意料地否定了概念史的前景。这位科塞雷克的弟子在同概念史作别,自然会引起很大反响。贡氏断言恰逢时机,几个大的德国概念史辞书工程已经或即将完竣。在他眼里,这些卷帙已经成为金字塔;1960—1980年代的将来,已经变成过去的将来;活跃的概念史研究已在纪念碑的石块中僵化,如埃及"宏伟的墓碑"(黑格尔),金字塔中不再有生命。其实,贡氏对概念史的"清算",没有对《历史基本概念》提出多少

---

① Hans-Ulrich Gumbrecht, *Dimensionen und Grenzen der Begriffsgeschichte*, München: Wilhelm Fink, 2006.

原则性批评，而是在对《哲学历史辞典》发难，认为它把布卢门贝格（1920—1996）的"隐喻学"排除在外是一个很大的错误。

布卢门贝格曾为《概念史文库》撰稿，"Metaphorologie"（隐喻学）当为他所发明的概念。《哲学历史辞典》的开创主编里特尔曾请求布氏参与哲学概念史课题研究，并就后者的重点研究方向而提出一些隐喻关键词建议。然而，布氏研究成果最后未被收入《哲学历史辞典》。该辞典原计划仅为三卷，按照里特尔当时的说法，最后没有顾及布氏隐喻学，既出于该著规模的思考，亦因为隐喻研究尚未成熟。[1] 概念史依托于伽达默尔"能够被理解的存在是语言"之信条，倚重可用语言表述的东西；布卢门贝格揭示的则是"前概念"现象，挖掘的对象不见于文本或词义，也就是阐释学解释不了的东西。他的隐喻学探索的是不可言传的存在，或如阿多诺评说本雅明的《单行道》时所说的"用隐喻方式絮叨出无以言说之物"[2]，即无法被概念捕捉的东西，或曰存在于语言，却不能成为概念的状况。在布氏眼里，隐喻不是凭借概念获得的认识，而是一种体认过程和形态。依他之见，概念史、隐喻性和"非概念性"（Unbegrifflichkeit），三者无法割裂开来进行考察。[3]

---

[1] Joachim Ritter, "Vorwort" zu *Historisches Wörterbuch der Philosophie*, Bd. 1, hrsg. von J. Ritter, Basel: Schwabe, 1971, S. (V-XI) IX.

[2] Theodor W. Adorno, "Benjamins Einbahnstraße", in Th. W. Adorno, *Gesammelte Schriften*, Bd. 11, hrsg. von Rolf Tiedemann, Frankfurt: Suhrkamp, 1977, S. (680-685)680-681.

[3] 布卢门贝格对隐喻的思考，从未有过充分、系统的阐释。他既没 （转下页）

布卢门贝格问题早在1960年前后的概念史理论探讨中颇受关注。然而，后来见诸《哲学历史辞典》和《历史基本概念》中的论文，各有不同的论述策略，但反对布卢门贝格的倾向仿佛是一致的。在新近关于概念史的讨论中，概念史与隐喻学的关系重又受到重视。给人孤军奋战之感的布卢门贝格对隐喻问题的研究，被有些学者看作占统治地位的哲学概念史的替代模式。其实，几乎所有德国哲学概念史的头面人物，从倭铿到罗特哈克尔和伽达默尔，都曾论及隐喻（或形象语言）。另一方面，《哲学历史辞典》的"索引"卷也显示出，这套辞书的不同篇什居然对60多个隐喻和隐喻词组做了历史描述。

若说布卢门贝格在当今的文化研究中被誉为隐喻理论的主角，那么这一解读只能说是后结构主义符号理论在布氏学说上的投影。而在概念史语境中，需要解答的问题是：是否应当把隐喻史看作现有概念史的补充？或者，专注语言的隐喻性，是否改变甚至推翻了"弃置"隐喻的概念史？布氏隐喻学之复杂的符号理论，对概念史来说实为颇为棘手的问题。可是他的思考实为建设性挑战，为整个概念史增添了新的思路。毋庸置疑，被誉为德国人文科学范式之一的概念史研究，并没有死去，也没有消失。贡布莱希特

（接上页）有成熟的隐喻理论，也未拿出隐喻研究的方法论著述，或者在有些问题上还犹豫不决，以致读者有时很难断定，他在讨论某个隐喻时究竟指的是哪种形式的隐喻。参见布卢门贝格《世界的可读性》（Hans Blumenberg, *Die Lesbarkeit der Welt*, Frankfurt: Suhrkamp, 1979）中关于遗传符码的章节。

从隐喻学推演出的概念史已经退潮之说,显得极为孤单。《哲学历史辞典》最后两卷的主编加布里尔在《概念,隐喻,比喻不当:论〈哲学历史辞典〉之告成》[①]一文中驳斥了相关论说。

《历史基本概念》等概念史项目竣工之际的形势,显然不同于1960年代启动时期的期待。贡氏《精神金字塔》的一个问题,是他没有看清新的"认识论环境"。他没有发现1990年代之后概念史领域的一个变化:大部分从事概念史课题的学者,其学术成长环境早就脱离了贡氏所说的受到里特尔、伽达默尔或布卢门贝格影响的理路,研究隐喻的学者也多半如此。他们的思路受到体系理论家卢曼的影响,或者信奉福柯的话语分析理论。一方面,以科塞雷克为代表的经典概念史,依然具有典范意义;另一方面,伯德克主编的《概念史,话语史,隐喻史》(2002)中可以见出,不同的学科和学术兴趣,乃至不同的概念史模式,势必带来多元方法和考察视角。有人提出"变革中的概念史?"[②]这一命题,其中的问号已经很能说明问题:既不认为概念史已经过时,也不认为概念史一如既往。晚近的一些研究成果,不仅深究概念史的(史学)说服力,亦从不同的理论和学科角度探讨和评估相关问题。

---

① Gottfried Gabriel, "Begriff — Metapher — Katachrese. Zum Abschluß des *Historischen Wörterbuchs der Philosophie*", in: *Begriffe, Metaphern und Imaginationen in Philosophie und Wissenschaftsgeschichte*, hrsg. von Lutz Danneberg et al., Wiesbaden: Harrassowitz, 2009, S. 11–22.
② *Begriffsgeschichte im Umbruch?* (*Archiv für Begriffsgeschichte*, Sonderheft), hrsg. von Ernst Müller, Hamburg: Meiner, 2005.

概念史在德国还在不断开拓新的研究方向，例如备受史学界关注的一个重大课题，是宗教概念史研究，考索欧洲早期近代以降宗教团体化的语言表达形式。① 考察范围从宗教概念史本身到宗教群体之间的自我认同和他者形象，再到宗教机构及其运作的称谓等。在宗教冲突不断增长的今天，该研究课题也逐渐显示出政治上的启蒙意义。在概念史研究行列中，亦有五卷本《宗教学基本概念工具书》②。此书对传统宗教词语和范畴的历史考察，不但涉及单个词语史，亦尽力揭示它们同人文社会科学和文化研究的关联性，其目的是在整个文化语境中书写宗教事实，为超然于神学的批判性分析提供有凭有据的概念系统。

另一个概念史研究重点，见之于跨学科知识及科学史考察，偏重知识体系的话语分析，其中包括自然科学的概念史研究。分析自然科学范畴和概念的文化特色、政治语境及其相关知识的语义，亦有助于对研究对象的客观历史评价。文化哲学创始人卡西尔曾经斟酌过历史语义学方法，他认为历史属于阐释学领域，而不是自然科学领域。当代向文化研究开放的概念史一再援引卡西尔《人论》中的说法："如果我们寻找某个大概念，用以容纳历史认识，那我们不能把历史认识理解为物理的分支，而要视之为语义学的分支。不是自然法则而是语义学准则，给历史思维提供

---

① *Baupläne der sichtbaren Kirche. Sprachliche Konzepte religiöser Vergemeinschaftung in Europa*, hrsg. von Lucian Hölscher, Göttingen: Wallstein, 2007.
② *Handbuch religionswissenschaftlicher Grundbegriffe*, 5 Bde, hrsg. von Hubert Cancik et al., Stuttgart: Kohlhammer, 1988 – 2001.

普遍原则。"① 然而，正是这一说法中的二分法，可能遮蔽一个事实，即自然法则同样有其历史语义，许多文化话语也时常借用自然科学的语义。

* 卡西尔曾把问题史与概念史放在一起讨论，旨在重新探讨自然科学与文化研究之间的关系。他在科学史的框架中研究了不少概念的生成，例如在《近代哲学和科学中的认识问题》（三卷本，1906/1920）中，深入查考了"和谐"（Harmonie）、"力"（Kraft）、"法则"（Gesetz）等概念。他的概念史研究主要体现于概念谱系的挖掘。在他眼里，变化中的不变之处，说到底是呈现于概念的问题。

卡西尔在概念史领域的重要位置，在于他对自然科学与文化研究关系的思考模式不同于其他新康德主义者的思考。他认为文化研究的对象是"'含义'之生命"。他的《感知事物与感知表述》（1942）一文中有一个著名定义："意义"的显现，并不脱出形体，它体现于形体、内在于形体，这是我们称之为"文化"的所有含义的共同点。② 卡西尔正是在这个意义上理解文

---

① Ernst Cassirer, *Versuch über den Menschen. Einführung in eine Philosophie der Kultur*, aus dem Englisch übers. von Reinhard Kaiser, Hamburg: Meiner, 1996, S. 297. (Original: Ernst Cassirer, *An Essay on Man: An Introduction to a Philosophy of Human Culture*, New Haven: Yale University Press, 1944)
② Ernst Cassirer, "Dingwahrnehmung und Ausdruckswahrnehmung", in: ders., *Zur Logik der Kulturwissenschaften. Fünf Studien*, Darmstadt: Wissenschaftliche Buchgesellschaft, 1971, S. (34 - 55)43.

化哲学中的历史语义学。

二、对20世纪基本概念的思考方案

经典概念史专注于鞍型期亦即现代之形成期,对于现代盛期以及整个20世纪的考证极为薄弱。换言之,《历史基本概念》中的论文之时间框架,都截止于1900年前后,只有少数例外,如"人民,国族,民族主义,大众"条目,其时间跨越纳粹时期、包含民主德国和联邦德国直至1990年。对绝大多数论文来说,19世纪晚期的许多资料,已经不在考察范围之内,即便一些科学假设与20世纪有着诸多关联并能促进相关问题的续写。

戈伊伦提出接续《历史基本概念》模式,将之扩展至整个20世纪。这个世纪不但在政治上风起云涌,而且基本概念也变化多端。他建议围绕大的时代命题对相关概念做系统的钩稽和考析,也就是以那些具有构建意义和时代特色的中心概念为依托,推究20世纪的社会/政治语言运用以及经验阐释。这些观点主要见于他的纲领性论文《为20世纪基本概念的历史所做的申辩》[1]。

戈伊伦主张考察20世纪基本概念的历史,不只因为它

---

[1] Christian Geulen, "Plädoyer für eine Geschichte der Grundbegriffe des 20. Jahrhunderts", in: *Zeithistorische Forschungen / Studies in Contemporary History*, 7(2010)I, S.79-97.

们被排除在经典概念史之外,更基于一种思考,即不能不假思索地把《历史基本概念》中的许多概念直接挪入20世纪。科塞雷克的假设是,18世纪中期以降的深刻的语义变迁,使许多概念获得了新的含义,而且无须多加解释地用于当今。戈伊伦翻转了这一假设,认为许多产生于鞍型期的语义,不借助"翻译"已经无法用于今天,当时的含义起源已经不能简单地与今日状况相比,许多概念在当今社会已经失去其曾经有过的政治意义和认识意义。他以其人之道,也从"经验"和"期待"出发,认为鞍型期的期待已经形成150年的经验空间,不管是如愿以偿还是大失所望,都已成为历史经验。20世纪的现代历史/政治语言,经历了又一次语义变迁;导致历史走向现代的转型,在现代转型中继续。戈伊伦以此翻转了科氏说法,标新"经验视野"和"期待空间"。他认为与前近代一样,今天的经验和期待又倾向于回归共同空间。经验与期待之间,已经没有显著距离,也不再有19世纪所想象的开放的、别样的(更好的)未来;今天的期待已经不在乎"别样的未来",也不知道未来是好是坏。

戈伊伦从新的社会经验和期待(希望也好,恐惧也罢)以及政治/社会语言又一次结构性变化的观点出发,效仿科塞雷克提出的衡量鞍型期基本概念的四大重要范畴,即时代化、可意识形态化、民主化和政治化,提出了20世纪历史基本概念的新"四化":

(一)"科学化"(Verwissenschaftlichung),即许多关于自我和世界的基本概念的高度科学化,其中包括科学的普及以及科学本身的社会化,例如达尔文主义和心理分析的概念对日常语言产生了深远的影响;科学与社会的结合,形成了"知识社会"。

(二)"大众化"(Popularisierung),即新的传媒和信息技术,通过时尚、新闻、广告、娱乐等不同渠道,使概念获得了前所未有的快速和广泛传播(与科氏"民主化"相对应)。20世纪大众文化之公共领域的形成,导致概念之社会功能的巨大变化,也对社会/政治语义的发展产生了深刻影响。

(三)"聚合化"(Verräumlichung),即许多概念的极为明显的汇聚性。自19世纪下半叶起,早先的"历史"和"进步"概念而外,逐渐增多了表示空间结构的概念,如"国家""民族""文化""种族""社会"等。即便是表示发展过程的"现代化""启蒙""文明""欧洲化""民主化"等概念,亦逐渐被用于地域比较的"先进"和"落后"之分。另外还有政治、社会和意识形态的版块划分,例如"欧洲化""美国化""苏联化"等,以及冷战时期或马克思主义阶级理论中的敌我阵营之分。若说科塞雷克注重"时代化"亦即社会的加速发展,戈伊伦则强调不断增长的聚合化以及一系列新造词,而"全球化"在某种程度上则是真正的"复合单数"。

(四)"混合化"(Verflüssigung),即政治/社会概念的多义性和开放性及其在不同语境中的运用和融合。概念使用的快速多样化和全球化,导致多义性和含义的模糊性,且很难确切描述它们如何成为主导概念,如"资源""气候""消费""环境""媒介""互动"。即便是"政治""社会""权利""自由""平等"等经典概念,其含义也在20世纪变得更为多样和抽象。这些变化以及相随的理论发展,使得概念史研究几乎不再能够停留于20世纪六七十年代的理论和方法论框架。形成很大挑战的是资料来源的多样性、新的来源类型以及跨国翻译亦即概念意涵的国际化问题。

戈伊伦提出的四个新范畴,为考察20世纪的关键概念提供了新的分析框架,也引起诸多建设性争论。首先让人想到的是,科塞雷克的研究范畴是否已经失效。有人认为政治化和可意识形态化范畴依然重要;而在与传统有关的特定问题域中,时代化和民主化也还没有失去现实意义。针对戈伊伦提出的范畴的实用性问题,有人认为科学化和混合化是现实的,而聚合化之说不够精准,大众化概念则无甚新意。另有人认为,大众化、科学化和混合化并非20世纪的特有现象,它们在19世纪中期以降的政治文化中已经非常重要。也有人认为时代化亦即加速发展的现象并未消失。还有人提出另外两个新的范畴:一为1945年之后语言运用中显而易见的"反思性",一为1970年代以来不断增长的"英语化"。①

---

① "Roundtable Discussion: *Geschichtliche Grundbegriffe* Reloaded? Writing the Conceptual History of the Twentieth Century," in: *Contributions to the History of Concepts* 7(2012), No. 2, pp. 78 - 128:Stefan-Ludwig Hoffmann and Kathrin Kollmeier, "Introduction"; Willibald Steinmetz, "Some Thoughts on the (转下页)

戈伊伦把20世纪看作另一个"过渡期",而就整个历史发展而言,每个时代都可被视为过渡期。但在进行具体时代划分的时候,"过渡期"往往是后来才发现和重构的。我们还深陷于20世纪的历史,受之影响还很大,研究还缺乏必要的历史距离。有人指出,不能把《历史基本概念》中的历史观察简单地理解为历史"曾经如此",并将之与20世纪的历史进程和经验区分开来。没有冷战的时代背景,科塞雷克的四大范畴是无法理解的;倘从其他问题意识和其他认识视角出发,18世纪和19世纪很可能是另外一番景象。①

三、 概念史的国际化: 发展与现状

贡布莱希特所说的"精神金字塔"虽为宏伟建筑,却是一个墓地。这遭到许多学者的反驳。有学者指出,贡氏对形势的评估完全与当时德国活跃的概念史研究之真实状况不符,视而不见各种学术研讨会,以及概念史专著和论文的不断问世,另有一些辞书项目还在进行;他的指责或

(接上页) History of Twentieth-Century German Basic Concepts"; Philipp Sarasin, "Is a 'History of Basic Concepts of the Twentieth Century' Possible? A Polemic"; Alf Lüdtke, "History of Concepts, New Edition: Suitable for a Better Understanding of Modern Times?"; Christian Geulen, "Reply".

① Ernst Müller/Falko Schmieder, *Begriffsgeschichte und historische Semantik. Ein kritisches Kompendium*, S. 384 – 390.

许只是指向概念史理论的停滞不前。① 科塞雷克的弟子施泰因梅茨主张继承概念史传统,同时赋予其新的方向。他在《概念史研究四十年:这一学问的状况》② 一文中,提纲挈领地评述了概念史在德国和国际上的发展状况,用丰赡的研究实例来驳斥贡氏的"安息吧"悼词,证明概念史具有旺盛的生命力。贡氏未能看到概念史正是在进入 1990 年代之后,开始走向世界并产生很大反响,他的评估完全与活跃的"概念史运动"之实际状况相左。人们无须预言概念史的终结,更应提出的问题是,尽管概念史理论还不够完善,甚至颇多歧见,为何概念史还能如此具有孕育力和吸引力。

概念史研究正在强劲发展着,尤其在德国之外备受关注。正是 20 世纪末以来,概念史不再是一个德国特有的追求和研究纲领,德国经典概念史早已国际化。芬兰、荷兰和西班牙等国均有专门研究中心,主要依照科塞雷克模式探讨问题。一些国际研究团体颇为活跃,如"政治/社会概念史学会"(History of Political and Social Concepts Group, HPSCG)1998 年以来已经举办了十多次学术研讨会;"概念

---

① Michael Eggers/Matthias Rothe, "Die Begriffsgeschichte ist tot, es lebe die Begriffsgeschichte! — Einleitung", in: *Wissenschaftsgeschichte als Begriffsgeschichte: Terminologische Umbrüche im Entstehungsprozess der modernen Wissenschaften*, hrsg. von M. Eggers u. M. Rothe, Bielefeld: transcript, 2009, S. (7 – 16)7 – 8.
② Willibald Steinmetz, "Vierzig Jahre Begriffsgeschichte — The State of the Art", in: *Sprache — Kognition — Kultur. Sprache zwischen mentaler Struktur und kultureller Prägung*, hrsg. von Heidrun Kämper und Ludwig M. Eichinger, Berlin/New York: de Gruyter, 2008, S. 174 – 197.

史与政治思想国际讲习班"（Concepta. International Research School in Conceptual History and Political Thought）于 2006 年创建。另外，概念史在世界范围的影响，亦体现于越来越多的概念史课题、专著和论文。概念史的基础理论研究尚未解决的问题，亦可在具体研究中探讨。每个研究者可以因地摸索，根据自己的素材，推究语言与事物的关系。

进入 21 世纪以来，也就是哲学、史学、美学或修辞学等德国大型概念史辞典刚竣工之时，德国和国际上论述概念史的方法论和学术史的著述不断问世，数量超过以往任何时期。在不少论文和文集中，亦不乏对概念史在不同人文社会学科的方法论思考。也是在新近这一时期，曾长期被视为德国人文科学之特殊发展的概念史，尤其是科塞雷克式的概念史，在世界范围产生了惊人的影响，有人称之为迟到的影响。对 2006 年去世的科塞雷克倡导的历史语义研究的国际兴趣日渐增长，这从科氏著作的外译可见一斑。英、法、西、意的译作而外，还有罗马尼亚语、丹麦语、匈牙利语、俄语、波兰语、瑞典语、挪威语等译文，其中包括科氏著作，或《历史基本概念》的节译本。

对于概念史的持续兴趣，肯定有各种原因。首先是体现于辞书和专著的实际而扎实的研究成果，在很大程度上（应当）是经得起考验的，不像晚近人文社会科学中的时髦理论那样不断被替代，而概念史无疑是"宏大叙事"的替代模式之一。就新近发展而言，概念史与文化研究有着很多相交之处，二者都关注含义和意义及其起源。若不把

"文化"视为社会的一个方面,而是表达和实现意义的总括性实践,那么,历史语义学同文化研究颇为切合。重要的是,文化研究的对象正是以往历史语义学较少关注的东西:前概念、非概念话语,圣像语义,无意识,机构,实践,情感,姿势等。

概念史的国际化,在某种意义上是出乎意料的发展。对于法国那些热衷于社会意识、长时段、集体心态史的研究取径来说,专注观念、发展和个性的德国史学传统是别样的。更对共时研究感兴趣的后结构主义话语理论在法国蓬勃发展之时,德国兴起的是科塞雷克社会史取径的概念史。法国学界开始了解德国概念史,主要是在1985年之后,也就是利科(1913—2005)在其《时间与叙事》(*Temps et récit*)第二卷中论述社会史和文化史方法论争论中的诠释学时,讨论了科塞雷克的"历史时间的语义";1997年,《历史基本概念》中科塞雷克撰《历史》长文被译成法语。

德国概念史与剑桥学派之间的嫌隙,长期妨碍了二者之间的建设性对话。德国有翻译大国之称,给人无所不译之感,可是斯金纳的两部代表作,《近代政治思想的基础》和《霍布斯哲学思想中的理性和修辞》,迄今没有德译本,简直匪夷所思,但却有其缘由。科塞雷克和斯金纳都把谈论对方的方法论看作"雷区"。曾任教于美国斯坦福大学的贡布莱希特在其《概念史的维度和局限》的长篇"绪论"中说,谁在1980年代末去美国,行李中带着德国概念史辞书和自己撰写的概念史论文，他会失望地发现，"概念史只是德国人文科学中的一种特殊追求"。

在英美世界，纽约市立大学政治思想史教授里希特（1921—2020）是最早关注德国概念史的学者之一。他于1986年在《政治理论》（*Political Theory*）杂志上发表《概念史与政治理论》，1987年在《观念史杂志》（*Journal of the History of Ideas*）上发表《概念史与观念史》。后来，他又分别于1990年和1991年用德、英两种语言发表两篇几乎相同的文章：《论政治语言史的重构：波考克、斯金纳与"历史基本概念"》。1995年，他的介绍德国概念史的专著《政治/社会概念史——综合述评》问世。他指出，德、英两种研究方案的明显区别是其所研究的时代：波考克和斯金纳主要分析近代早期的文本，很少会冒险跨入18世纪晚期；而科塞雷克主要感兴趣的是鞍型期亦即1750—1850年的语义巨变。另一区别是研究对象和方法。科塞雷克研究的是较长时期的概念发展，波考克则考察具有时代特点的话语，斯金纳主要查考行为层面的修辞策略。正是鉴于这些区别，里希特认为，都很重视政治语言的德国概念史和剑桥学派的政治思想研究可以取长补短。

里希特的倡议得到芬兰政治学家帕洛嫩的呼应。他在德文专著《概念的祛魅——斯金纳和科塞雷克对政治概念的改写》①一书中，比较了斯金纳和科塞雷克的理论特色。

---

① Kari Palonen, *Die Entzauberung der Begriffe. Das Umschreiben der politischen Begriffe bei Quentin Skinner und Reinhart Koselleck*, Münster: LIT, 2004.

他的立论是：关于概念的变迁，斯氏代表的是修辞视角，科氏代表的是时间视角。在斯氏那里，概念变迁是语言行为的特殊情况，科氏则将之与"历史时间"联系在一起。帕洛嫩认为这两种立场有着不同的背景：在斯氏那里是一种后维特根斯坦的分析诠释学，在科氏那里则是后胡塞尔的时间哲学。同里希特一样，他认为科塞雷克与剑桥学派的互补不仅是可能的，而且对概念史的继续发展大有裨益。他自己则在一系列文章中，主张把概念史看作政治学，并责难德国哲学家和社会史家对政治学兴味索然。此外，巴德在探讨科学与政治的关系时，也将剑桥学派的研究取向与德国概念史联系在一起。[1]

汉尼嫩和帕洛嫩主编的《文本，语境，概念：语言中的政治和权力研究》（1990），以芬兰政治学协会1988年召开的一个题为"语言与政治"研讨会为基础，收录了芬兰政治学家和社会学家的著述，主题为"语言论转向"对不同学科所产生的影响。各篇论文主要依托的方法论如编者"导言"所述，赞同科塞雷克起始于他的成名作、博士论文《批评与危机》（1954），尤其是其论文《非对称的对立概念的历史政治语义》（1975）的研究方法和特色：概念史所查考的概念语义，并不是一成不变地传流下来的，它们在政治上始终充满争议；并且，它们正是在语义争辩和冲突中

---

[1] Robert Bud, "Framed in the Public Sphere: Tools for the Conceptual History of 'Applied Science'- A Review paper," in: *History of Science* 51 (2013) 4, p. 413–433.

塑形的:"概念不是在讲政治[……]而始终又是政治的对象。"①

汉普歇尔-蒙克等人主编的《比较视野中的概念史》(1998),选录了十多篇概念史经典论文和个案研究,该书出自荷兰史学家的一个概念史项目,作者中有科塞雷克、伯德克、朔尔茨、赖夏特、吕泽布林克等德国概念史名家,以及荷兰等国的概念史专家。不同作者探讨的一个重要问题是德国概念史与剑桥学派思想史输入其他文化和语区的可能性,比如在荷兰的运用。此书中的艺术史研究及其对语言与艺术、概念与图像的观照所展示的跨学科方向,让人想起概念史不可忽视的艺术史家潘诺夫斯基(1892—1968)的图像阐释学传统,以及赫伊津哈(1872—1945)文化史的艺术史之维给荷兰留下的思想遗产。

老牌年刊《概念史文库》(1955—)和注重词汇史研究的《词汇学通讯》(*Cahiers de lexicologie*,1959—)而外,另有一些新的国际学术刊物问世,比如在芬兰出版的英语杂志《重写——政治思想与概念史年刊》(*Redescriptions. Yearbook of Political Thought and Conceptual History*,1997—)②,由巴西学者协调的英语杂志《概念

---

① Sakari Hänninen/Kari Palonen, "Introduction: Reading, Politics and Power," in: *Texts, Contexts, Concepts. Studies on Politics and Power in Language*, ed. by Sakari Hänninen/Kari Palonen, Helsinki: Finnish Political Science Association, 1990, p.(7-10)10.
② 该刊多次更名,2008 年又更名为《重写——政治思想、概念史与女性主义理论年刊》(*Redescriptions. Yearbook of Political Thought, Conceptual History and Feminist Theory*).

史文稿》(Contributions to the History of Concepts, 2005—)。拉美国家对于概念史的兴趣，还见于多人联合主编、编辑部设在阿根廷圣马丁国立大学的电子版半年刊《概念史杂志》(Conceptos Históricos, 2015—)，发表英、法、西、意语种的研究文章。

很有特色、明确参照科塞雷克研究进路的是"伊比利亚概念史网络"(Iberconceptos. Proyecto y Red de Investigación en Historia Conceptual Comparada del Mundo Iberoamericano)。塞巴斯蒂安领导的这个研究团队，由来自西班牙、葡萄牙以及不同拉美国家的五十多位学者组成，主要从事大西洋两岸西、葡语区的概念史研究：以西班牙19、20世纪社会/政治辞典为依托，[1] 从不同区域、国家和国际视角出发，共同探讨跨大西洋概念史关键时期（18世纪中叶至19世纪中叶，与科氏"鞍型期"年代完全一致）的相关问题。该团队于2014年出版了十册比较概念史著作《伊比利亚概念史》，每册探讨一个基本概念的历史：1. Américano/Americano（美洲人，美洲的）；2. Ciudadano/Vecino（公民）；3. Constitution（宪法）；4. Federación/Federalismo（联邦，联邦制）；5. Historia（历史）；6. Liberal/Liberalismo（自由，自由主义）；7. Nación（国家，

---

[1] Javier Fernández Sebastián/Juan Francisco Fuentes (Dirs.), *Diccionario político y social del siglo XIX español*, Madrid: Alianza, 2002; Javier Fernández Sebastián/Juan Francisco Fuentes (Dirs.), *Diccionario político y social del siglo XX español*, Madrid: Alianza, 2008; Javier Fernández Sebastián/Crisóbal Aljovín de Losada (Dirs.), *Diccionario político y social del mundo iberoamericano*, Madrid: CEPC, 2009.

民族);8. Opinión pública(公共舆论);9. Pueblo/Pueblos(人民,民众);10. República/Republicano(共和国)。

当下对欧洲政治统一进程的广泛兴趣,亦对概念史有所启发。赫尔舍在《德国"概念史"理论和方法及其对编纂一部欧洲政治辞典的影响》(2003)一文中提出一个设想,查考和比较几乎都源于希腊语和拉丁语的欧洲政治基本概念在不同国家的不同发展史。相同的理念较为具体地体现于"欧洲概念史项目"(The European Conceptual History Project,ECHP),发起者是来自约十五个欧洲国家的专家;他们在2011年的一份声明中,强调这个泛欧洲项目的跨国、比较和多语种特色。以理论卷为导引,该项目还将出版七卷专论,分别考察一个(政治)概念板块:"文明""联邦主义,联邦制""国家和市场""历史区域""自由主义""议会主义,议会制"和"计划"。

* 上述概念史项目和课题,很能见出新的数字媒体大大方便了关键词检索和梳理的可能性。另外如谷歌书籍词频统计器(Google Books Ngram Viewer)的强大功能,都是德国大型辞书撰写者不可想象的。单凭新媒体技术所提供的可能性,概念史就有极为广阔的前景。同时,维基百科中越来越多的条目,包含从词源到翔实查考以及概念史论述。即便在纯学术领域之外,概念的历史起源也理所当然被看作需要重视的东西。

20世纪最后几年以降,概念史研究的国际网络平台渐次诞生,基本上都以科塞雷克的研究方法为坐标。概念史在其创始阶段,主要以国别研究对象为标的;随着对科塞雷克的国际接受,日益显示出跨国和全球问题意识。按照科氏计划,《历史基本概念》本来要同时出版法语版本,可是等到课题研究竣工之际,概念史已经具有更大的国际视野。科塞雷克也在其生命的最后几年,把国际比较概念史的协调发展看作这个研究方向最重要的未来使命。[1] 他很赞赏里希特和帕洛嫩于1998年共同组建的国际"政治/社会概念史学会"。

概念史国际化的一个重要向度,是《历史基本概念》研究方案输入其他文化的可能性,这也是对这一研究模式的检验。很长一个时期,相关研究只集中于当代西方几个大的语言及其文化圈,其他国别语言中的相关研究极为薄弱。2009年,罗马尼亚蒂米什瓦拉西部大学和德国亚琛大学历史学院共同举办"罗马尼亚社会/政治语言的基本概念"国际研讨会,联系科塞雷克用心探讨的德国战后状况与罗马尼亚的后社会主义时代状况,关心的几乎都是《历史基本概念》中的关键词,并为此创办"蒂米什瓦拉科塞雷克概念史研习院"。

---

[1] Carsten Dutt, "Nachwort: Zu Einleitungsfragmenten Reinhart Kosellecks", in: R. Koselleck, *Begriffsgeschichten. Studien zur Semantik und Pragmatik der politischen und sozialen Sprache*, mit zwei Beiträgen von Ulrike Spee und Willibald Steinmetz sowie einem Nachwort zu Einleitungsfragmenten Reinhart Kosellecks von Carsten Dutt, Frankfurt: Suhrkamp, 2006, S. (529 – 540)530.

与科氏概念史的国际影响相比,专业术语取径的概念史,如里特尔创始的《哲学历史辞典》或其他一些学科中的一些后继概念史成果,依然没有产生多大影响。尽管如此,在西班牙和意大利,已经有人沿着伽达默尔的足迹,从事哲学取径的概念史研究。对意大利的概念史研究具有重要意义的是杜索、季尼奥拉为代表的帕多瓦学派(Scuola di Padova),《政治哲学杂志》(*Filosofia Politica*)是其介绍德国概念史的重要平台,其中有诸多重要论文探讨概念史与政治哲学的关系。另外,鲍里奥领衔的意大利音乐学家,承接德国六卷本《音乐术语辞典》(*Handwörterbuch der musikalischen Terminologie*,1971—2006)进路,编成三卷本《音乐概念史》(*Storia dei concetti musicali*,2007/2009)。

四、 概念史在东亚: 中国成就简览

十多年来,概念史研究在东亚给人"异军突起"之感。韩国翰林大学翰林科学院于2005年启动"韩国人文社会科学基本概念的历史哲学百科全书"项目(The Historico-Philosophical Encyclopedia of Basic Cencepts in Korean Humanities and Social Sciences),又于2007年将之扩展为"东亚基本概念的相互疏通项目"(Project for the Intercommunication of East Asian Basic Concepts)。这个研究韩、日、中三国"基本概念"语义变迁的课题,接过了科塞雷克的

鞍型期理论,但把"过渡期"设定在19世纪中期至20世纪中期。该项目不但考察现代东亚形成过程中的概念嬗变,还有探索东亚概念史理论的雄心。该项目特别重视殖民地经验和社会史概念研究,尤其强调韩国概念史的特殊性,创办概念史译丛和研究丛书,已有约十部专著问世,翻译了《历史基本概念》中的部分文章,还出版英文刊物《东亚概念与语境》(*Concepts and Contexts in East Asia*)。

在中国,方维规是较早关注和从事概念史研究的学者。他的论文《论近现代中国"文明""文化"观的嬗变》(1999),是借鉴德国概念史进行实证研究的较早尝试,嗣后有多篇长文相继问世。[①] 以概念史为主干的德语论著《西方与中国:西学在晚清中国的传播》[②],由七篇实证研究文章扩展而成的专著《概念的历史分量——近代中国思想的概念史研究》,或英语专著《中国近现代文明、文化概念》[③],均为其长期从事概念史研究的实绩。在概念史理论方面,方维规自2007年发表《历史语义学与概念史——关于定义和方法以及相关问题的若干思考》之后,还写过若干长文探讨理论问题。

---

① 如《"议会""民主""共和"概念在西方与中国的嬗变》,载《二十一世纪》2000年第2号,第49—61页;《"经济"译名溯源考——是"政治"还是"经济"》,载《中国社会科学》2003年第3期,第178—188页;《"Intellectual"的中国版本》,载《中国社会科学》2006年第5期,第191—204页。
② Weigui Fang, *Der Westen und das Reich der Mitte — Die Verbreitung westlichen Wissens im spätkaiserlichen China* (Opera Sinologica 27), Wiesbaden/New York: Harrassowitz, 2013.
③ Weigui Fang, *Modern Notions of Civilization and Culture in China*, translated by Weidong Wang, London: Palgrave Macmillan, 2019.

金观涛、刘青峰自1997年就已着手创建"中国近现代思想史专业数据库（1830—1930）"，所收资料涵括清末民初近代期刊、晚清档案数据、清季经世文编、清末民初士大夫著述、晚清来华外人中文著译、西学教科书等六大类文献。二者依托"数据库"写成专著《观念史研究：中国现代重要政治术语的形成》（2008），将其考析方法概括为"以关键词例句为中心的数据库方法"，对"真理""科学""民主""个人""权利""社会""革命""经济""世界"等中国近现代史上的关键概念做了系统梳理，获得了不少可喜的新认识。该著冠名"观念史研究"，以我之见，它与概念史有不少相通之处。近年来，他们继续在"数据库"（台湾政治大学"中国近现代思想及文学史专业数据库，1830—1930"）的基础上，持续开展数字人文学探索，即追求人文研究与数字方法（词汇检索和分布统计）的结合。

引人瞩目的《新史学》同人，亦对概念史研究表现出极大兴趣：孙江主编的《新史学》第二卷《概念·文本·方法》（2008），收录多篇探讨近代概念问题的论文；黄兴涛主编的《新史学》第三卷《文化史研究的再出发》（2009），亦与概念史密切相关。具有标志性意义的是由台湾政治大学、韩国翰林大学和日本关西大学合作出版的《东亚观念史集刊》于2011年创刊。郑文惠主编在其《发刊词》中指出，这一国际刊物的宗旨是"展现新兴研究课题与重要学术成果"，通过"跨语言、跨文化、跨地域、跨领域的研究合作与资源整合"，推动不同学术社群的学术对话,"交流风气"。该刊迄今已有十七卷问世,成就斐然。需要指出的是,该刊以"观念史"名之,但其中许多论文,体现出概念史追求,另有不少词语史篇什。

南京大学学衡研究院致力于概念史研究,《亚洲概念史研究》丛刊于2013年问世,继而又推出"学衡现代知识研究丛书"。《亚洲概念史研究》第一辑中的"发刊缘起与意旨",说及这一国际丛刊所要达到的目标:"首先梳理中国现代知识体系的生成与流变,继而在东亚范围内进行比较研究,最后在全球史视野下,从中国和东亚的视角与欧美学界进行理论对话。"孙江领衔的学衡研究院在概念史研究方面颇为活跃,且有雄心勃勃的规划。另外,冯天瑜主持、以武汉大学中国传统文化研究中心为平台的"近代汉字术语的生成演变与中西日文化互动研究",一方面就近代汉字术语生成载体中的术语情况做系统考索,主要分早期汉文西书、晚期汉文西书、期刊、教科书、辞书等载体类型;另一方面围绕各学科门类的术语群做历时性考析,探究其古今演绎、中外对接的情形。

中国学者的相关研究在方法探讨和实证研究方面都取得了可喜成就。方维规主编的《思想与方法:近代中国的文化政治与知识建构》(2015)是同题国际高端对话暨学术论坛的会议文集,收录了二十多位学者的论文;王汎森、罗志田、黄克武、王中江、章清、许纪霖、曹新宇和黄兴涛、陈国球、杨联芬、方维规等人的文章,均探讨了近现代中国的概念问题。参加这次会议的日本学者铃木贞美在概念史理论和实践中颇多建树。另外，沈国威、陈力卫、刘建辉等日本学者，或台湾的潘光哲、李奭学、郑文惠等学者，亦在概念史研究方面创获颇多。

近期当然还有不少很有意义的实证研究，特别是一些年轻学者出类拔萃，在此不拟一一详加介绍，只对汉语历史语义学领域的两部重要著作稍做推荐。冯天瑜著《"封建"考论》（2006），可以让人比较直观地领会陈寅恪解字作史之名论："凡解释一字，即是作一部文化史。"此书围绕中西日互动展开讨论，探索一个概念的古今沿革，对汉语"封建"概念做了全方位的梳理。作者揭示出今日汉语"封建"概念既与汉语本义脱钩，又与英语 feudal system 或 feudalism 相左，并明晰地展示了整个概念的发展和演变过程。黄兴涛著《重塑中华：近代中国"中华民族"观念研究》（2017），把"中华民族"这一近代中国才出现的新名词视为近代中国政治社会中最重要的"基本概念"，是中与西、历史与现实、人类学与政治学之民族观复杂互动的结晶。该著融思想史、政治史、社会史于一炉，在现代性框架中综论"中华民族"概念符号的酝酿、演变、传播、普及和运用的历史，并在概念群（"中国""中国人""国族"等一系列相关概念）和语义网络中进行含义论证，实为难得的佳作。

概念史在中国渐成风气，尤其是不少年轻学人心向往之，甚至在一些并非概念史的著述中也能见出明显的概念意识，可谓风生水起。方兴未艾的近现代西学东渐之汉语历史语义学,已显示出强劲的学术潜力和独特魅力。纵观东亚的汉语历史语义学发展现状,各种学术会议、论著、刊物风格各异、各具风采,但是它们有一个共同特点:考析西方概念如何在近代东亚被翻译为汉字概念及其古今演变、中外涵化的语用实践,以及汉字文化圈内不同国家和地区之间的概念互动,由此揭示东亚现代性的异同。建立在汉语基础上的东亚文化中的文字与意涵之间的关系,显然不同于欧洲语境中的发展状况。在对主要从欧洲到东亚的概念传输的考查中,能够见出新的方法论问题。

第八章 世界，东亚，中国：问题与展望

一、汉语概念现代化与东亚"比较概念史"

当代著名历史学家贝利（1945—2015）和奥斯特哈梅尔在他们的著述中，试图勾勒世界史中相当于科塞雷克"鞍型期"概念的"分水岭"。二者抛弃了以往的史纂范式，告别了前人的历史叙事传统，采用跨学科、多层次的洲际观察方法，从全球史的角度刻画和分析一个时代：一个在欧洲、亚洲、非洲和美洲发生巨变的时代，一个萌生"全球性"的时代。

　　＊ 剑桥大学史学教授贝利在其《现代世界的诞生（1780—1914）：全球关联和比较》①中，试图描绘一部近代晚期的世界史，把这"短短的"134年看作世界的

---

① Christopher Alan Bayly, *The Birth of the Modern World, 1780–1914. Global Connections and Comparisons*, Oxford: Wiley-Blackwell, 2004.

巨变期。他的追求是，探讨和阐释世界不同地区的历史之间的关联和相近之处。他分析了全球现代性的形成和蔓延，翔实地展示出19世纪欧洲的发展，已经同地球上其他地方的宗教、经济、政治、社会紧密相连；现代世界的诞生是一个去中心化（多中心），同时又是相互关联的过程。他描述了欧洲、美洲、亚洲和非洲之间的相互影响，非欧洲社会不是现代性之被动的接受者或无声的证人，而是积极的参与者。

德国康士坦茨大学史学教授奥斯特哈梅尔的《世界之变：一部19世纪的历史》[1]，以史篡的慎重来描写和阐释全球发展，令人信服地展现了19世纪这一全世界走向现代的决定性历史时期，以及这个时代在不同地域和不同文化中的重要性和时人的感受。尽管19世纪欧洲急剧的社会发展是其考察的中心和起点，然而作者不断观照世界其他地域，特别是欧洲在东亚、美洲、中东和东南亚的影响，以及这些地区和国家的欧洲接受和"接轨"。中国、日本、美国从边缘走到前台，尤其是1860年之后欧洲内和欧洲外的发展进程被纳入共时考察的视野。

显然，人们可以在世界语境中考察"鞍型期"这一欧洲时代变迁概念，是否也适用于阐释世界其他地区的发展，

---

[1] Jürgen Osterhammel, *Die Verwandlung der Welt. Eine Geschichte des 19. Jahrhunderts*, München: Beck, 2009.

这些地区或国家是否也经历了相似的时代分界。在新近的史学和文化研究中,"鞍型期"概念时而也被转用于(欧洲之外)其他社会和文化巨变时期。"鞍型期"的意思,不是给马匹上鞍、整装待发,而是犹如连接两座山峰之间的鞍型过渡地带,表示从前现代走向现代的分水岭。从这个意义上说,它也可以用来解读19世纪和20世纪初的中国和整个东亚,尽管这里的历史发展没有"鞍型山体"那样的意象可言,而且过渡期在时间上明显存在滞后现象:科塞雷克所说的鞍型期(1750—1850)的结束,可被视为东亚之重大过度和转折的开始。

就中国而言,王尔敏指出:"自1840至1900的六十年间,是酝酿近代思想的一个重要的过渡时代,同时也是一种独特的思潮发展段落。这里包括全部新概念之吸收、融会、萌芽、蜕变的过程。思想的创发,有加速趋势,也就是说一直维持着扩张的动力。"① 在这个过渡期,"求变求新"是广大知识者尤其是维新人士的共同心声。过渡期与转型期的交接,发生于1890年代。张灏在《中国近代思想史的转型时代》(1999)等文章中指出,1895至1925年是中国近代思想史的转型时代,即思想文化由传统过渡到现代、承先启后的关键时代,思想知识的传播媒介及思想内

---

① 王尔敏:《十九世纪中国士大夫对中西关系之理解及衍生之新观念》(1974),《中国近代思想史论》,台北,台湾商务印书馆,1995年,第(1—94)1页。——"过渡时代"是清季许多知识者的一个共识,如梁启超所言:"今日之中国,过渡时代之中国也。"(梁启超:《过渡时代论》(1901),林志钧编《饮冰室文集》之六,上海,中华书局,1936年,第27页。)

容皆有突破性剧变。① 若说过渡期和转型期不能截然分开，中国的"鞍型期"约有八九十年时间，从过渡到剧变。对中国和其他亚非拉国家来说，现代化的一个重要特征是西化。当然，清末民初的知识者并没有提出"现代化"概念，而只是提倡洋务、自强、变法、维新、立宪、革命等。②

就像英、法、德等欧洲国家的转型期只是一个大概划分一样，东亚国家（中、日、朝）的现代转型也是如此。但有一点是可以肯定的：贝利和奥斯特哈梅尔所言东亚社会走向现代的决定性时期，或多或少适合19世纪下半叶至20世纪早期的中、日、朝发展状况，尽管这三个国家的现代性体验有先后之分，且对"近代"和"现代"的时间划分也有出入。在这个数千年未有之大变局亦即特殊的"现代性"历史过渡期或转型期，西方影响和东亚"接轨"的一个明显特征是概念的传输和接受，或曰概念现代化。汉语中的大量近代新词，本身就是"西学东渐"的产物，语不足用的后果，如王国维1905年所说："西洋之学术骎骎而入中国，则言语之不足用，固自然之势也。""新思想之输入，即新言语输入之意味。[……]讲一学、治一艺，则非增新语不可。"③ 按照科塞雷克的概念史假设，不同时代

---

① 参见王汎森编：《中国近代思想史的转型时代——张灏院士七秩祝寿论文集》，新北，联经出版事业股份有限公司，2007年。
② 参见王尔敏：《晚清政治思想史论》附录《"现代化"的时代意义及其精神基础》，台北，台湾商务印书馆，1995年，第（277—282）277—278页。
③ 王国维：《论新学语之输入》，《王国维论学集》，北京，中国社会科学出版社，1997年，第386、387页。

的人正是通过概念来描述他们的经验、期待和行为。我们确实可以发现1861年以后中国所创制的新概念,很能表达时人对时局的理解倾向,如"变局""洋务""利权""商战""富民""自强"等,这些中国"独有"的概念,既不同于中国古代,也不同于西方近代。[①]

另一方面,在千载未有之变局中,更有大量西方概念的移译,也就是20世纪初被称作"新名词""文明词"或"译词"的那些概念,日本则称之为"新汉语"。西方本土创制概念或者旧概念的新解,与翻译概念的情形是不同的,不同的经验、语境和想象会或多或少地产生理解上的差异。同时,西方概念本身经历过前后变化,旧词新解或新造词有其自己的历史,翻译不可能将其语义全盘移植、毫无差别,它是一种融会和同化。只要是翻译就会走样,译者只能追求最大近似值。移植的西方概念,常会成为我们自己思想的重要组成部分,从而提供新的阐释空间。比如,不少重要汉译政治概念的形成,如金观涛、刘青峰在其《观念史研究》的"导论"中所说,"几乎都经历了'选择性吸收''学习''创造性重构'三个阶段":19世纪中期至1895年为选择性吸收阶段,其特点是从本土固有的政治文化观念出发,有选择地吸收西方现代观念;第二阶段是甲午后至新文化运动前的二十年(1895—1915),这是中国人以最开放的心态接收西方现代观念的时期;第三阶段是新文化

[①] 参见王尔敏:《十九世纪中国士大夫对中西关系之理解及衍生之新观念》,《中国近代思想史论》,第(1—94)14—22页。

运动以降,中国人对外来观念的消化、整合和重构,形成了中国式的现代观念,其影响及至当代。

> * "汉字文化圈"指称(曾经)使用汉字并承袭汉字文化传统的民族与国家。拥有汉字这一"符号"的亚洲,也是其不同于其他亚洲文明区域之最显著的特征。"汉字文化圈"的共性是汉字、汉文、儒学、华化佛教、中国式律令制度,以迄中国式生产技术、生活习俗等,包括中国、日本、朝鲜半岛、新加坡、马来西亚和越南。

沈国威在其专著《近代中日词汇交流研究:汉字新词的创制、容受与共享》(2010)的"绪论"中指出,19世纪或20世纪初的东亚汉字文化圈的国家和地区翻译西方概念(术语和抽象词汇等),基本上是以汉字形式来实现的,或以汉字为基本元素,这就产生了汉字文化圈的许多"同形词",它们是"共创、共享的产物。中国和日本是主要的创造者,朝鲜半岛、越南等参与了共享"。然而,"中日流向词"(中→日)、"日中流向词"(日→中)或"中日互动词"(中→日→中),不一定具有同样的语义结构,或体现同样的经验空间和期待视野。一个翻译概念从中国到日本,或从日本到中国,其含义在传输和理解过程中可能或必然发生变化。字形相同的概念,含义未必相同或者完全对等。另外,翻译外来概念的两种常见方法,即"译"和"借"

的方法(译者迻也,借者袭用其音),"对于中日的译词创造者们具有不同的内涵和心理重量"。中日朝三种语言中之所以存在大量同形词,在于历史上某个时期发生过大规模的语言接触和词汇交流。"近代新词的形成并非一个国家、一种语言之间的事件,而是汉字文化圈的国家和地区如何用'汉字'这一超语言的书写符号来接受西方新概念的问题。"东亚概念史的国际性是显而易见的,它是一种跨洲跨国的研究。尤其是汉字文化圈的同形词,增加了东亚概念史比较研究的独特性。当然,同形词概念同西方不少国家共有的、多少可以相互匹配的那些概念有着相似之处。

时人对各种关键概念的阐释模式,体现出东亚各国过渡期的危机经验和社会结构之变化。这里也能见出不同的时代经验和未来期待。对"同一个"概念在各国的运用之系统比较,亦可能发现一些迄今没有提出的问题,并认识一些新的问题。这种做法或许能够避免概念史中的唯名论,也就是不假思索地将某些(同形词)概念相提并论。"等量齐观"的前提,是东亚国家总体上相同的转型之路;而实际情形并非如此,且不仅表现于转型的不同时性。中日过渡期的发展状况,最能体现科塞雷克论述"历史"概念时所说的"不同时历史的同时性"或"同时历史的不同时性",这种情形尤其见于特殊过渡期。因此,对不同历史语境的忽视,可能混淆不同的过渡形式以及接受西方知识的模式,遮蔽"同一个"概念之间的区别(例如西周和严复对"自由"内涵的不同理解),或者不对等概念之间的语义差别。

概念史钩稽过去的社会,考察那些储存于语言材料以及文化和社会之思维结构的东西,借助概念和话语来领会过去的历史,检视储存于概念的社会经验。——这种理解可被视为科塞雷克式的概念史。将之运用于东亚概念史研究,自然要对其有效性甚至合法性有一个清醒的认识,并看到"移植"这一方法的价值和可能的局限。总体而言,借鉴概念史方法从事比较视野中的东亚概念史研究是有意义的,且基于如下思考:

首先,我们应当承认(如前所述)世界范围的"现代化"之总体趋向是"西化"这一事实,19世纪和20世纪初的中国从器物到制度到思想对西方的接受,亦能见出"西化"脉络。中国近代化或现代化的延误是一个不争的事实;对此,郭廷以在其《中国近代化的延误——兼论早期中英关系的性质》(1950)一文中有精到的论述。并且,同是东亚国家,日本和中国的西化不可同日而语。所谓西方影响和东亚"接轨",本身就存在巨大落差。但这一切并不排除西化的事实存在。这不是在抹杀各种文化的特殊性,世界各地有着不同的西化之路,各种本土特色和现代性体验的形态差异或变异是一个常数。无疑,这里也不否认保守文化意识亦即传统纲常名教在20世纪前的中国主流文化的统治地位,或者各种中西调和的理论思想,如"运会说""西学源出中国说""托古改制论""广贵因论""中体西用论"。中国的西化是一个渐进过程。

其次，概念史之于欧洲"鞍型期"，东亚新概念之于东亚"转型期"，二者有着相通之处。与其说东亚概念史注重西化因素，毋宁说概念嬗变与"转型期"密切相关。16世纪以降，欧洲殖民者的语言在殖民地或半殖民地对当地语言形成了巨大的改变压力，随之出现了翻译西方概念或者本土概念的转义等现象。这种改变压力逐渐加剧，最终导致阿萨德分析阿拉伯语的发展时所指出的一种现象：19世纪下半叶以来，大部分非欧洲语言，都在翻译欧洲语言文本的过程中改变了模样，并向欧洲语言靠拢。① 在这个时期，"西学"的译介不仅使东亚的近现代知识剧增，也极大地丰富了近现代汉语学术词汇。现代汉语（尤其是科技和学术用语）的很多重要词汇与概念均产生于19世纪下半叶和20世纪初，还有许多词汇也是在这个时期发生了质变。同欧洲许多基本概念一样，许多汉语重要概念在"转型期"获得了我们今天所理解的现代含义，而变化正是来自西方的影响。当然，概念史研究绝不意味着，以今天的知识预设和习惯概念理解来解读过去，而是挖掘特定概念的历史语境和语义，以此来体认历史；亦可在概念演变的层面上考察其同"当今"之可能的联系。另需说明的是，概念史是解读历史的一种方法，但不是唯一的方法。

第三，翻译（接受）西方概念，在很大程度上是在介

---

① Talal Asad, "Übersetzen zwischen den Kulturen. Ein Konzept der britischen Sozialanthropologie", in: *Kultur, soziale Praxis, Text. Die Krise der ethnographischen Repräsentation*, hrsg. von Eberhard Berg u. Martin Fuchs, Frankfurt: Suhrkamp, 1993, S. (300 – 334)323 – 324.

绍和解读西方事物、价值观和理想，领略西方知识及知识形态。但是"同样的"概念，比如"civilisation—文明"，或"science—科学"，或"democracy—民主"，或"republic—共和"，由于不同甚至殊异的历史实在，它们在概念原产地和接受地的实际认知层面和程度、历史地位、作用和效果不可能完全相同。例如，这些概念在传入中国之时，并没有即刻成为（科塞雷克所说的）现实的"表征"和推动历史的"因素"，中国有自己的社会现状和特定的话语体系。某个重要概念在某时引入中国，并非一定缘于实际需要，它甚至是偶然的，但我们不能忽略这些概念的"蔓延效应"（spread effect）和后发之力，即它们对东亚社会文化的冲击力和对社会舆论的影响力。以"democracy"和"republic"为例：二者在19世纪进入中国以后的很长一段历史时期内基本上是同义，时人没有刻意用汉语明确区分这两个概念，更不用说洞达其真正含义；可是"共和"概念到了辛亥革命时期，成了"表征"和"因素"，获得了巨大的支配力，革命的成功被看作"共和主义"（republicanism）的实现。同样，"民主"和"科学"直到五四时期才成为战斗旗帜。

以上三点肯定不是从事东亚概念史研究的全部理由，但却可以让人看到，以东亚国家各具特色的过渡期或转型期为背景，对一些关键翻译概念（比如"文明""民主""自由""权利""革命""公民""义务""个人"等）的历史语义进行系统考察，并对特定概念的引进时段及其理解进行比较研究，能够见出经验巨变的多元性，并更好地认识东亚国家不同的过渡期,以及各自从传统走向现代的不同过渡方式。政治/社会词汇在过渡期的演变,亦能折射出以往经验阐释的多样性,以及人们如何通过概念来表述挑战,寻求应对挑战的途径。作为一种比较范式,共时性事件与历时性结构之间的关联性,即共时的语义分析和历时的系统比较相结合,不仅可以呈现东亚语境中概念移植和阐释及其引进和输出的路径,也可以确认不同历史经验的时间范畴亦即先后关系。

我们需要一种比较视野,查考东亚过渡期以及相关概念之统一中的多样性,即维特根斯坦所说的"含义即用法"。含义见于运用,只要概念、含义、用法之间的关系还没被弄清,概念史试图借助语言探索历史经验和社会知识的尝试,始终存在无法摆脱传统观念史的危险。传统观念史误将观念视为"一成不变"的东西,与之截然相反,科塞雷克认为概念史"考证特定语言在特定情境中的运用,以及特定话语运用者发展和运用了哪些概念"[1]。伯德克指出,传统观念史常将"概念"和"含义"混为一谈。正是这种应当纠正的做法,常会导致传统观念史的复兴。因此,"在制定概念史方案时,也应在某种程度上把含义在交往互动中的实现过程看作考察原则",因为"得知一个词语的运

---

[1] Reinhart Koselleck, "A Response to Comments on die Geschichtliche Grundbegriffe", in: *The Meaning of Historical Terms and Concepts. New Studies on Begriffsgeschichte*, Occasional Paper No. 15, ed. by Hartmut Lehmann and Melvin Richter, German Historical Institute, Washington D. C., 1996, p. (59 - 70)62.

用，便知道其在交往中的效用，更确切地说，就能理解它的'含义'"①。从这个意义上说，发展一种东亚国家的"比较概念史"并考察一些关键概念之不同的"运用史"，虽然极为复杂、相当费力，却是极有意义的。

二、问题与未来

概念史是当代较多受到国际学界推崇和借鉴的少数德国人文科学方法之一。世界上各种新的研究，不只满足于将德国的概念史范式移植到其他国家和语言，而是带着审视的目光借鉴德国方法，新思维正在不断渗入这一研究方法，并根据不同考察视角提出新的问题，概念史还在不断适应新的形势。中国学界刚开始关注概念史之时，就有学者提出这一研究方法在中国的可行性问题。而我以为，尽管"橘逾淮而为枳"②不可避免，但概念史追求是有意义的。迄今的不少研究成果，已能让人看到概念史方法在中国的孕育力。关键是要使之适应中国水土，让逾淮之橘生长出甘美之枳。

有一种莫大的误会，想当然地把概念史化约为文字工

---

① Hans Erich Bödeker, "Reflexionen über Begriffsgeschichte als Methode", in: *Begriffsgeschichte, Diskursgeschichte, Metapherngeschichte*, hrsg. von H. E. Bödeker, Göttingen: Wallstein, 2002, S. (73 - 121)98, 102, 106.
② 参见贺照田：《橘逾淮而为枳？——警惕把概念史研究引入中国近代史》，载《中华读书报》，2008 年 9 月 3 日。

作，以为在科技发达的今天，概念史可依托于数据库的数据统计，从新名词或关键词在某个历史时期的出现频率来判断概念的产生、发展和流行程度，由此辨别其重要性。这种做法看似精确，但未必像人们想象的那么科学，很容易引发诟病和非难，把它同计量史学相勾连。毋庸置疑，借助数据库检索，极大地方便了资料的披览，能够快捷地获取相关数据，极大地提高了研究效率。然而，这只是研究工作的第一步，即材料的收集，与从前做卡片没有质的区别。换言之，数据库只是辅助工具，尽管它的效用大大超越了卡片功能，但也不是"非我莫能为也"。

在历史语义学领域，依靠电脑的技术支持和统计方法，早已见于法国圣克劳高师的"政治词汇实验室"所发展的"词语统计学"（lexicométrie），即借助电脑来对"18世纪与法国大革命"的政治词汇进行量化研究。随着电脑技术的不断发展和统计方法的日益改进，数据库的能量已经今非昔比，其探索和处理资料的优势也使实证研究颇为受益。然而，若以为仅依托于庞大数据库就能从事历史语义学研究，那只能是幻想。中心概念的设定和对概念架构及概念网络的探索，特别是对数据的解析，绝非电脑本身能够处理的，分析和提炼才是重中之重。

已经过时，至少是已经衰落的计量史学之缺陷是显而易见的，即过度依赖电脑，企图通过计量资料来发现和验证历史，以显示客观性和精确性，仿佛电脑之外无他物。然而在人文科学中，仅堆积数据，将历史现象简化为具体指标,往往反而不客观、不可信,这就可能招致方法论上的质疑。若将概念史与计量法混为一谈,倚重词语的使用频次,罗列诸多图表,分析走势的曲线,很可能发现不了历史"真相",甚至会把人引入歧途,得出似是而非的结论。殊不知一个概念或关键词的重要性或关键发展,常常不在于频繁使用,而是取决于被论辩、被争夺的强度,或在某个历史时期和关键时刻的多义性和争议性及影响力,或在观察和解释社会、政治状况时的不可或缺。而当这个概念已经"家喻户晓",人云亦云,也就是达到走势图中的峰值时,只能表明其传播的深度和广度,却很可能已经失去锐气,无须多加思索,在很大程度上也已失去对概念史有用的认识价值。概念史关注的是一个(重要)概念的生成、常态或者非连续性、断裂和变化,关注变化的转折点、衔接点、关节点,而这些都是计量分析无法胜任的。很多历史现象,尤其是对人的心理和思想的研究,单靠计量是无能为力的,精神现象很难用数量来概括。要发现数据背后的深层含义及其多层次关联,不仅要披沙拣金,更需要历时和共时的宏观视野。

我们应该看到,不少同概念史有关的问题尚未说清,一些关键点始终没有得到明晰而充分的阐释。新近国际学界的方法论探讨,很少在根本上改变早已有之的观点。一直存在争议的问题,首先涉及概念史的研究对象(概念、含义、词语、术语),究竟何为词语与概念的关系?对于这个问题,前文已经说过不少阐释尝试,但这个问题或许比我们想象的要复杂得多。为了确认概念、对立概念、相近概念、平行概念等，只要抓住主要词语就已足够？究竟何为"概念"或"基本概念"（仿佛不是问题的问题）？另有一些问题也至关紧要：什么是建立语言与事物之间关系的前提条件？语言在多大程度上参与了事物的塑形？概念史研究对象与隐喻和话语的关系又是什么？

面对所有这些问题，有一点似乎毫无疑问，即德国特色的概念史摆脱了传统思想史，以结构史为基础，根究具体历史和社会语境中的语言运用，研究对象不只局限于"伟大思想家"的观念之变化和命运。不过，不甚明确的是概念史在学术研究中的位置，概念史是一种具有特定认识旨趣的辅助研究？倘把它看作辅助研究，就需要回答一系列史学和语言理论的基础问题。无论如何，概念史曾被看作人文科学和阐释学的基础研究，德国哲学概念史研究的领衔者之一伽达默尔在《作为哲学的概念史》一文中说，概念史不纯粹是哲学研究的补充工作，而应完全融入哲学肌体。[1] 其实在许多方面，科塞雷克的概念史理论旨在把伽达默尔的哲学诠释学从本体论和认识论带到实践层面，即与史学践行相结合，在语言和概念介质中挖掘历史。

围绕《历史基本概念》而展开的一些方法论讨论，无疑比这套辞书中的条目更具启发性，可是科塞雷克晚年还是称之为纯粹的方法论争辩之沙丘，说他自己的研究受到

---

[1] Hans-Georg Gadamer, "Begriffsgeschichte als Philosophie", in: *Archiv für Begriffsgeschichte* 14(1970), S.(137 – 151)141.

"理论枷锁"的制约。① 显然,概念史理论与实践的关系还不很明晰;不少概念史研究时常只是一种实证研究,没有或几乎没有涉及其理论前提。有人认为,概念史的理论短板并没有改变的必要,理论缺陷甚至是其强项。注重实证的概念史范式,并不需要激情洋溢的纲领,而是需要扎实的考证。另有人以德国的哲学概念史为例,说它并未依托于特定的概念理论和方法,主要是在实践中摸索着找到了自己。还有一种主张是,不要恪守一种方法,而是汇总不同的方法实践。可是倡导多元方法,在某种程度上也意味着放弃专门的概念史方法论思考。

概念史不断得到国际认可,同时受到文化研究转向的影响。诸多研究表明,文化研究不仅对概念史感兴趣,它的研究对象和方法也能反作用于概念史。一种反目的论的意识日趋明显,认为一切知识形态都是历史的产物。有人认为,文化研究视角在某种程度上挪移了概念史的整个考察层面:从科学转向知识,从审美转向艺术品,从理论转向实践和技艺,从词语转向其他媒介。文化研究重点关注的是,究竟如何理解语言与非语言、物质与含义、物与词之间的界线。②

---

① Reinhart Koselleck, "Hinweise auf die temporalen Strukturen begriffsgeschichtlichen Wandels", in: *Begriffsgeschichte, Diskursgeschichte, Metapherngeschichte*, hrsg. von Hans Erich Bödeker, Göttingen: Wallstein, 2002, S. (29 – 47) 31.
② Ernst Müller, "Einleitung: Bemerkungen zu einer Begriffsgeschichte aus kulturwissenschaftlicher Perspektive", in: *Begriffsgeschichte im Umbruch? (Archiv für Begriffsgeschichte*, Sonderheft), hrsg. von E. Müller, Hamburg: Meiner, 2005, S. (9 – 20) 12 – 13.

与传统史学或老式"新史学"的研究取向相比，新文化史注重查考历史中的文化因素和文化层面；研究对象和研究领域从以往偏重政治、经济、社会或军事等，转换到社会文化范畴。新文化史强调人的身份、意识和心态等，而不是社会结构、社会组织、社会权力、经济基础等。文化研究的发展还能让人看到，文化史与思想史之间的界线越来越模糊，或曰"两者之间的边界越来越相互跨越"[①]。这种杂糅在新近的研究中颇为突出，尤其是当代不少思想史研究亦关注具有文化意义的物质现象。

虽然文化研究亦寻求社会视角与文化视角的融通，但摆脱了传统思想史的德国概念史，注重对具体历史和社会语境中语言运用的钩稽，这在研究重心上与新文化史有着明显区别。不过，若考察文化史在英美的发展，人们可以发现思想史与文化史的对接努力，两个研究方向的代表人物都很强调语言亦即概念研究的重要性，这在观念史领域的学者那里尤为突出，例如格拉夫敦在其综述《观念史杂志》（*Journal of the History of Ideas*）的历史以及新的发展方向的文章中，最后也论及概念史（科塞雷克）研究取径。[②] 伯克的《什么是文化史》（2004），虽然只字未提概念史，但是间或也能见出概念史旨趣，例如他在描述概念意涵的国际传输、接受和变化时所论及的翻译作为文化史的

---

① 伯克：《什么是文化史》，蔡玉辉译、杨豫校，北京，北京大学出版社，2009年，第154页。
② Anthony Grafton, "The History of Ideas: Precept and Practice, 1950–2000 and Beyond", in: *Journal of the History of Ideas* 67 (2006) I, pp. 1–32.

方法。①

以新文化史为标志的文化转向,是一种全方位的史学风气的转变。若从1980年代算起,新文化史已经走过四十年岁月。尽管新文化史的成就不容置疑,但它正在逐渐式微,已有学者看到明日黄花,呼吁"超越文化转向"。这有其实际原因:晚近的文化研究对"语言论转向"进行泛化和极端化处理,强调所有文化之表征形式的认识论意义。新文化史所暴露出的问题,主要体现在两个方面:其一,过分夸大文化因素,许多研究给人留下唯文化论的印象,大大忽略了社会、政治、经济等因素;其二,滥用"文化"概念,即所谓"一切皆文化"。可是,若无福柯那样的哲学素养、视野和眼光,不少文化研究就会过于琐碎。

恰巧在过去十多年中,源自德国的"概念史"这一跨学科研究方向又一次重整旗鼓,并被运用于人文科学的不同领域。提倡概念史的一切尝试,都旨在为失去后劲的文化研究寻找出路。这些尝试的共同点是,寻求概念史在新的理论语境中的适用性和实用性。面对强势不再但余威尚在的新文化史,这里的一个关键问题是,人文科学的文化研究改建,是否和如何对历史语义学的范畴和方法产生影响,这在很大程度上涉及概念史研究对象的跨学科性质。

概念史虽在理论问题上还存在不少分歧,却如此多产并富有魅力。我们或许可以说,概念史基础理论没能解决

---

① 参见伯克:《什么是文化史》,第155—156页。

的有些问题，可在具体研究中继续探索。每个研究者可以根据具体材料，尽量贴切地阐释具体语境中的语言与世界的关系。确认历史的认识价值，当然亦可成为具体研究所要完成的任务，甚至是从事相关研究的重要动机。或许正是放弃寻找通用的理论，放弃具体研究的概念史理论依据，才使研究显示出生机。人们得以悉心辨析材料、推究事源，发现和解决问题。谁也不用偏要将具体研究与哪个宏大理论结合起来，更没有必要服从后现代理论，尽管后现代对"宏大叙事"的批判，使得观念亦即老式观念史逐渐式微。

尽管后现代、后殖民理论不断批判欧洲中心主义，就连时代分期也是西方设定的（现代、后现代等），然而从历史来看，西方是现代发展的起点，在全球史的考察中，似乎也只能以西方概念为出发点。换言之，尽管欧洲概念基于欧洲经验，但只要还没有其他与之抗衡的概念体系能够形成普世性，我们就不得不以欧洲概念为基准。当然，我们不能把欧洲概念看作唯一标准，也不排除欧洲之外的经验和概念。一方面是概念史的国际化，一方面是历史形成的语言差异和特色，二者之间的张力是无法回避的。与不同的语言打交道，势必面对不同的政治和文化差异。

随着概念史的国际化，亦即跨国或全球视野的增长，一种现象日显突出：在思想和概念的国际传输中，不少概念在被译入其他语言时，时常没有完全对应的概念词语。关于跨文化误解和"不可译性"（untranslatability）问题，国际学界已经争论了很长时间。以文学领域为例:阿普特的专著《反对世界文学:论不可译性的政治之维》①,不但把不可通约性亦即不可译性视为文学之世界形态的本质所在,亦强调跨文化翻译中复杂的"政治地形"。汉译西文当然是极为典型的事例,即便新造词语也未必能够真正解决问题。为了说明这个问题,我想避开中西截然不同的传统知识文化体系与相去甚远的语言结构之间的翻译问题,选择一个较易理解的事例,即发生在同一文化圈中的翻译问题:

直到19世纪,欧洲不同疆域中的多语种文化现象是常态。这就常会出现一种现象,即源于一种外语(如拉丁语、法语)的"外来词",起初常以模糊的词义进入本土(口语和书面语)语言,近代早期的许多文献资料都能证明这一点。这种词汇往来是通过什么传输渠道和媒介、由谁主导才发生的,如何被翻译和改变的,这是一个颇有意义的历史语义学研究课题。除了个别翻译史研究之外,这方面的研究在历史语义学中还不多见。实际情况是,吸纳外来语词,很可能发生语义的偏移,或者一知半解的现象。外来词起初言之不详的含义,常会出现多种用法。比如一个外来词的特定贬义内涵,可能改变本土语言中某个相近词语的意思,从而引发原先没有的语义分辨。一个典型例子是德语中的法语词 bourgeois(资产者,富有市侩)最晚在马

---

① Emily Apter, *Against World Literature: On the Politics of Untranslatability*, London: Verso, 2013.

克思使用之后的贬义内涵,使德语词 Bürger(市民,公民,中产者)获得了不带主客观色彩的褒义蕴涵。另外如马丁·路德(1483—1546)用德语词 Bund(同盟)翻译《圣经·旧约》词语 berith,使原先的世俗概念 Bund 获得了宗教色彩,这一隐含意义直至进入 19 世纪还相当明显。①

有一种假设,认为世界上的各种语言是由相互对应的同义词组成的,并视之为编纂双语辞典的基础。这种假设并不完全令人信服;在不同的语言中,真正对应的同义词只是很小一部分。且以欧洲为例:欧洲国家有着大体相似的文化和语言源流,然各种语言所固有的特色亦即不对应之处,常使翻译家大伤脑筋。例如英、法、德之"环境"概念:"environment""milieu""Umwelt",并不能简单对应,它们各自有其不同的政治意涵。又如"启蒙(运动)"或"自由主义"等一直被看作表示欧洲共同经验和价值观的概念,其实在欧洲语言之间很难完整对译,或只为了标准化才翻译的。看似相同的概念背后,是不同社会各自特有的经验和期待。欧洲疆域的语言互译况且如此,世界范围的翻译难度可想而知。莱昂哈特认为,所有比较历史语义学中存在的主要问题,是对不同语言中相同词语(或所谓"同义词")之含义对等性的预设,而这种语义规定性

---

① Reinhart Koselleck, "Hinweise auf die temporalen Strukturen begriffsgeschichtlichen Wandels", in: *Begriffsgeschichte, Diskursgeschichte, Metapherngeschichte*, hrsg. von Hans Erich Bödeker, Göttingen: Wallstein, 2002, S. (29 – 47)43 – 44.

忽略了译词之外的含义区别,即历时变迁和共时差异。①

按照帕洛嫩的说法,"翻译"概念对科塞雷克概念史方法具有中心意义,且有不同意义指向:过去的词义与现在语言运用之间的中介;事物史的概念体现;文本的深度挖掘和阐释;不同语言之间的翻译。② 照此理解,翻译就不再只是文本概念,而是宽泛地表示物质和文化的含义表述。全球视野的历史语义学是复杂的、跨地域的探索,要求优异的语言、文化和历史感受力及判别力。跨文化语义史的认识潜能,尤其见于对欧洲(西方)与欧洲之外的思想概念之异同的明辨,这同时也是在叙写体现于文化层面的政治权力关系所发挥的作用。对于西方范畴的翻译,绝非纯粹的学术问题,往往带有政治倾向。所有翻译都是选择和创造行为,这就会有含义流失和新增意涵。这样的考析聚焦于交往过程、知识传输和翻译之时,亦能关注和分析各种关系和交流中微妙的、不易发现的等级关系和先入之见。

在对不同的语言共同体进行比较,探讨它们之间的翻译过程时,语言运用、概念形成和"事物史"之间的制约条件和关系是极为复杂的。因此有人认为,与其预设对应概念的相似性并对之进行比较,不如考察对应的历史经验

---

① Jörn Leonhard, "Von der Wortimitation zur semantischen Integration. Übersetzung als Kulturtransfer", in: *Über-setzen*, hrsg. von Ulrike Gleixner, Essen: Klartext, 2008, S. (45 - 63)49.
② Kari Palonen, *Die Entzauberung der Begriffe. Das Umschreiben der politischen Begriffe bei Quentin Skinner und Reinhart Koselleck*, Münster: LIT, 2004, S. 241 - 244, 330 - 332.

和社会状况,以及不同语言是如何将相应的经验和问题转变为概念的。① 而在概念史之国际化过程中出现的挑战,无疑是史学研究中最有意义的研究课题之一。联系东亚概念史研究,考索东亚范围的语义之"微观历史"和"宏观历史",汉字文化圈的历史语义学大有可为:

> 它不仅关涉中、日、韩等国缘于各自历史条件、发展状况和转型形式等内部微观历史,亦与汉字文化圈跨国宏观历史文化相关。而就世界范围而言,汉字文化圈又是某种意义上的"微观历史",因为近现代社会和观念转型期的汉语嬗变,在很大程度上是西学东渐的产物。因此,汉语历史语义学又是跨越东西半球和两大文化的跨学科研究。这不仅使研究更加纷繁和复杂,也使它更为光彩夺目。②

---

① Margrit Pernau, "Gab es eine indische Zivilgesellschaft im 19. Jahrhundert? Überlegungen zum Verhältnis von Globalgeschichte und historischer Semantik", in: *Traverse* 3(2007), S. 51-66.
② 方维规:《历史语义学与概念史——关于定义和方法以及相关问题的若干思考》,载冯天瑜等编《语义的文化变迁》,武汉,武汉大学出版社,2007年,第(12—19)17页。

主要参考文献

伯德克主编:《概念史,话语史,隐喻史》,哥廷根,Wallstein,2002年。(*Begriffsgeschichte, Diskursgeschichte, Metapherngeschichte*, hrsg. von Hans Erich Bödeker, Göttingen: Wallstein, 2002)

布塞:《历史语义学——对一个纲领的分析》,斯图加特,Klett-Cotta,1987年。(Dietrich Busse, *Historische Semantik. Analyse eines Programms*, Stuttgart: Klett-Cotta, 1987)

布塞等主编:《概念史与话语史:历史语义学的方法问题与研究成果》,奥普拉登,Westdeutscher Verlag,1994年。(*Begriffsgeschichte und Diskursgeschichte. Methodenfragen und Forschungsergebnisse der historischen Semantik*, hrsg. von Dietrich Busse, Fritz Hermanns, Wolfgang Teubert, Opladen: Westdeutscher Verlag, 1994)

杜特主编:《概念史的挑战》,海德堡,Universitätsverlag Winter,2003年。(*Herausforderungen der Begriffsgeschichte*, hrsg. von Carsten Dutt, Heidelberg: Universitätsverlag Winter, 2003)

汉尼嫩、帕洛嫩主编:《文本,语境,概念:语言中的政治和权力研究》,赫尔辛基,Finnish Political Science Association,1990年。(*Texts, Contexts, Concepts. Studies on Politics and Power in Language*, ed. by Sakari Hänninen, Kari Palonen, Helsinki: Finnish Political Science Association, 1990)

科塞雷克:《概念史:政治/社会用语的语义和语用研究(文集)》,法兰克福,Suhrkamp,2006年。(Reinhart Koselleck, *Begriffsgeschichten. Studien zur Semantik und Pragmatik der politischen und sozialen Sprache*, mit zwei Beiträgen von Ulrike Spee und

Willibald Steinmetz sowie einem Nachwort zu Einleitungsfragmenten Reinhart Kosellecks von Carsten Dutt, Frankfurt: Suhrkamp, 2006)

科塞雷克:《历史基本概念——德国政治/社会语言历史辞典·导论》，载《历史基本概念》（第一卷），斯图加特，Klett-Cotta，1972 年，第 XIII—XXVII 页。(Reinhart Koselleck, "Einleitung", in: *Geschichtliche Grundbegriffe. Historisches Lexikon zur politisch-sozialen Sprache in Deutschland*, Bd. 1, hrsg. von Otto Brunner, Werner Conze, Reinhart Koselleck, Stuttgart: Klett-Cotta, 1972, XIII - XXVII)

科塞雷克主编:《历史语义学与概念史》，斯图加特，Klett-Cotta，1978 年。(*Historische Semantik und Begriffsgeschichte*, hrsg. von Reinhart Koselleck, Stuttgart: Klett-Cotta, 1978)

勒曼、里希特主编:《历史术语和历史概念的含义——概念史新论》，华盛顿德国历史研究所，不定期集刊第 15 辑，1996 年。(*The Meaning of Historical Terms and Concepts. New Studies on Begriffsgeschichte*, Occasional Paper No. 15, ed. by Hartmut Lehmann and Melvin Richter, German Historical Institute, Washington D.C., 1996)

里希特:《政治/社会概念史——综合述评》，纽约，Oxford University Press，1995 年。 (Melvin Richter, *The History of Political and Social Concepts. A Critical Introduction*, New York: Oxford University Press, 1995)

米勒、施米德尔:《概念史与历史语义学——述评长编》，法兰克福，Suhrkamp，2016 年。 (Ernst Müller/Falko Schmieder, *Begriffsgeschichte und historische Semantik. Ein kritisches Kompendium*, Frankfurt: Suhrkamp, 2016)

米勒主编:《变革中的概念史?》（《概念史文库》特刊），汉堡，Meiner，2005 年。(*Begriffsgeschichte im Umbruch?* [*Archiv für Begriffsgeschichte*, Sonderheft], hrsg. von Ernst Müller, Hamburg: Meiner, 2005)

朔尔茨主编:《概念史的跨学科性》（《概念史文库》特刊），汉堡，Meiner，2000 年。(*Die Interdisziplinarität der Gegriffsgeschichte* [*Archiv für Begriffsgeschichte*, Sonderheft], hrsg. von Gunter

Scholtz, Hamburg: Meiner, 2000)

约阿斯、福格特主编:《理解了的历史:科塞雷克论著研究》,柏林,Suhrkamp,2011 年。(*Begriffene Geschichte. Beiträge zum Werk Reinhart Kosellecks*, hrsg. von Hans Joas/Peter Vogt, Berlin: Suhrkamp, 2011)

方维规,概念史论文四篇:(1)《历史语义学与概念史——关于定义和方法以及相关问题的若干思考》,载冯天瑜等编《语义的文化变迁》,武汉,武汉大学出版社,2007 年,第 12—19 页;(2)《概念史研究方法要旨——兼谈中国相关研究中存在的问题》,载黄兴涛主编《新史学》(第三卷),北京,中华书局,2009 年,第 3—20 页;(3)《"鞍型期"与概念史——兼论东亚转型期概念研究》,载郑文惠主编《东亚观念史集刊》第一期(2011),第 85—116 页;(4)《概念史八论:一门显学的理论与实践及其争议与影响》,载郑文惠主编《东亚观念史集刊》第四期(2014),第 101—170 页。

人名索引

A

阿多诺（Theodor Adorno） 65，282
阿尔都塞（Louis Althusser） 191，258
阿甘本（Giorgio Agamben） 208
阿奎那（Thomas Aquinas） 12，237
阿利里（Jehoshua Arieli） 126
阿伦特（Hannah Arendt） 35，65，96，225
阿佩尔（Karl-Otto Apel） 60
阿普特（Emily Apter） 326
阿萨德（Talal Asad） 315
埃格布雷希特（Hans Eggebrecht） 10
埃利亚斯（Norbert Elias） 110，212
艾略特（T. S. Eliot） 254，257，264
艾斯勒（Rudolf Eisler） 25，55-58
安德森（Perry Anderson） 230，231
奥古斯丁（Aurelius Augustinus） 12
奥斯特哈梅尔（Jürgen Osterhammel） 307，308，310
奥威尔（George Orwell） 256
奥斯丁（John Austin） 39，42，72，218，238，239

B

巴德（Robert Bud） 296
巴贝夫（François-Noël Babeuf） 185
巴菲尔德（Owen Barfield） 260

巴雷斯（Maurice Barrès） 104
巴什拉（Gaston Bachalard） 10，16，191
巴斯蒂安（Adolf Bastian） 221
巴特（Roland Barthes） 80，191
柏格森（Henri Bergson） 56
柏拉图（Plato） 4，12，175，237
鲍尔（Terence Ball） 86，242，244，277
鲍尔（Wilhelm Bauer） 121-123
鲍里奥（Gianmario Borio） 301
鲍德温（James Baldwin） 55
贝尔（Henri Berr） 53，102
贝格曼（Gustav Bergmann） 79
贝克（Christian Beck） 8
贝利（Christopher Bayly） 307，310
本尼特（Andrew Bennett） 276
本尼特（Tony Bennett） 275
本雅明（Walter Benjamin） 10，208，209，282
比勒（Karl Bühler） 72，75，212
彼得拉克（Francesco Petrarca） 235
波考克（John Pocock） 13，39，40，42，43，79，124，148，217-219，223-231，234，245，247，248，250，295
伯吉特（Bruce Burgett） 276
伯克（Edmund Burke） 12，256
伯克（Martin Burke） 277
伯克（Peter Burke） 323，324
伯德克（Hans Bödeker） 41，139，183，284，297，317
伯林（Isaiah Berlin） 225
伯塞尼（Leo Bersani） 190
博厄斯（George Boas） 220
布迪厄（Pierre Bourdieu） 197，259
布雷尔（Michel Bréal） 19，102
布卢门贝格（Hans Blumenberg） 64，205，282-284
布鲁纳（Otto Brunner） 9，10，34，61，127-132，134
布吕诺（Ferdinand Brunot） 107

布罗代尔（Fernand Braudel） 33，109，110，130，229
布洛赫（Ernst Bloch） 164，165
布洛赫（Marc Bloch） 32，101，102，107，112，123
布塞（Dietrich Busse） 36，41，159

C
曹新宇 304
陈国球 304
陈力卫 305

D
邓恩（John Dunn） 223，235
狄尔泰（Wilhelm Dilthey） 15，53，58，60，68，82-84
狄德罗（Denis Diderot） 1-3，177
迪尔凯姆（Émile Durkheim） 102-106
迪佩尔（Christof Dipper） 141，157，160，161
迪普龙（Alphonse Dupront） 109，111
笛卡尔（René Descartes） 119
蒂策（Peter Tietze） 126
杜比（Georges Duby） 109
杜索（Giuseppe Duso） 301
杜特（Carsten Dutt） 140

E
厄克斯勒（Otto Oexler） 60，87

F
方维规 302，304，329
菲尔默（Robert Filmer） 224
费夫尔（Lucicn Fcbvre） 10
冯特（Wilhelm Wundt） 55，56
冯天瑜 304，305，329
弗勒克（Ludwik Fleck） 10
弗雷格（Gottlob Frege） 31，49-52，72

弗洛伊德（Sigmund Freud） 111
伏尔泰（Voltaire） 173
福柯（Michel Foucault） 14，16，17，33，38-42，62，80，87，106，108，147，176，189-207，209-216，228，236，284，324

G

甘斯（Eduard Gans） 7
冈吉雷姆（Georges Canguilhem） 10，16，191，203
戈贝尔（Joseph Goebbel） 59
戈伊伦（Christian Geulen） 45，287-291
格拉夫敦（Anthony Grafton） 323
葛兰西（Antonio Gramsci） 258
贡布莱希特（Hans-Ulrich Gumbrecht） 281，283，291，294
郭廷以 314

H

哈贝马斯（Jürgen Habermas） 60，65，251
哈金（Ian Hacking） 87
哈林顿（James Harrington） 224-226
海德格尔（Martin Heidegger） 12，31，60-64，68，70，241
海克尔（Ernst Haeckel） 54
汉尼嫩（Sakari Hänninen） 296
汉普歇尔-蒙克（Iain Hampsher-Monk） 297
赫尔德（Johann Herder） 82，84
赫尔舍（Lucian Hölscher） 299
赫尼希斯瓦尔德（Richard Hönigswald） 121
赫伊津哈（Johan Huizinga） 121，297
黑格尔（G. W. F. Hegel） 6-9，12，54，82，85，110，173，174，281
亨德勒（Glenn Hendler） 276
亨里希（Dieter Henrich） 65
洪堡（Wilhelm von Humboldt） 76
胡塞尔（Edmund Husserl） 51，52，68，296

怀特海（Alfred Whitehead） 52
黄克武 304
黄兴涛 303-305
霍布斯（Thomas Hobbes） 12，225，236，240-242，294
霍克海默（Max Horkheimer） 92
霍斯特曼（Rolf Horstmann） 183

J

季尼奥拉（Sandro Chignola） 301
加布里尔（Gottfried Gabriel） 284
伽达默尔（HansGeorg Gadamer） 10，11，15，25，26，31，34，57，62-70，125，174，282-284，301，321
杰伊（Martin Jay） 273，275，277
金观涛 303，311

K

卡尔纳普（Rudolf Carnap） 51，72
卡西尔（Ernst Cassirer） 3，11，57，59-61，91，124，220，285，286
康德（Immanuel Kant） 4，53，56，61，173，220，286
康策（Werner Conze） 10，34，127，129-132，135，137，142，184
科林伍德（Robin Collingwood） 238
科塞雷克（Reinhart Koselleck） 3，4，8，9，15，16，21，27，29-31，33-35，37-45，62，63，65，68，78，79，87，88，94，96，97，99，100，113，114，117，120-124，126，127，129-137，139，141-146，148-161，163，164，166-176，178，180，182-184，189，191，196，205，209，212-216，228，229，241，245-250，256，263，264，267，277，281，284，288-298，300，301，307，309，310，313，314，316，317，321，323，328
克布纳（Richard Koebner） 10，33，34，120-127，147
克尔凯郭尔（Søren Kierkegaard） 53
克拉考尔（Siegfried Kracauer） 10

克利班斯基（Raymond Klibansky） 11，57，59
孔狄亚克（Étienne de Condillac） 182
库恩（Thomas Kuhn） 225，233

L

拉伯雷（François Rabelais） 108，109
拉康（Jacques Lacan） 80，191
拉郎德（André Lalande） 54-56
拉斯莱特（Peter Laslett） 218，224
莱昂（Xavier Léon） 56
莱昂哈特（Jörn Leonhard） 231，327
莱布尼茨（Gottfried Leibniz） 50
赖夏特（Rolf Reichardt） 33，37，113-119，148，158，159，213，297
兰克（Leopold von Ranke） 65，82，92
兰普雷希特（Karl Lamprecht） 103
勒高夫（Jacques Le Goff） 104，109，111
德里达（Jacques Derrida） 80，209，210
里特尔（Joachim Ritter） 8，10，15，24，26，57，59，60，70，132，174，282，284，301
里希特（Melvin Richter） 43，112，119，245，246，295，296，300
利科（Paul Ricœur） 35，294
利维斯（Frank Leavis） 257
列维-斯特劳斯（Claude Lévi-Strauss） 191
铃木贞美 304
刘建辉 305
刘青峰 303，311
卢曼（Niklas Luhmann） 41，87，96，191，196，284
卢梭（Jean-Jacques Rousseau） 119，236
路德（Martin Luther） 90，109，327
吕泽布林克（Hans-Jürgen Lüsebrink） 113，297
罗蒂（Richard Rorty） 11，79，196
罗杰斯（Daniel Rodgers） 274，275

罗素（Bertrand Russel） 51，52，72

罗特哈克尔（Erich Rothacker） 8－11，15，23－26，31，57－60，65，283

罗伊尔（Nicholas Royle） 276

罗志田 304

洛夫乔伊（Arthur Lovejoy） 42，54，82，86，193，217，219－221，223，230，233，234，236，245，248

洛克（John Locke） 12，161，218，225，234－236

洛维特（Karl Löwith） 35，136

M

马基雅维利（Machiavelli） 12，42，79，224，226，231，235，236

马克思（Karl Marx） 12，43，54，71，92，95，155，162，164，173，234，257，259，265，275，289，327

马西利乌斯（Marsilius） 12

迈埃尔（Helmut Meier） 6，7

迈克基恩（Richard McKeon） 11

迈内克（Friedrich Meinecke） 9，32，82－85，87，217

麦克弗森（Crawford Mac-pherson） 85

曼海姆（Karl Mannheim） 10，32，59，61，64，91－95，97，164，174，254

芒德鲁（Robert Mandrou） 109

梅尔顿（James Melton） 128

梅林（Reinhard Mehring） 97，136

梅林格（Rudolf Meringer） 105，106

梅耶（Antoine Meillet） 102，103，106，107

孟德斯鸠（Charles Montesquieu） 119

弥尔顿（John Milton） 36，269

米勒（Ernst Müller） 9，21，256

莫里斯（Charles Morris） 72

N

尼采（Friedrich Nietzsche） 31，60－63，70，76，179，194，197

—199，201，209，213

P

帕德利（Steve Padley） 276
帕洛嫩（Kari Palonen） 43，87，295，296，300，328
帕斯卡尔（Blaise Pascal） 119
潘光哲 305
潘诺夫斯基（Erwin Panofsky） 91，260，297
培根（Francis Bacon） 171
皮尔斯（Charles Peirce） 72，220
平德（Wilhelm Pinder） 164
普拉特纳（Ernst Platner） 8
普莱森丹茨（Wolfgang Preisendanz） 65

Q

乔姆斯基（Noam Chomsky） 200
琼斯（Gareth Jones） 218
琼斯（Paul Jones） 274，275
屈恩（Johannes Kühn） 9

R

荣格（C. G. Jung） 221

S

萨拜因（George Sabine） 85
萨特（Jean-Paul Sartre） 251，270
塞巴斯蒂安（Javier Sebastián） 298
塞万提斯（Miguel de Cervantes Saavedra） 1，165
桑塔格（Susan Sontag） 11
瑟尔（John Searle） 42，72，73，218
舍勒（Max Scheler） 91
沈国威 305，312
施勒格尔（Rudolf Schlögl） 166
施勒辛格尔（Walter Schlesinger） 9

施米德尔（Falko Schmieder） 9，21，256

施米特（Carl Schmitt） 9，10，32，61，96-101，127-129，136，146

施米特（Eberhard Schmitt） 113

施密特（Helmut Dan Schmidt） 122

施皮策（Leo Spitzer） 91，260

施泰因梅茨（Willibald Steinmetz） 22，292

施特劳斯（Leo Strauss） 233，236，270

叔本华（Arthur Schopenhauer） 76

舒尔茨（Heiner Schultz） 151

朔尔茨（Bernhard Scholz） 297

斯金纳（Quentin Skinner） 13，36，39，40，42-44，79，87，88，124，211，212，216-218，223，224，227，228，231-248，250，253，267-273，277，294，295

斯特恩（Gustaf Stern） 260

斯托克斯（Philip Stokes） 202

孙江 303，304

索绪尔（Ferdinand de Saussure） 17，103，191，227

T

泰希穆勒（Gustav Teichmüller） 52，53

特赖奇克（Heinrich von Treitschke） 83

特勒尔奇（Ernst Troeltsch） 82，141，143

特里尔（Jost Trier） 9，26，260

特伦德伦伯格（Friedrich Trendelenburg） 50，52-54，89

W

瓦尔希（Johann Walch） 7

王尔敏 309-311

王汎森 304，310

王国维 310

王中江 304

威廉斯（Raymond Williams） 36，39，43，44，251-277

韦伯（Max Weber） 32，35，59，61，87-92，98，99，143，

212
韦勒（Hans-Ulrich Wehler） 212
维特根斯坦（Ludwig Wittgenstein） 17，32，39，42，52，71-76，184，218，229，238，241，245，246，296，317
温德（Edgar Wind） 10
文德尔班（Wilhelm Windelband） 82，220
倭铿（Rudolf Eucken） 25，31，49，53，54，57，70，89，283
沃尔夫莱（Julian Wolfreys） 276

X

西周 313
希恩（James Sheehan） 276
希尔（Christopher Hill） 260
希特勒（Adolf Hitler） 155，254
夏蒂埃（Roger Chartier） 33，111，113，119
休谟（David Hume） 12
许纪霖 304

Y

亚里士多德（Aristotle） 4，12，50，119，175，179，180，237
严复 313
燕卜荪（William Empson） 260
杨联芬 304
姚斯（Hans Jauβ） 65
耶格尔（Werner Jäger） 9
伊格尔顿（Terry Eagleton） 251，265
伊瑟尔（Wolfgang Iser） 65

Z

詹姆士（William James） 220，221
张灏 309，310
章清 304
郑文惠 303，305

乐 道 文 库

"乐道文库"邀请汉语学界真正一线且有心得、有想法的优秀学人,为年轻人编一套真正有帮助的"什么是……"丛书。文库有共同的目标,但不是教科书,没有固定的撰写形式。作者会在题目范围里自由发挥,各言其志,成一家之言;也会本其多年治学的体会,以深入浅出的文字,告诉你一门学问的意义,所在学门的基本内容,得到分享的研究取向,以及当前的研究现状。这是一套开放的丛书,仍在就可能的题目邀约作者,已确定的书目如下,由生活·读书·新知三联书店陆续刊行。

王汎森　《历史是一种扩充心量之学》

马　敏	《什么是博览会史》	刘翠溶	《什么是环境史》
王　笛	《什么是微观史》	孙　江	《什么是社会史》
王子今	《什么是秦汉史》	李有成	《什么是文学》
王邦维	《什么是东方学》	李伯重	《什么是经济史》
王明珂	《什么是反思性研究》	李雪涛	《什么是汉学史》
方维规	**《什么是概念史》**	**吴以义**	**《什么是科学史》**
邓小南	《什么是制度史》	沈卫荣	《什么是语文学》
邢义田	《什么是图像史》	**张隆溪**	**《什么是世界文学》**
朱青生	《什么是艺术史》	陆　扬	《什么是政治史》

陈正国	《什么是思想史》	夏伯嘉	《什么是世界史》
范　可	**《什么是人类学》**	唐晓峰	《什么是历史地理学》
罗　新	《什么是边缘人群史》	黄东兰	《什么是东洋史》
郑振满	《什么是民间历史文献》	黄宽重	《什么是宋史》
赵鼎新	**《什么是社会学》**	常建华	《什么是清史》
荣新江	《什么是敦煌学》	章　清	《什么是学科知识史》
侯旭东	**《什么是日常统治史》**	梁其姿	《什么是疾病史》
姚大力	《什么是元史》	臧振华	《什么是考古学》

(2021 年 7 月更新，加粗者为已出版)